HENRI ROCHEFORT

Les Aventures de ma vie

TOME DEUXIÈME

TREIZIÈME ÉDITION

PARIS
PAUL DUPONT, ÉDITEUR
4, Rue du Bouloi

LES AVENTURES DE MA VIE

NOTA

Les Aventures de ma vie, par Henri Rochefort, sont en vente à la Librairie Paul Dupont, dans le format in-8° cavalier, au prix de 7 fr. 50 le volume.

Il sera tiré de l'édition in-8°, 60 exemplaires numérotés, sur papier de Hollande, au prix de **12 francs** *le volume.*

HENRI ROCHEFORT

Les Aventures de ma vie

TOME DEUXIÈME

PARIS
PAUL DUPONT, ÉDITEUR
4, Rue du Bouloi

DEUXIÈME PARTIE

(Suite.)

CHAPITRE III

Une condamnation. — Chez Victor Hugo. — Kermesse flamande. — Victor Hugo a Jersey et a Guernesey. — Les portraits de Victor Hugo. — Le fauteuil des ancêtres. — Les fils du poète. — Un pari

Mon départ, en supprimant la discussion entre le ministère public et l'avocat, lui évitait d'être mis en cause comme ayant encouragé, par un versement de fonds qu'il n'avait jamais eu d'ailleurs besoin de verser, les abominations dont je m'étais rendu coupable envers le Hollandais qui voulait se faire passer pour Corse.

Mais j'étais tout feu tout flamme et ne soupçonnais guère ces dessous dont les dessus m'ont apparu plus tard. L'Empire, qui avait hâte de procéder à mon étranglement, ne me laissa pas languir. Comme au Mexique avec Maximilien, sitôt pris sitôt pendu. On fit signe à Delesvaux qui ne demandait qu'à accourir et en mon absence, puisque je n'avais pas comparu, rédigea ce jugement presque joyeux ou plutôt l'apporta tout rédigé à l'audience :

« Le Tribunal,

« Attendu que Rochefort, gérant responsable, a publié à Paris, le 6 août 1868, le numéro 11 du journal la *Lanterne;* qu'à la page 11 dudit journal, déplaçant avec une intention criminelle évidente deux passages analysés du réquisitoire de M. l'avocat impérial dans la poursuite dirigée contre lui, Rochefort, pour coups sur la personne de Rochette, il se sert de ce rapprochement pour adresser, par voie de comparaison, un outrage à la personne de l'empereur;

« Qu'à la page 24, il rappelle la lettre du 19 janvier, cherche son origine, mêle les sergents de ville à l'autorisation préalable, au droit de réunion, parle de la romance : « C'est pour l'enfant », du *Verre d'eau* de Scribe, le tout pour accompagner à son gré un outrage à la personne de l'empereur.

« Attendu que ces outrages blessent et froissent la conscience et la susceptibilité de tout citoyen qui aime son pays, quelle que soit l'opinion politique à laquelle il appartienne;

« Qu'ils constituent donc une offense envers la personne du souverain;

« Qu'en les publiant Rochefort s'est rendu coupable du délit prévu et puni par les articles 1er et 9 de la loi du 17 mai 1819;

« Attendu qu'aux pages 1, 2, 4, 7, 15, 16, 36, 58, 59 du même journal Rochefort affirme qu'on lui a tendu un piège et qu'il sait mieux que personne à quel point le gouvernement est peu difficile sur le choix des moyens... que la fabrique des mensonges édités contre lui est encouragée par le gouvernement;

« Qu'il ajoute à la page 7 :

« Que parle-t-on donc constamment des excès
« de 93 et des assassinats de Trestaillon dans le
« Midi? Mais la France n'a jamais rien vu de com-
« parable à ce qui se passe maintenant »;

« Que plus loin il déclare que le jugement qui l'a frappé démasque clairement les batteries gouvernementales dressées contre lui; que le gouvernement récompensera ses amis avec la même audace qu'il destituera ses ennemis; qu'il ne connaît que deux espèces de Français : ses amis et ses ennemis;

« Puis il ajoute :

« Voyons, mes chers camarades, il faut s'enten-
« dre; quand le gouvernement propose un projet de
« loi libéral, vous vous imaginez donc que c'est sé-
« rieux? »

« Plus loin, il adjure les citoyens de toutes classes, qui gémissent si amèrement, dans les lettres qu'ils lui écrivent, de la prostitution morale à laquelle la patrie se livre quotidiennement, de se rassurer un peu, et il termine ainsi :

« La France est déjà tombée, je ne dis pas plus
« bas, parce que personne ne me croirait, mais aussi
« bas ou à peu près... Toutefois notre pays n'a pas
« les muscles si usés qu'il ne puisse se remettre sur
« ses jambes; »

« Attendu que ces affirmations, imputations, allégations ont été ainsi réunies, rapprochées, combinées dans un but évident de dénigrement et d'attaque contre le gouvernement;

« Que cet agissement ne ressemble, ni de près ni de loin, à aucun genre de critique ou de censure des actes dudit gouvernement;

« Qu'en effet on ne trouve dans le journal aucune question politique, littéraire ou artistique mise en discussion; que Rochefort a donc excédé le droit qui appartient au publiciste;

« Que son intention criminelle est manifeste ; qu'elle est écrite à chacune des pages du journal ;

« Qu'en publiant ledit numéro de la *Lanterne* il s'est donc rendu coupable du délit d'excitation à la haine et au mépris du gouvernement, prévu et puni par l'article 4 du décret du 11 avril 1848 ;

« Attendu que Dubuisson s'est rendu complice du délit commis par Rochefort, en l'aidant avec connaissance dans les faits qui l'ont préparé, facilité et consommé, et ce, en imprimant le numéro du journal *la Lanterne* qui contient les passages incriminés, complicité prévue et punie par les articles 59 et 60 du Code pénal et les articles précités de la loi du 17 mai 1819 ;

« Condamne Rochefort à une année d'emprisonnement, 10,000 francs d'amende, fixe à deux ans la contrainte par corps ; Dubuisson en deux mois de prison. 2,000 francs d'amende, fixe à huit mois la durée de la contrainte par corps ;

« Les condamne tous deux solidairement aux amendes et aux dépens ».

En même temps que les considérants de ce jugement tragi-comique portaient que mes outrages à l'empereur « froissaient la conscience et la susceptibilité de tout citoyen qui aime son pays », on traînait en police correctionnelle, comme on m'y avait traîné moi-même, nombre de jeunes gens qui poussaient dans les rues le cri désormais séditieux de :

« Vive la *Lanterne !* »

On n'avait pas plus le droit d'appréhender les gens pour le cri de : « Vive la *Lanterne !* » que pour celui de : « Vive le **Moniteur universel !** » puisque les deux journaux avaient déposé leurs cautionnements et payé leurs droits de timbre. Le mien, n'étant pas supprimé, jouissait légalement de la situation de tous les autres. Mais la meute était déchaînée. La mise hors la loi était ouvertement affichée. On revenait à mon égard aux décrets proscripteurs de 1852.

J'avais ainsi obtenu un résultat énorme et susceptible d'ouvrir les yeux les plus obstinément fermés : j'établissais que les prétendues concessions impériales n'étaient que leurre et mensonge et qu'à la plus petite résistance le conspirateur de Boulogne et le mitrailleur du boulevard Montmartre reparaissaient dans toute leur brutalité.

On alla encore plus loin dans cette débauche d'arbitraire : le 15 août de cette année 1868, des sergents de ville brûlèrent solennellement, sur différentes places, un grand nombre de *Lanterne* agrémentées de mon portrait. Cette opération moyen âge m'inspirait dans le numéro 13 les réflexions ci-dessous :

M'emprisonner en personne n'est pas suffisant, paraît-il. Voilà qu'on me calcine en effigie. Qui diable aurait soupçonné jamais que je ferais un jour, comme brûlé, concurrence à Jean Huss et à Etienne Dolet?

Cette exécution à ciel ouvert, et qui tend à faire supposer que je travaille la sorcellerie entre mes repas, rappelle les plus mauvais jours de Philippe II d'Espagne.

Cette coïncidence est d'autant plus fâcheuse que le duc d'Albe se trouve, comme on sait, parent, par alliance, du souverain qui nous gouverne.

J'étais depuis quarante-huit heures installé à l'hôtel de Flandre où deux de mes enfants étaient venus me rejoindre quand je reçus de Charles Hugo, le fils aîné du poète, un mot où il me demandait pourquoi je ne m'étais pas encore présenté place des Barricades et m'avertissait qu'on m'y attendait à déjeuner le matin même.

Je n'avais encore vu que deux fois Victor Hugo : la première, en 1847, à l'enterrement de Frédéric Soulié où mon père m'avait emmené dans mon habit de collégien. Le grand écrivain était à cette époque complètement rasé et, quoiqu'il eût déjà quarante-cinq ans, en paraissait à peine trente-quatre ou trente-cinq.

Il marchait derrière le corbillard, au milieu d'un groupe, et partageait avec Alexandre Dumas, non encore obèse, la curiosité publique.

La tête de médaille de l'auteur des *Chants du crépuscule*, des *Orientales*, des *Feuilles d'automne*, qui n'était pas encore celui des *Châtiments* et de la *Légende des siècles*, me frappa par son caractère de volonté, de puissance et de développement cérébral. Quoique d'une taille relativement assez peu élevée, il semblait dominer tous ceux qui lui faisaient respectueusement escorte. Bien que je fusse alors un adolescent de seize ans, peu au courant du mouvement littéraire, je ne regardai que lui.

La seconde occasion où il m'avait été donné de me rencontrer avec Victor Hugo, c'était au banquet organisé à Bruxelles par les éditeurs des *Misérables*, en 1862. J'étais à ce moment au *Charivari*, et mes sentiments manifestement antibonapartistes m'avaient fait inviter avec tous les publicistes qui ne craignaient pas de passer la frontière pour aller saluer cet ennemi politique et presque personnel de Bonaparte.

Il avait, en exil, laissé pousser sa barbe et fait raser ses cheveux qui grisonnaient, de sorte qu'il ne ressemblait plus que très approximativement au quasi jeune homme des obsèques de Frédéric Soulié.

Louis Blanc, venu tout exprès d'Angleterre pour ce solennel banquet, y prononça un discours fulgurant contre l'Empire. Victor Hugo y répondit et on se sépara aux cris de :

— Vive la République !

Plusieurs convives n'étaient même pas sans inquiétude sur les suites de cette escapade que le despote des Tuileries pouvait considérer comme séditieuse et attentatoire à sa majesté. Il n'en résulta pourtant rien de fâcheux pour aucun de nous.

Au moment de se quitter, Victor Hugo, par une distinction on ne peut plus flatteuse, m'invita à déjeuner pour le lendemain chez lui, où je m'assis entre ses deux fils, Charles et François-Victor, qui me témoignèrent immédiatement une grande sympathie à laquelle, moi, journaliste obscur, je ne me sentais aucun droit.

Nadar était du repas et les deux fils Hugo tinrent à nous montrer Anvers avec et y compris ce lieu de kermesse perpétuelle intitulé le « Rydeck », dernier vestige de la ribauderie flamande que le gouvernement catholique a fini par supprimer.

Je ne crois pas qu'aucune grande ville ait jamais eu l'équivalent de ce quartier où tous les cafés étaient des maisons de prostitution et les maisons de prostitution des cafés. Dans les ghettos du vieux temps, les juifs portaient des bonnets verts. Dans celui d'Anvers, les filles ne portaient pas de bonnets du tout, ni jupes, du reste, ni jupons, ni corsets.

Elles traversaient la rue, allant d'une maison à l'autre, quelquefois nues comme des limaces, le plus souvent en chemise, vous accostant pour qu'on leur payât à boire et tellement habituées à cette absence

1.

de voiles qu'elles semblaient n'avoir jamais circulé dans la vie qu'à l'état de nature.

Le personnel masculin n'était pas moins curieux à contempler. De gros Flamands, attablés devant des tables qu'on transportait parfois sur le trottoir, laissaient flegmatiquement ces femmes échevelées boire dans leurs verres, qu'ils remplissaient de nouveau et qu'une autre venait leur vider encore.

Et cette bacchanale se démenait, gambadait et cabriolait sans même interrompre les conversations des buveurs qui continuaient à jouer paisiblement aux cartes à travers les excitations les plus provocantes et de perpétuels attentats aux mœurs.

Ce que ces joyeusetés représentaient de particulièrement extraordinaire, c'était le sang-froid de ces filles, oubliant cette nudité professionnelle et causant soit entre elles, soit avec les nombreux arrivants, de leurs petites aventures, de leurs familles et de leurs projets d'avenir.

J'en vois encore une, petite, blonde et pleurant tout en lisant une lettre qui lui annonçait une maladie grave de sa mère. Elle nous raconta qu'elle voulait absolument partir pour Poitiers parce que, si la bonne femme mourait sans qu'elle l'eût embrassée, elle ne s'en consolerait pas.

Ces confidences familiales faites avec larmes à l'appui par cette pauvre fille « tout en peau », comme on dit chez les grands couturiers, poussaient aux réflexions les plus étrangement philosophiques. J'ai fréquenté plus tard, aux îles Fidji, en Océanie, de jeunes Canaques, qui n'étaient pas plus vêtues, mais elles n'avaient pas cette blancheur d'épiderme qui tire l'œil. Dans les questions de pudeur, le noir, pour la femme, est déjà une chemise.

Quelques années après cette excursion suggestive, j'avais revu, chez Paul Meurice, Charles Hugo, nouvellement marié, et qui, moins rigide politiquement que son père et son frère, venait de temps en temps à Paris, soit de Bruxelles, soit de Guernesey où, en effet, il ne devait pas s'amuser beaucoup, peu d'îles étant, à mon avis, moins habitables.

Jersey, où Victor Hugo avait abordé après le coup d'Etat et où il était resté trois ans, présentait au moins une physionomie et une originalité, d'abord à cause de ses vieilles mœurs demeurées moyenâgeuses, malgré tant de révolutions. Croirait-on que le droit de jambage y est encore inscrit, sinon dans la loi, au moins dans les coutumes, et que, pour s'en racheter, les jeunes Jersiaises sont obligées de verser « deux sous » à la commune le jour de leur mariage?

En outre, tous les habitants y parlent français, à ce point que nombre d'entre eux ne savent pas l'anglais. Mais ils emploient un langage archaïque et solennel qui vous reporte au siècle de Louis XIV et aux poésies de Racine.

L'effet de ces : « A ne vous rien céler » et : « J'ignore quel fut son destin », produit sur un Parisien un effet tout spécial. Lorsque, pendant mon dernier exil, je suis allé rendre visite au général Boulanger à l'hôtel qu'il habitait alors dans cette île fortunée, je m'amusais à faire parler les pêcheurs et les paysans, dont l'esprit autonomiste est développé au point qu'ils ne veulent être ni Français ni Anglais et se proclament simplement Jersiais.

Et comme j'expliquais à l'un d'eux que pourtant Jersey appartenait incontestablement à l'Angleterre, il me répondit fièrement :

— Nous ne connaissons pas l'Angleterre. Ici la

justice se rend au nom de Victoria, *notre bonne duchesse de Normandie.*

Le peuple y révèle d'ailleurs beaucoup plus d'affinités avec la France qu'avec la Grande-Bretagne et il fait à nos compatriotes un accueil sensiblement plus empressé qu'aux siens. Cette persistance à conserver notre langue est d'autant plus singulière que l'île a été désannexée il y a plus de onze cents ans; qu'elle s'est défendue contre Du Guesclin qui rêvait de la reprendre, et que, si nous faisions mine de la récupérer, elle n'hésiterait pas à appeler à son secours toutes les forces anglaises.

On comprend que Victor Hugo ait d'abord choisi comme Sainte-Hélène cette terre paradisiaque où les cactus et les camélias poussent en plein champ, comme dans le midi de la France, bien qu'elle soit en plein Nord. Il a dû faire appel à toute sa philosophie pour aller ensuite, de si longues années durant, vivre dans cet aride Guernesey, où la langue se compose d'une sorte de patois anglais et dont les ressources sont on ne peut plus restreintes, au milieu d'une population presque exclusivement maritime, sur laquelle l'influence française est absolument nulle.

La seule curiosité de Guernesey, où j'ai passé quelques jours, est la maison du poète qui, actuellement, appartient à ses petits-enfants, et dont les moindres meubles et les plus simples esquisses accrochées au mur rappellent quelque chose de sa vie et de celle des siens. Le portrait de Victor Hugo par Louis Boulanger, bien que médiocrement peint, vous frappe surtout par les grands souvenirs qu'il éveille. Le poète est debout, la tête un peu penchée sur l'épaule gauche, ses cheveux longs et châtain foncé lui balayant les tempes.

Il est, comme je l'ai aperçu pour la première fois,

totalement rasé, et paraît très jeune sur cette toile signée, je crois, de 1835. Les générations qui suivirent ont connu un tout autre homme. Ce fut alors sa tête qu'il rasa et son menton qu'il laissa se garnir.

Personnellement, bien que je l'eusse, dans ma toute jeunesse, vu passer une fois seulement devant mes yeux, l'espace d'un éclair, c'est toujours avec sa bouche finement découpée et son menton volontaire, depuis lors perdus dans la barbe, que je le revoyais.

Ce poil touffu et quelquefois broussailleux avait enlevé à sa physionomie un peu de sa distinction native. Il est vrai qu'avec l'âge la coupe du visage eût perdu de son ovale et que la structure s'en fût modifiée. N'importe ! le Victor Hugo qui est demeuré photographié dans mon cerveau, c'est le Victor Hugo sans barbe.

Un autre portrait de grandeur naturelle, celui de Mme Victor Hugo, toujours par Louis Boulanger, peintre de quinzième ordre, qui a été chanté et comme adopté par le poète. Il semble que ce fût l'artiste de la maison. Avec son imagination qui, je m'en suis bien souvent rendu compte, lui faisait voir ce qu'il voulait, Victor Hugo lui prêtait des qualités de peinture qui lui manquaient complètement.

Quand nous parlions art et que le nom de ce portraitiste médiocre se trouvait introduit dans la conversation, je m'abstenais à son égard d'une appréciation quelconque, car elle eût été peu flatteuse et je tenais à éviter de le blesser, mais il insistait avec préméditation pour me soutirer un éloge de ce pâle imitateur de Devéria et de Bonington.

Le poète de *Notre-Dame de Paris*, je dis « le poète » parce que le livre est un poème plutôt qu'un roman, était doué d'un cerveau réellement architectural.

Presque tous les meubles de l'habitation de Guernesey ont été soit combinés avec de vieux bois qu'il faisait rassembler sur ses plans par des ouvriers travaillant sous sa surveillance, soit même composés et exécutés par ses propres mains, car il maniait l'outil comme un ébéniste.

Posséder un coffre construit, raboté et même sculpté par Victor Hugo constituera un jour, pour un amateur d'objets rares, un précieux échantillon de la multiplicité des facultés de cet homme extraordinaire qui voyait tout avec les yeux du rêve.

J'ai connu un autre artiste aimant ainsi à confectionner avec des assemblages de vieux bois des meubles qui n'étaient pas modernes et qui, pourtant, n'étaient pas anciens : c'est le peintre Jacque, l'animalier célèbre, mort récemment, et qui a laissé à ses héritiers nombre de crédences et de bahuts gothiques et romans sur l'origine et la provenance desquels tout le monde se trompera un jour.

Il y avait certainement chez l'auteur de la *Légende des siècles* des préoccupations décoratives qui tendaient à transformer ses salons, ses salles à manger et ses antichambres en espèces de chapelles ayant chacune sa signification. A Guernesey, cette manie s'accuse tout spécialement.

Ainsi, dans la salle à manger, le long des murs de laquelle règnent de vieilles stalles aux dossiers ornés de peintures sur bois quelque peu effritées, il a tracé ces mots symboliques au-dessous de chaque sujet, qu'il interprétait comme au *Charivari* j'interprétais les dessins de Daumier :

Fin du soldat, fin du prêtre, fin du seigneur.

Cette conclusion démontrait à quel point il était revenu de ses premières idées sur la guerre qu'il avait célébrée, sur le clergé qui avait dirigé et accaparé ses premières convictions, sur Dieu même dont il finissait par nier l'existence, bien qu'il continuât à en écrire le nom dans ses vers.

Par une sorte de fétichisme plus indou qu'européen, il avait dans cette même salle à manger installé un grand diable de fauteuil destiné à rester toujours vide et entre les bras duquel il supposait que les morts venaient s'asseoir. Il l'appelait le *fauteuil des ancêtres*. Ces ancêtres étaient là, assistant, soi-disant, à toutes les conversations et sans qu'on pût savoir lequel des aïeux venait prendre place sur ce siège composite ; car tout homme a tant d'ascendants derrière lui, qu'ils ne tenaient pas tous sur le même fauteuil.

Ça, c'est le côté imaginaire et panthéiste de ce vaste cerveau. Ne croyant plus beaucoup qu'il y eût au-dessus de lui un être divin pour le protéger et le conduire, il aimait à admettre qu'il y avait autour de lui des oreilles invisibles pour l'écouter.

Les salons de la villa de Hauteville-House étaient bordés de très belles tapisseries auxquelles Victor Hugo assignait volontiers des origines et un passé peut-être un peu fantaisistes, mais en tout cas extrêmement intéressants.

Au-dessus du salon tenaient deux autres pièces dont une chambre à coucher en chêne, mi-partie vieux et neuf. Mais, malgré ces magnificences, ce qui attire le plus, c'est le belvédère où un jour éclatant pénètre à travers des vitres qui en font le tour. Le poète, du haut de cette sorte d'atelier de photographie, contemplait, pendant des après-midi, la mer qu'il a connue ainsi et peinte, tant en prose qu'en vers, sous tous ses aspects :

> Tu me montras ta grâce immense,
> Mêlée à ton immense horreur,

dit-il magnifiquement en parlant d'elle. Tout l'Océan tient dans ces deux superbes vers.

Au reçu de la lettre de Charles Hugo, je me fis conduire place des Barricades, où je fus reçu avec une cordialité presque tendre. Tous les numéros de la *Lanterne* s'étageaient sur les meubles de l'appartement, et Victor Hugo, qui était déjà à table, me dit en me désignant une place à côté de lui :

— Asseyez-vous là, près de moi, car vous êtes aussi un de mes fils.

Précisément, sans me douter que j'allais le rejoindre sitôt en exil, je l'avais, dans les derniers numéros de la *Lanterne*, à propos de l'interdiction de *Ruy Blas*, non pas défendu — il se défendait assez de lui-même — mais acclamé et opposé triomphalement à son triste persécuteur. Mon entrée chez lui fut donc celle d'un ami, presque d'un allié, et Victor Hugo me fit cordialement et nettement entendre que j'y étais chez moi.

La maison du numéro 4 de la place des Barricades ressemblait à un de ces « homes » anglais où on a le droit de se renfermer à l'abri de toute curiosité et de toute surveillance. L'ameublement en était presque partout ancien, d'avant, de pendant et d'après la Renaissance, l'auteur de *Notre-Dame de Paris* étant très fouilleur et aimant à déterrer les vieux meubles comme j'aimais et j'aime encore à dénicher les vieux tableaux.

Dès le premier jour, Charles, François et moi fûmes intimes. J'arrivais de Paris dont tous les dessous m'étaient connus, puisque je n'en étais jamais sorti. Nouvellement débarqués de cette déportation dans une enceinte fortifiée qu'on appelle Guernesey, ils se repaissaient des anecdotes et des racontars boulevardiers que je leur apportais tout fumants. Nos déjeuners et nos dîners étaient un rire continuel, auquel Victor Hugo prenait part autant et plus peut-être qu'aucun d'entre nous.

Il avait alors soixante-six ans et n'accusait, malgré sa longue vie de luttes et de travail ininterrompu, depuis sa seizième année, aucun signe de vieillesse ou de lassitude. Sa barbe s'était simplement accusée un peu plus dans les gris, mais son teint était calme et son beau front, sous lequel pointaient comme des flèches, des yeux d'une pénétration extraordinaire, gardait encore son poli marmoréen.

Charles, son fils aîné, était un des plus beaux garçons qu'on pût imaginer, quoique à cette époque il commençait à épaissir un peu. Il tenait de son père la rigidité du profil et de sa mère des yeux superbes et une taille élevée qui l'imposaient aux regards.

L'autorité qu'il possédait dans la maison indiquait qu'il y avait été l'enfant gâté. Son père, qui lui passait tout, lui avait évidemment toujours tout passé. Il était d'ailleurs bon, cordial, plein de gaieté comme d'esprit et franc comme l'osier.

Lui seul se permettait vis-à-vis de son père des observations que celui-ci, après quelque semblant d'opposition, finissait toujours par accepter. Cette faiblesse envers ses enfants me rendit immédiatement Victor Hugo plus cher, tant elle coïncidait avec mon indulgence envers les miens.

Beaucoup de gens se figurent, en effet, le grand poète comme marchant constamment dans l'auréole de sa gloire au point d'en être devenu extra-humain. Aucune appréciation n'est plus radicalement erronée. Il aimait, au contraire, à provoquer et à soutenir la discussion et se rendait aux raisonnements avec une bonne foi complète. Dans les débats philosophiques ou littéraires qui se soulevaient quotidiennement entre nous, il traitait d'égal à égal avec ses fils et avec moi, sans y arguer de sa supériorité ni de l'autocratie que son génie lui constituait.

François-Victor Hugo, plus grave que son frère aîné, peut-être aussi plus sévère pour lui-même, mais certainement moins spirituel, moins primesautier et, disons-le, plus « province », me montra dès le premier jour les moindres bibelots épars dans les chambres, me consultant sur le plus ou moins d'authenticité et d'ancienneté des plats en porcelaine de Saxe et en faïence de Delft accrochés au mur.

Victor Hugo, après le déjeuner, voulut conduire en personne la visite à sa chambre à coucher qui était en même temps son cabinet de travail. Elle était située tout au fond du bâtiment et on y atteignait par un escalier de soupente. C'était une petite pièce mansardée, couverte d'une toiture d'une telle légèreté que le jour passait entre les interstices des tuiles et que, Victor Hugo me l'avoua non sans une pointe d'orgueil, il y pleuvait quelquefois.

Un lit de camp, véritable couchette militaire, étroite et basse, séparait en deux cette chambre dont un domestique se serait à peine contenté et où le plus grand de nos poètes enfantait ses chefs-d'œuvre. Il était heureux qu'il n'eût pas besoin de table pour les écrire, car on n'aurait trop su où la placer.

En effet, dans le mur de gauche, à la hauteur du

coude, était vissée une tablette sur laquelle s'étalait le papier où l'écrivain faisait courir sa plume, car il ne s'asseyait jamais et composait tout en faisant les quatre pas que lui permettait à peine l'exiguité de sa cage.

Il fit jouer pour moi la charnière de sa planchette et me montra comment, son travail quotidien achevé, il la rabattait contre le mur de façon à ce qu'elle gênât moins la circulation. Je lui dis :

— Il me semble que je lis le morceau intitulé : *Regard jeté dans une mansarde*.

Et je profitai de l'occasion pour lui réciter quelques vers de cette poésie célèbre. Il parut les écouter comme s'il ne les connaissait pas et son attitude était si sincère que je doute qu'il se les rappelât.

Je ne fais aucune difficulté de le reconnaître : l'admiration que m'avait, depuis ma jeunesse, inspirée le poète dont j'étais toujours prêt à citer les merveilleux vers, fut certainement pour beaucoup dans la sympathie que l'homme me témoigna presque instantanément. Je pariai un jour avec son fils Charles que je réciterais d'un bout à l'autre, sans en manquer un hémistiche, une des plus belles pièces des *Châtiments*, la *Caravane*, qui comporte environ quatre cents vers et qu'en somme peu de gens ont lue parce qu'elle est longue et que le gros du public trouve plus commode et plus conforme à ses habitudes pressées, d'admirer de petits couplets comme :

> Avez-vous vu dans Barcelone
> Une Andalouse au sein bruni ?

qu'on trouve généralement superbes et qui n'ont aucun sens, Barcelone étant la capitale de la Catalogne et non de l'Andalousie.

Si un poète français se risquait à écrire :

> Avez-vous vu dans Carcassonne
> Une Normande au sein bruni ?

tout le monde le blaguerait sur ses connaissances géographiques. Mais Andalouse sonne bien et Barcelone aussi. C'est tout ce qu'on demande.

Charles Hugo tint le pari, ouvrit le volume, et je débitai sans broncher les quatre cents vers, que je débiterais encore, n'en ayant pas oublié un.

Je continuai ainsi par *Oceano nox*, par *l'Expiation*, par *Booz endormi*, par le *Manteau impérial*, et Victor Hugo était si étonné de cet effort de mémoire appliqué spécialement à ses œuvres qu'il en avait les larmes aux yeux. On comprend dès lors qu'il me regardât comme presque de sa famille.

D'autant que, par une coïncidence remarquable, très peu de jours avant le procès qui me contraignait de m'expatrier, il m'avait adressé à Paris un de ces dessins à la plume où il s'abandonnait à ses visions architecturales et qu'on a réunis plus tard en album.

Celui-là représentait, sous un ciel d'orage, au milieu d'une plaine déserte et nue, un arbre dépouillé de ses dernières feuilles. Il avait écrit au bas, en grosses lettres :

« EXILIUM »

Ce pronostic réalisé à si bref délai parlait à son imagination et il me disait souvent :

— Je vous l'avais bien prédit que vous nous arriveriez prochainement !

Il ne me permit pas de rester un jour de plus à

l'hôtel et me fit l'immense honneur de m'offrir l'hospitalité sous son toit.

— Pas sous le toit de ma soupente, ajouta-t-il; il pleut à travers.

Quoique le moindre coin eût été pour moi plus que suffisant, François-Victor me céda sa chambre et alla pour la nuit élire domicile dans la ville. Et j'avais deux de mes enfants avec moi, le troisième étant resté à Paris avec sa mère.

CHAPITRE IV

Le pieux Delesvaux. — Parrain de Georges Hugo. — Baroche. — Un duel. — La botte du Flamand. — Bibi. — Le lit de l'empereur du Brésil. — Désespoir d'une amoureuse.

C'est dans la chambre de François-Victor que j'écrivis le treizième numéro de la *Lanterne*, lequel fut saisi comme l'avait été le onzième et comme devaient l'être tous les numéros subséquents. J'en fus de nouveau pour mes dix mille francs d'amende et, cette fois, non plus un an, mais *treize* mois de prison qui me déterminèrent à attendre à Bruxelles les événements que tous nous pressentions prochains.

Pour corser ma peine, Delesvaux avait ajouté à l'offense à la personne de l'empereur l'attaque à une religion légalement reconnue. Cette attaque se formulait par l'entrefilet suivant :

« L'archevêque de Paris, à l'occasion de la fête du chef de l'Etat qui est également celle de l'Assomption, a reçu de l'empereur, sur la proposition de la sainte Vierge, la croix de grand-officier de la Légion d'honneur.

« L'archevêque de Paris étant le représentant de

Jésus-Christ sur la terre, j'en suis arrivé à me demander si notre divin Maître a été réellement crucifié et si Ponce-Pilate n'a pas simplement dit aux Juifs :

« — Ah ! vous voulez une croix pour ce juste ? Eh bien ! je lui donne celle de grand-officier. »

« En tout cas, les archevêques que l'humilité chrétienne n'empêche pas de se faire cribler de crachats en diamants font tout pour propager cette nouvelle interprétation de la Passion de Notre-Seigneur.

« Ce qui ôte quelque fondement à cette légende, c'est qu'il faudrait supposer que les deux larrons ont été décorés aussi. Mais, en y réfléchissant, il n'y a rien là d'absolument impossible. »

Sur quoi, le pieux Delesvaux, qui, d'agent de police devenu juge, professait pour le clergé cette admiration de l'homme de robe pour l'homme de soutane, fulminait cette flétrissure :

« Attendu qu'en publiant ces choses, Rochefort, avec une intention criminelle manifeste, a outragé et tourné en dérision la religion catholique dont l'établissement est légalement reconnu en France ;

« Qu'il a froissé ce qu'il y a de plus sacré au fond du cœur de l'homme honnête, c'est-à-dire ses croyances religieuses, quelle que soit d'ailleurs la religion à laquelle il appartient ;

« Qu'il ne lui reste ainsi plus rien à attaquer ;

« Le condamne, etc., etc. »

En présence de cet accroissement progressif de mon casier judiciaire, je résolus de liquider ma situation à Paris et j'envoyai la servante qui m'avait amené mes enfants emballer les meubles de mon appartement de la rue Montmartre, puis les envoyer à la gare du Nord à destination de Bruxelles.

Cette fille partit, munie de la somme nécessaire à ce déménagement, mais les jours et les semaines se passèrent sans que j'en entendisse plus parler que de Lapérouse.

Je me décidai alors à lui écrire à mon ancienne habitation, et voici la réponse que je reçus d'elle et qui nous fit tous rire, Victor Hugo plus que nous tous :

« Monsieur,

« Je ne reviendrai pas à Bruxelles et je garde les meubles pour ma peine. Du reste, je suis déjà assez malheureuse d'avoir été pendant six mois en service chez un condamné comme vous.

« Louise. »

Je me serais ainsi trouvé sans un oreiller pour reposer ma tête non plus qu'un lit pour étendre mon corps, si la maison de la place des Barricades ne m'avait pas été aussi hospitalièrement ouverte.

Georges Hugo, le petit-fils du maître, était, au moment de mon arrivée en Belgique, âgé d'à peine quelques mois. Je ne crois pas avoir vu de ma vie un bébé plus admirablement beau. Il rappelait le Jupiter enfant de la statuaire antique. C'était à qui le mangerait le plus de caresses, et Victor Hugo s'essayait déjà avec lui dans l'art d'être grand-père.

Cependant des considérations venues du côté maternel, je crois, amenèrent la famille à consentir au baptême de Georges. Avant longtemps encore vous n'empêcherez pas une mère de s'imaginer que son enfant resterait inachevé s'il n'avait pas reçu au bord des lèvres une pincée de sel qui le fait grimacer et sur la tête un peu d'eau qui le fait éternuer.

Il fut donc décidé que Georges serait baptisé; mais par un compromis sans valeur canonique, le prêtre baptiseur fut prié de se rendre lui-même à la maison, avec son attirail. Il opérerait dans la salle à manger qui tiendrait lieu de chapelle.

Je fus choisi comme parrain et j'eus pour commère Mme Jules Simon qui avait élevé Mme Charles Hugo, restée orpheline toute jeune. Charles et François-Victor assistèrent à la cérémonie qui dura en tout cinq minutes; mais quand Victor Hugo vit l'homme d'église dans son surplis, il quitta la salle et remonta dans sa chambre à coucher.

Il était difficile de rêver une existence plus rigoureusement régulière que celle du grand écrivain. Tous les soirs, quel que fût l'entraînement de la conversation ou la multiplicité des visites, il allait au coup de dix heures se mettre au lit pour se lever le lendemain matin à six heures clochant. Il poussait jusqu'à l'ascétisme cet esclavage du devoir.

Il ne sortait de sa chambre à coucher que pour courir, encore tout imprégné de la chaleur des couvertures, se tremper dans l'eau froide, dont il s'inondait avec une éponge. Il s'enveloppait ensuite d'un peignoir chaud, se frottant jusqu'à ce que la réaction s'opérât.

J'ai moi-même collaboré quelquefois à cette espèce de bouchonnage qui lui ramenait le sang aux bras et aux épaules. Il était rare que je fusse debout à la même heure que lui, car, dépensant beaucoup de nerfs, j'ai toujours eu besoin de beaucoup de sommeil. Mais dans les premières semaines de mon débarquement à Bruxelles, j'avais le cœur tout déchiré par ma séparation d'avec celle qui était restée à Paris, et je passais souvent, au lieu de dormir, la moitié de la nuit à me promener dans ma chambre.

Quelquefois même je descendais jusqu'à la porte de la rue et je faisais pendant une heure le tour de la place des Barricades, tête nue la plupart du temps et en pantoufles. A ce point que le sergent de ville de planton demanda un jour à la servante :

— Est-ce qu'il n'y a pas un fou dans la maison du numéro 4 ?

Victor Hugo riait de mes tourments; ce qui ne l'empêchait pas de s'y intéresser. Un jour, on s'était aperçu que je n'avais pas de descente de lit, et comme je m'opposais à ce qu'on en envoyât chercher :

— Oui, dit Victor Hugo, ce qu'il vous faudrait, c'est une indécente de lit.

De six heures à onze heures, tout son temps était pris par le travail. Puis sa journée était finie. Il déjeunait copieusement et mettait même un certain amour-propre à étaler son appétit.

— Vous le voyez, me disait-il volontiers, la carcasse va bien.

Personne, pendant le temps consacré à son œuvre, ne se serait, sous aucun prétexte, permis d'aller le déranger dans sa mansarde. Pourtant il m'engagea plusieurs fois à venir l'y regarder travailler. Quand il m'entendait descendre l'escalier, il m'appelait :

— C'est vous, Rochefort ? Entrez donc un instant.

J'ouvrais la petite porte de la chambrette et je m'y introduisais avec toutes sortes de précautions, de peur de fouler aux pieds les pages humides que, n'osant poser les unes sur les autres, il espaçait sur son lit, sur la cheminée, sur le parquet où j'avais toujours une peur atroce d'y appliquer la semelle de mes bottines. Aussi arrivais-je jusqu'à lui en marchant comme sur des œufs.

Ce qui prouvait sa rapidité de travail, c'est que le papier bleuâtre et de moyen format sur lequel il écrivait n'avait presque jamais eu le temps de sécher avant qu'il en entamât une seconde feuille. Je l'ai constaté vingt fois. Il est vrai qu'il ne se servait que de plumes d'oie dont le bec s'écrasait quelque peu, laissant sur son passage des pleins qui parfois ressemblaient à des pâtés.

Il espaçait ses lignes au point que chaque page en contenait tout au plus une dizaine. Je lui demandai un matin assez indiscrètement :

— Quand vous avez fait une de ces pages-là, qu'avez-vous gagné ?

— Environ cent francs par page, me répondit-il.

Il essayait de toutes sortes de baumes pour panser mes blessures, craignant constamment que je ne me résignasse à rentrer en France, ce qui ne m'eût mené à rien, puisque j'y aurais été arrêté tout de suite.

Il me demandait :

— Qu'éprouvez-vous ?

Et je lui répondais :

— Je ne sais pas. Je voudrais descendre, grimper, redescendre. Je suis comme un rat empoisonné.

Ce mot de « rat empoisonné » le faisait tordre et il me disait en riant :

— Distrayez-vous. Il faut vous faire une raison. Je

suis sûr qu'elle se fait une raison, elle... peut-être deux.

Il était effrayé de constater avec quelle facilité l'argent me glissait entre les doigts. Villemessant étant venu à Bruxelles pour liquider notre association dans la publication de la *Lanterne*, désormais impubliable à Paris, me versa pour ma part trente mille francs que Victor Hugo voulait absolument me forcer à placer en bonnes valeurs.

— Trente mille francs, me répétait-il, mais c'est le commencement de la fortune !

C'en fut bien vite la fin, ayant à cette époque, aujourd'hui lointaine, horreur de tout travail tant que je me sentais un sou en poche. Dès le premier numéro que je fis paraître à Bruxelles, où j'étais résolu à continuer la *Lanterne*, j'eus un duel qui me permit d'apprécier toute l'affection que me portait mon glorieux hôte.

M. Baroche, ministre de la justice, au nom duquel avaient été rendus contre moi tous les jugements qui me forçaient à émigrer parce que j'étais républicain, comme l'avait fait mon grand-père parce qu'il était royaliste, avait pour fils M. Ernest Baroche, lequel s'était présenté comme candidat aux élections législatives dans la circonscription de Versailles.

Mais le gouvernement avait un candidat plus agréable et M. Baroche fils ayant passé, peut-être à tort, pour avoir été mêlé aux affaires de la banque Mirès, Persigny, alors ministre de l'intérieur, n'avait pas hésité à coller sur les murs de la ville un placard injurieux au premier chef contre cet audacieux auquel il reprochait brutalement ses accointances financières.

Sachant ce dont un gouvernement est capable en

2.

matière de diffamation électorale, j'aurais dû peut-être contrôler les assertions de l'affiche ; mais cette lutte, entre un ministre qui me faisait pourchasser par ses agents et le fils d'un autre ministre qui me faisait condamner par ses magistrats, m'offrait une vengeance qu'on m'aurait reproché de laisser échapper.

Une occasion me facilita tous les moyens de la satisfaire. Les journaux subventionnés venaient de publier la lettre d'un instituteur nommé « Rochefort » qui, navré de porter le nom du criminel que j'étais, avait sollicité du garde des sceaux l'autorisation de faire modifier son état civil. C'était trop amusant, et voici comment je m'en gaudissais dans le numéro 17 de la *Lanterne*, datée du 19 septembre 1868 :

Ecoutez ! celle-là est la plus belle de toutes. Cet instituteur primaire qui demande à changer de nom, sous prétexte qu'il porte celui de « Rochefort » qui appartient également au rédacteur de la *Lanterne*, voilà, il me semble, le mot de la fin, bien que je le cite au commencement.

Si ce magister n'a pas médité sa pétition dans le but d'arriver par cette basse flatterie aux plus hauts grades de l'Université, il faut reconnaître que, par cette simple demande d'un changement d'état civil, il a mis dans un terrible embarras le garde des sceaux chargé des opérations de ce genre.

Supposons, en effet, que M. Baroche refuse au pétitionnaire l'autorisation qu'il sollicite :

— Eh quoi! s'écriera le nommé Rochefort, vous avez mis aux trousses de mon homonyme tous vos magistrats, tous vos juges d'instruction et tous vos avocats impériaux. Ils ont déclaré à la face du Christ que le fondateur de la *Lanterne* était coupable de tous les attentats décrits par Buffon. Vous lui avez appliqué des jugements tellement terrifiants qu'on aurait pu les croire rédigés par des jurisconsultes qui avaient un peu trop déjeuné.

Et quand, sur la foi de vos réquisitoires, je demande à changer mon nom de « Rochefort », qui me fait horreur, contre un autre à mon choix, vous ne me le permettez pas, sous prétexte, qu'après tout, M. Rochefort n'est pas aussi absolument déshonoré que la *Gazette des Tribunaux* veut bien le dire! Mais alors vos juges, qui l'ont traité comme Cartouche, sont donc des menteurs et des imbéciles? Ce n'est pourtant pas ce que vous soutenez dans les discours de rentrée des tribunaux.

Supposons maintenant que M. Baroche lui accorde le droit d'ensevelir à jamais un nom maintenant flétri et d'en puiser un autre dans l'almanach Bottin, qu'arrivera-t-il?

Il arrivera ceci, qui est excessivement grave, c'est que M. Baroche en personne sera également forcé de se demander à lui-même et de s'accorder sans délai l'autorisation de changer de nom, car, vous ne l'avez pas oublié, son fils, accusé publiquement d'escroquerie et de malversations dans les affaires Mirès, s'est vu afficher sur les murs de Versailles par les ordres de M. de Persigny qui, fidèle à son antique gentilhommerie, avait trouvé gracieux de combattre la candidature de cet enfant désagréable en l'appelant voleur.

Et remarquez qu'en résumé je n'ai jamais été condamné que pour attentat à la pudeur sur la personne des faux cheveux de l'impératrice, tandis que le grand justicier nommé Baroche, qui fait arrêter tout le monde, excepté son fils, porte le nom d'un monsieur stigmatisé par le ministre de l'intérieur lui-même.

M. Ernest Baroche m'envoya ses témoins. Mon droit, mon devoir même eût été de leur répondre que le condamné ne peut en aucun cas offrir une réparation à son juge; que M. Baroche père m'ayant mis hors la loi et hors la frontière, j'usais à mon tour de mes armes en mettant M. Baroche fils hors l'honneur.

Après avoir essayé de flétrir un monsieur au moyen

d'arrêts correctionnels l'envoyant rejoindre les pires malfaiteurs dans les maisons centrales, on ne vient pas lui dire :

— Faites-moi donc l'honneur d'échanger un coup d'épée avec moi.

Mais, ma foi, la moutarde me montait au nez depuis assez longtemps. Je n'étais pas fâché de rencontrer un dynamomètre pour y essayer mon poing. Je consultai à ce sujet Victor Hugo qui, bien que certainement très ému devant la perspective de ce duel, m'engagea à le mener jusqu'au bout.

— Ce sera le combat entre la République et l'Empire, entre la proscription et les proscripteurs, me dit-il en m'embrassant. Acceptez. Mes deux fils seront vos témoins.

Immédiatement, je télégraphiai à M. Baroche que ses amis n'avaient qu'à prendre le train pour Bruxelles, où Charles et François-Victor Hugo les attendraient le soir même chez leur père.

Ces messieurs dont l'un était Adolphe Belot, l'auteur du *Testament de César Girodot*, de *Mademoiselle Giraud, ma femme*, et autres romans d'un style douteux, étaient le soir même, à dix heures, place des Barricades où, en quinze minutes, tout fut réglé pour le lendemain à la première heure, car nous devions atteindre la frontière de Hollande à l'endroit appelé le *Sas de Gand* où, par la plus étrange fatalité, je me suis battu de nouveau en 1893 avec M. Georges Thiébaud.

M. Ernest Baroche et ses témoins avaient compris que la rencontre devait être autre chose qu'une escarmouche et les conditions, passablement sévères, posées par mes deux amis, avaient été acceptées sans discussion.

Le plus dur était de se lever à quatre heures du matin. Quand, au petit jour, je descendis dans la salle à manger, Victor Hugo y était, déjà tout habillé, m'attendant pour me réconforter encore par quelques derniers conseils et tous les vœux qu'il faisait pour moi.

Il m'avoua le lendemain qu'il avait été un moment très effrayé en apprenant que M. Ernest Baroche passait pour un très fort tireur.

Afin de compléter une sorte de mise en scène, les réfugiés de Bruxelles avaient délégué, pour m'assister comme médecin, le docteur Laussedat, proscrit de Décembre et frère du colonel Laussedat qui siégea longtemps à la Chambre, après la chute de l'Empire.

Je tirais très irrégulièrement l'épée, mais j'avais eu déjà plusieurs duels où j'avais acquis l'habitude du terrain. Puis je me sentais le champion de toutes les victimes du guet-apens de Décembre. Je n'aurais cédé ma place à âme qui vive.

Victor Hugo ne voulut pas me laisser partir sans m'avoir vu prendre un peu de nourriture — assez pour ne pas rester l'estomac vide, pas trop pour ne pas m'exposer à une indigestion en cas de blessure. Il me commanda lui-même deux œufs sur le plat, qu'il fit faire le moins cuits possible, pour qu'ils fussent nutritifs sans être lourds.

Ainsi lestés, nous partîmes, Charles, François et moi, pour la frontière hollandaise, où nous arrivâmes vers les sept heures. M. Baroche était déjà là. On se battit silencieusement, mais avec un acharnement excessif. Les corps à corps étant permis et le combat ne devant finir qu'après blessure grave, il n'y avait pas à se ménager.

A chaque engagement, je me jetais furieusement

sur mon adversaire, que je blessais sans qu'il rompît d'une semelle. A la quatrième reprise, au moment où je l'atteignais de nouveau d'un assez mauvais coup à la cuisse, je reçus au bras une très légère estafilade. Médecins et témoins s'interposèrent alors. J'avoue qu'il était temps. J'avais tenu, pendant cette longue séance, mon épée si nerveusement que mon bras commençait à s'engourdir.

Sans être grièvement blessé, M. Ernest Baroche, touché quatre fois, saignait assez abondamment. Sans préméditation aucune de la part de ses témoins ni des miens, nous nous retrouvâmes à Gand, à l'hôtel où nous nous étions tous arrêtés pour déjeuner. Mais le bruit de la rencontre s'était répandu dans les environs. C'était jour de marché et nous fûmes très étonnés de voir, sur la grande place où est situé l'hôtel, une foule énorme se porter au-devant de nous.

Quand on m'eût reconnu, car ma photographie était à peu près partout, je fus accueilli par des vivats qui se changèrent en démonstrations moins sympathiques lorsque M. Ernest Baroche apparut. La lutte de la France républicaine contre l'Empire préoccupait l'étranger à ce point que les Gantois et les paysans d'alentour se tenaient au courant des moindres incidents de ces batailles, qui devenaient de plus en plus meurtrières.

M. Ernest Baroche, devant les manifestations dont sa présence était l'objet et qui s'adressaient non à lui, mais au gouvernement qu'il paraissait représenter dans cette circonstance spéciale, dit en souriant :

— Je ne me croyais vraiment pas aussi populaire.

Et il ajouta, car c'était, comme sa fin l'a établi, un homme plein de cœur, dont la participation aux affaires Mirès ne fut jamais clairement démontrée :

— C'est tout de même ennuyeux de se battre avec des gens qu'on estime pour des gens qu'on n'estime pas.

Cette parole semblait indiquer qu'il n'avait pas été absolument maître de ne pas m'adresser ses témoins et que les hommes de l'entourage impérial avaient compté sur lui pour les débarrasser de moi.

Quand nous reparûmes en parfaite santé, Charles, François et moi, place des Barricades, Victor Hugo nous embrassa avec la joie la moins dissimulée. Il rayonnait. Le duel eut d'ailleurs un retentissement considérable et consacra dans toute la Belgique ma réputation de fort tireur que je n'ai, du reste, jamais méritée.

Il eut aussi un résultat plus pratique : le maître d'armes de Charles Hugo, un bon Flamand nommé Schesderslaghe, m'avait, la veille de la rencontre, dérouillé un peu la main dans sa salle, et on raconta qu'il m'avait enseigné un coup terrible, une botte inévitable, à la Saint-Georges, qui m'avait permis de piquer mon adversaire où j'avais voulu.

Toute la jeunesse sportive et élégante de Bruxelles vint se faire inscrire chez lui, et il devint en peu de temps le professeur à la mode.

Aussi m'invitait-il obstinément à ses assauts et m'offrait-il gratis ses leçons devenues, grâce à moi, si fructueuses. J'en pris quatre ou cinq, mais rien ne m'ennuie comme ce changement de costume, ce déshabillage et ce rhabillage qui vous perdent des demi-heures. Au bout d'une semaine, j'en avais ma suffisance, et je le quittai en lui disant :

— Non, décidément, j'aime mieux être tué !

Pour nous remettre de tant d'émotions, dont quelques-unes avaient été fort agréables, nous allâmes passer quelques jours à Spa avec Mme Charles Hugo, Charles, François, ma fille et mon fils Octave, surnommé Bibi, et qui, ayant à peine sept ans, était tout à fait extraordinaire pour son âge. Il prétendait s'y connaître en tout et disait à Victor Hugo :

— Vous avez là un meuble que vous croyez peut-être ancien? Eh bien, je suis fâché de vous apprendre qu'il est tout ce qu'il y a de plus moderne.

Et comme Victor Hugo protestait, Bibi lui rivait son clou avec un haussement d'épaules :

— Allons donc! vous pouvez raconter tout ça aux autres, mais pas à moi.

Il entamait à table, sur l'immortalité de l'âme, des discussions à nous faire tous mourir de rire et auxquelles Victor Hugo prenait part, quelquefois le plus sérieusement du monde, lui opposant des arguments qu'Octave réfutait avec une étonnante confiance en lui-même. Je me rappelle une dispute où, étant monté sur sa chaise pour mieux se faire entendre, il criait au maître de la maison :

— Laissez-moi donc tranquille : vous croyez que vous ne mourrez pas parce que vous êtes Victor Hugo? Eh bien! j'ai le regret de vous le dire : vous mourrez comme les camarades!

On pense si nous nous tenions les côtes! Victor Hugo aimait à lui chercher noise pour le faire parler, et Bibi ayant affirmé que, s'il voulait, il ferait une pièce tout aussi intéressante que *Hernani* ou *Ruy Blas*, que d'ailleurs il n'avait jamais lus, puisqu'il ne savait pas lire, l'auteur de ces deux drames célèbres lui acheta un beau théâtre d'enfants avec ses acteurs-marionnettes et lui porta ce défi :

— Fais-nous une comédie que tu nous représenteras toi-même, et on verra ce dont tu es capable.

Mon gamin accepta la lutte. On invita des amis et, sans autre préparation, il improvisa une machine où tous les personnages, en entrant en scène, débutaient par ces mots :

— Dieu ! que c'est embêtant ! Le dîner n'est pas encore prêt.

Ou :

— Dieu ! que c'est embêtant ! Mon mariage est manqué.

Ou :

— Dieu ! que c'est embêtant ! Je viens de me ruiner à la Bourse.

— Est-ce que, lui fit observer Victor Hugo, tu ne pourrais pas varier un peu tes formules et faire dire de temps en temps à tes personnages : « Dieu ! que c'est ennuyeux ! » Ça nous changerait toujours un peu.

Mon malheureux Bibi, très démonté par cette observation pourtant bienveillante, se mit à bafouiller, baissa la tête, et la pièce ne finit pas, n'ayant d'ailleurs jamais réellement commencé.

On voit quelles investigations le maître aimait à pratiquer dans les cerveaux d'enfants et quel fonds de sollicitude familière se cachait sous sa solennité apparente. Il me dit un jour :

— Je viens d'acheter une très belle chambre à coucher qui a appartenu à l'empereur du Brésil. Il en a fait cadeau à son ministre à Bruxelles et celui-ci a eu la naïveté de la changer à un marchand contre d'horribles meubles Louis-Philippe en acajou. Je voudrais bien vous la montrer.

Nous allâmes ensemble chez le marchand qui emballait déjà le mobilier pour le porter chez Victor Hugo : quatre chaises portugaises, dont le dossier haut et étroit, d'une sveltesse et d'une élégance ravissantes, deux consoles sculptées comme par un ciseleur, et comme pièce capitale un magnifique et large lit à colonnes légères comme des ceps de vigne, et dont le style rocaille flamboyant éclatait en un feu d'artifice, offrant pour bouquet la fleur de lis des Alcantara.

Le tout en bois de fer dur et lourd comme le métal dont il portait le nom. Je fis compliment à Victor Hugo de sa découverte, car la chambre à coucher était vraiment magnifique. Seulement il la croyait de l'époque, ce qui lui eût donné une valeur inappréciable. Or, je lui fis observer qu'elle datait de trente ou quarante ans à peine. En perdant de son âge, elle perdait de son prix. Toutefois, telle quelle, il l'avait eue pour une somme dérisoire, et très sincèrement je lui déclarai que je l'aurais payée le double.

Alors, voyant que pour mon installation que je rêvais toujours d'organiser à Bruxelles et n'y organisais jamais, j'aurais été heureux de posséder ce beau spécimen de l'industrie portugaise, il m'offrit très gracieusement de me le recéder, ce dont je le remerciai d'autant plus chaleureusement qu'indépendamment d'une très belle chose, c'était un précieux souvenir de lui.

Voilà comment, l'empereur du Brésil et moi, nous avons couché dans le même lit. Mais mes trouvailles ne m'ont jamais profité bien longtemps. Quand les officiers versaillais envahirent ma maison, qu'ils mirent à sac après la Commune, sous prétexte de perquisition, ils éventrèrent mes meubles, en emportèrent le contenu et, comme trace de leur passage, laissèrent des chaises cassées et des porcelaines en miettes.

On vendit à l'Hôtel des Ventes, après ma condamnation à la déportation perpétuelle, ce qu'ils n'avaient pas eu le temps de détruire complètement. Le lit s'y trouvait et aussi deux ou trois chaises et une des consoles.

Un grand marchand d'objets d'art de Paris, ému par cette dispersion brutale de tout ce qui m'avait appartenu, racheta le lit avec l'intention de me le rendre si jamais les événements me ramenaient en France. Ils m'y ont ramené et il me l'a rendu.

Ce lit, qui fut la propriété de deux royautés, l'une matérielle et, les événements l'ont prouvé, essentiellement éphémère, l'autre intellectuelle, c'est-à-dire beaucoup moins exposée aux tremblements de trônes, s'évase aujourd'hui dans la chambre où je dors. Seulement, je suis infiniment plus sûr de l'histoire et de l'origine de ce meuble intéressant que de celles des quinze mille guéridons, des soixante mille pendules et des quatre-vingt mille bonheur-du-jour que les ébénistes ont vendu depuis cinquante ans comme ayant appartenu à Marie-Antoinette.

Le duel que j'avais eu avec M. Ernest Baroche se compliqua pour moi de la plus invraisemblable aventure. J'ai dit que le romancier Adolphe Belot avait été un des témoins du fils du ministre. De retour à Paris, Belot se rencontra à dîner dans une maison tierce avec la jeune dame dont j'avais échangé les douceurs contre les amertumes de l'exil. Il raconta sans y mettre aucune arrière-pensée, car il était à cent lieues de soupçonner notre liaison, que je m'étais battu comme un désespéré, avec une insouciance de la mort à faire croire que j'avais envie de me faire tuer.

Et en effet, le duel terminé, il m'avait fait remarquer l'imprudence avec laquelle je n'avais cessé de me jeter sur mon adversaire. A quoi je lui avais répondu que, l'essentiel étant de toucher n'importe où, je tenais peu de compte des passes de salles d'armes, où les coups ne comptaient que dans un rond dessiné d'avance.

Mais le récit de Belot produisit un saisissement terrible chez ma jolie amoureuse, qui s'évanouit à peu près, dans la conviction où elle fut instantanément que, si j'avais ainsi cherché la mort, c'est parce qu'il m'était impossible de vivre loin d'elle.

Je dois à la vérité de déclarer que je n'avais apporté dans ce duel qu'un peu plus de passion politique que dans les autres, et que, si j'y avais cédé à mon emportement naturel, je n'avais pas songé une minute à m'offrir en holocauste sur l'autel de l'amour malheureux. Aussi fus-je un peu estomaqué en recevant une lettre où la chère âme m'écrivait qu'elle était couchée, malade; qu'elle avait tout appris par Belot, lequel n'était nullement préparé; que j'avais voulu mourir; qu'elle me défendait expressément d'attenter ainsi à ma vie qui lui appartenait à elle et non à moi;

Que d'ailleurs elle était résolue elle-même à tout braver pour venir me revoir à Bruxelles, et qu'au besoin elle se confesserait à son mari qui, la voyant mourante, ne pourrait lui refuser de temps en temps un petit voyage en Belgique.

Cette lettre délirante m'inquiéta beaucoup : pour elle d'abord, car son mari, jeune homme, grand et beau garçon, remarquablement mieux fait que moi, pouvait accueillir ses confidences à coups de revolver; ensuite pour moi, dirai-je, qui allais me trouver avec un nouveau duel sur les bras et dans l'impossibilité de me défendre contre un homme que j'avais outragé et qui avait ainsi sur ma vie presque autant de droits que je m'étais permis d'en prendre sur sa femme.

Il était d'ailleurs très brave et le prouva, en se faisant tuer sous Paris, un des premiers, dans un corps de francs-tireurs.

Cette lettre, déjà passablement préoccupante, fut presque immédiatement suivie d'une autre singulièrement plus courte, mais combien plus significative! Elle ne contenait que ces deux lignes qui valaient à elles seules leur pesant d'or et de plomb :

« Mon mari sait tout. Sans ma mère, j'étais morte. Mais il part ce soir pour aller te tuer. »

Je montrai immédiatement ce billet mortuaire à Victor Hugo, Charles et François, et tout de même nous ne pûmes nous empêcher de rire de l'incertitude où il nous laissait. Etait-ce une rencontre, était-ce un égorgement qui m'attendait? La lettre de faire part ne nous fournissait à cet égard aucune explication.

Dans le premier cas, devais-je constituer des témoins? Dans le second, étais-je forcé d'ouvrir mon paletot en disant, avec une dignité froide :

— Voici ma poitrine; tirez si vous l'osez!

L'heure de se coucher était venue avant que nous eussions pris aucune détermination. Le lendemain, nous attendîmes et Victor Hugo me disait :

— Je croyais que votre petite dame se ferait une raison. Elle s'est fait une déraison.

Au train d'une heure, rien. Au train de six heures, personne. Nous commencions à nous demander si le mari avait pris un de ces convois de marchandises qui s'arrêtent dix-sept heures à chaque gare, lorsque le facteur m'apporta une troisième lettre, toujours de mon amie, et qui n'était pas une provocation, bien qu'on ne peut plus provocante. Voici où nous en étions :

Après une scène effrayante où une énorme et très belle vasque en porcelaine de Chine avait été réduite en castagnettes; après la recherche infructueuse d'un revolver qu'on avait eu soin de transporter en lieu sûr, il s'était senti effrayé de l'état cataleptique où sa femme était tombée, après des révélations dont il avait deviné la moitié et dont elle avait complété le reste.

Je dois ajouter, pour partager les torts, qu'il avait lui-même une maîtresse pas jeune et encore moins belle, pour laquelle, par une aberration incompréhensible des sens, il délaissait sa toute jeune et ravissante femme qui avait tous les charmes du milieu artistique où elle avait été élevée, car elle était la fille d'un homme célèbre.

Mais ces maladies-là ne se discutent pas; elles se constatent. Fut-ce l'influence de l'autre, heureuse de voir le ménage à jamais désuni, qui modifia l'attitude de l'exaspéré du matin? Le fait est qu'il était rentré le soir tout calmé, à ce point qu'il dit à sa femme restée dans le même état de prostration :

— Après tout, je n'ai pas envie que tu meures!

Et il ne lui avait plus soufflé mot de notre aventure. Son projet d'aller me demander raison dans des conditions exceptionnellement rigoureuses était tombé dans l'eau et moins de huit jours après le drame, comme il la voyait amaigrie et languissante, il lui fit cette offre sur laquelle elle sauta :

— Si tu l'aimes tant que ça, tant pis! va le voir.

Il faut convenir que le dénouement était imprévu. De sorte qu'au lieu de la visite armée du mari je reçus la visite — désarmée — de la femme. Tous les quinze jours, six mois durant, elle m'annonçait son arrivée, passait deux jours à Bruxelles et retournait ensuite à Paris où son mari, resté libre, usait à son tour de toute sa liberté.

Puis les visites s'espacèrent, se raréfièrent et finalement cessèrent. Tant qu'il y avait eu pour nous danger à nous voir, nous ne pouvions vivre l'un sans l'autre. Quand tous les obstacles furent tombés et qu'il ne nous resta qu'à réaliser notre rêve, nous allâmes rêver ailleurs.

CHAPITRE V

Mme VICTOR HUGO. — L'AVARICE DU POÈTE. — UNE TABLE HOSPITALIÈRE. — HUGO ET AUGUSTE BARBIER. — « LE ROUGE ET LE NOIR ». — « ZUT ». — LES MENDIANTS. — UNE PARTIE DE BACCARA. — L'ACQUISITION D'UN TABLEAU.

Je n'avais connu Mme Victor Hugo que chez Paul Meurice. Elle était grande et sculpturale avec des yeux noirs et des cheveux crépelés. Je la retrouvai, en débarquant à Bruxelles, singulièrement amaigrie et ravagée.

La maladie de cœur qui la minait depuis déjà plusieurs années ne lui laissait plus un instant de répit. Elle était hors d'état de rester couchée et trop chancelante pour rester debout. On voyait venir la mort que, du reste, elle semblait attendre.

Son restant d'existence se passait sur une chaise longue où elle n'était ni étendue ni assise. Un matin, comme nous entrions dans la pièce qui était moins pour elle une chambre à coucher qu'une chambre à mourir, elle essaya de se soulever et retomba inerte. Ce fut tout habillée qu'elle rendit le dernier soupir.

Vacquerie et Meurice venaient d'arriver de Paris en prévision de cette fin imminente. Tous deux, Victor

Hugo, ses deux enfants, les deux miens, Mme Charles Hugo, Camille Berru, de l'*Indépendance belge*, et moi, nous prîmes le train jusqu'à la gare de Quiévrain. Le cercueil fut placé dans un grand fourgon dont les parois étaient ornées de branches, de feuillages et de fleurs, puis Victor Hugo, François et moi regardâmes partir Meurice, Vacquerie et Charles qui accompagnaient la morte jusqu'à Paris.

Nous dînâmes tristement à l'auberge avoisinant la frontière et le soir même nous retournâmes à Bruxelles, Victor Hugo toujours silencieux, et nous n'osant trop souligner son silence par le nôtre.

Mme Hugo avait été belle et exubérante dans sa jeunesse. Je ne l'ai connue que déjà accablée et presque éteinte. Mais elle avait, avec un tact extraordinaire, admirablement su départager l'épouse et la mère de famille de la femme du plus illustre et du plus entouré des écrivains.

Elle avait tout de suite compris qu'il lui était trop difficile de prétendre à la possession exclusive du cœur et même de la personne d'un mari aussi fêté, et elle s'était résignée à des écarts conjugaux qui ne lui enlevaient rien de l'admiration que lui inspirait l'homme extraordinaire auquel elle était liée.

Victor Hugo, de son côté, manifestait constamment à son égard le respect le plus sympathique. Jamais je n'ai surpris entre eux deux l'apparence d'une hostilité ou le moindre signe de rancune. Or, s'il s'était produit dans le ménage le conflit même le plus bénin, j'en aurais été certainement informé, car on ne se gênait pas avec moi dans la maison.

A partir de la disparition de Mme Victor Hugo, les relations devinrent sensiblement plus fréquentes entre nous tous et Mme Juliette Drouet, l'ancienne et inséparable amie du poète, sur lequel elle avait pris un empire à peu près absolu.

Nous allions au moins deux fois par semaine dîner avec elle à l'hôtel de la Poste, à Bruxelles, où elle habitait, et la liaison datait de si loin qu'elle en était presque consacrée par l'âge. Charles et François acceptaient donc cette situation qu'aucun raisonnement n'aurait amené Victor Hugo à modifier.

Il conservait toujours avec sa vieille compagne aux cheveux tout blancs et aux yeux légèrement rougis aux paupières, mais qu'on devinait avoir été extrêmement jolie, un ton de politesse presque affecté, l'appelant madame et lui demandant si elle voulait bien « nous faire l'honneur » de nous chanter quelques couplets.

Car Victor Hugo, qui avait horreur de la musique et des musiciens au point que Mᵐᵉ Charles s'était vue contrainte de fermer son piano, paraissait raffoler des vieux airs que Mᵐᵉ Drouet nous roucoulait d'une voix chevrotante de Déjazet modulant la *Lisette de Béranger*.

Elle nous fit entendre un jour un morceau des *Châtiments*, rythmé sur un air de Beethoven soi-disant inédit, et que Victor Hugo croyait avoir retrouvé. Dès la première note, je m'aperçus que je le connaissais, l'ayant entendu dans mon enfance et retenu d'un bout à l'autre, car, comme pour la poésie, j'ai pour la musique une mémoire spéciale.

— Hein? me dit Victor Hugo, enchanté de nous avoir régalés des vocalises de Mᵐᵉ Drouet, quel air délicieux! Et quand on pense que sans moi il serait resté ignoré.

Alors, comme d'une part je voulais laisser à mon grand hôte l'illusion de la découverte, comme d'autre part je tenais un peu à faire parade de mes facultés mnémoniques, je me mis à rechanter, en le fredonnant, tout le morceau de Beethoven, que j'étais censé avoir entendu pour la première fois une minute auparavant.

Tout le monde fut stupéfait de ce prodige de mémoire, et dans la certitude où étaient Mme Drouet et Victor Hugo d'être seuls à le connaître, il ne leur vint pas un seul instant le soupçon que j'avais bien pu l'avoir entendu ailleurs que dans le salon de l'hôtel de la Poste.

Je restai donc, par déférence pour le grand homme, sur ce mensonge dont je ne fis confidence qu'à Charles Hugo, qui me dit :

— Vous avez très bien fait de ne pas ébruiter votre secret. Papa est tout fier d'avoir ressuscité ce morceau, et il eût été désolé d'apprendre que cette résurrection n'en était pas une.

Mme Drouet, à qui Victor Hugo prêtait naturellement tous les dévouements, tous les désintéressements et toutes les fidélités, car dans les questions de cet ordre, il n'y a ni âge ni génie qui tienne, avait en réalité toutes les finesses d'une ancienne actrice ayant eu à livrer autrefois la bataille de la vie. Tout l'inquiétait et elle semblait constamment redouter quelque influence susceptible de détacher d'elle son illustre ami.

Aussi, quoique je fusse aussi peu que possible enclin à me mêler de ce qui ne me regardait pas, se mit-elle aussitôt pour moi en frais excessifs d'amabilité.

A table, elle me plaçait toujours à sa droite et renchérissait sur les rires que provoquaient les incartades et les répliques de mon petit garçon. Je ne savais comment reconnaître tant de prévenances et je lui en suis toujours demeuré reconnaissant. Je n'en crus pas moins m'apercevoir de temps en temps qu'elles n'étaient pas exemptes de calcul.

L'entrée de Mme Charles Hugo dans la famille, où elle apportait l'élément gracieux et féminin avec toute la gaieté qu'il amène, avait certainement préoccupé Mme Drouet, qui craignait de voir, surtout depuis la naissance de Georges, l'exilé chercher le bonheur dans le nouveau milieu qui s'était créé autour de lui.

Elle savait quelle admiration je professais pour l'incomparable poète, quelle sympathie il montrait pour moi, et tenait, en cas de scission entre ses fils et elle, à se ménager en moi un défenseur éventuel.

Il me sembla même comprendre qu'elle n'eût pas été absolument fâchée d'atténuer dans la mesure du possible la bienveillance de Victor Hugo pour sa bru. Y avait-il là des questions d'intérêt en jeu ? Avait-elle peur qu'après la mort de son plus sérieux ami le legs dont elle bénéficierait fût diminué d'autant ?

Je l'ignore, je n'ai jamais eu à cet égard de renseignements précis, mais il y avait un peu de préoccupation au fond de sa sollicitude.

De temps en temps, nous allions en corps déjeuner au café Riche, de Bruxelles, où j'ai revu dernièrement, assise à son même comptoir, la dame qui nous totalisait nos additions. Elle me rappelait ces jours lointains d'un exil que j'appellerai heureux pour plusieurs raisons : la première, parce qu'il accusait chez moi et chez elle vingt-huit ans de moins ;

La seconde, parce que j'y ai appris à apprécier dans toute sa profondeur ce vers de Corneille :

L'amitié d'un grand homme est un bienfait des dieux.

Quelquefois Victor Hugo nous menait dans la banlieue, à Boisfort, chez un aubergiste où on mangeait des fricassées de poulet particulièrement savoureuses. J'étais nourri, logé et même blanchi dans la maison de la place des Barricades; il m'était donc réellement très pénible de ne pas profiter de la moindre occasion pour offrir à cette famille, presque devenue la mienne, au moins un repas de temps en temps. Eh bien, chaque fois que je me précipitais au-devant du garçon pour payer un de ces extras que nous nous permettions au dehors, je me heurtais à des ordres formels donnés par Victor Hugo de ne rien recevoir de moi.

C'étaient alors des querelles et des manœuvres pleines de perfidies à qui arriverait à solder le premier la note. Je me levais de table sous prétexte d'aller chercher mon mouchoir dans mon pardessus, et Victor Hugo, qui avait tout prévu, riait tout bas en constatant l'échec de mes tentatives.

Un jour, je m'en souviens, comme il tirait son porte-monnaie, je dis à la maîtresse de l'auberge de Boisfort :

— Vous n'accepteriez certainement pas cet argent-là, madame, si vous saviez qu'il a été gagné à insulter tout ce qu'il y a de plus sacré en France, Sa Majesté l'empereur, l'impératrice, Saint-Arnaud, Persigny, Maupas, Morny, la princesse Mathilde, enfin toutes nos gloires... Et, par-dessus le marché, en vers détestables. Prenez bien garde, madame : la somme que vous recevez-là vous portera malheur!

A quoi il répondit joyeusement :

— J'ai si peu gagné cet argent-là à insulter nos gloires, que les *Châtiments* m'ont coûté deux mille francs pour la fabrication de l'édition diamant, qui s'est vendue en France à quatre-vingt mille exemplaires sans que j'aie jamais pu me faire remettre un sou par l'éditeur.

— Raison de plus, lui dis-je. Si chacun de vos ouvrages vous coûte deux mille francs, vous devez avoir le plus pressant besoin qu'on vous paye à dîner.

Mais j'eus beau user de la calomnie et de la menace, je ne pus jamais arriver à me substituer à lui dans le règlement d'un compte. J'ai tenu à citer ces faits insignifiants en eux-mêmes — si quoi que ce soit concernant un homme de cette supériorité était jamais dépourvu de signification — parce qu'on a souvent, devant moi, taxé Victor Hugo d'avarice.

La vérité est que tous les jours il avait cinq ou six étrangers à sa table, sans nous compter, ma fille, mon fils Octave et moi. Le plus mince visiteur qui venait de Paris pour me serrer la main était prié de rester à dîner, et j'étais souvent confus de lui amener ainsi des ribambelles d'inconnus avec lesquels il se montrait aussi hospitalier et aussi prévenant que s'il les fréquentait depuis des années.

Ce que j'écris là est la vérité absolue, mon admiration pour l'immense poète qui a écrit les plus beaux vers dont une langue ait le droit de s'enorgueillir, ne m'ayant jamais fermé les yeux sur ses défauts, peu condamnables d'ailleurs, et qui consistaient presque exclusivement dans la préoccupation des faux jugements de l'opinion publique et aussi dans de vieilles rancunes littéraires qui le conduisaient jusqu'aux portes de l'injustice.

Ainsi, j'avais toujours professé le plus grand respect pour le caractère si noblement chevaleresque d'Armand Carrel, à qui d'ailleurs j'étais indirectement redevable de mon entrée au *Charivari* et de ses suites.

car, s'il n'avait pas laissé ses parts à son ami Grégoire, celui-ci n'aurait pas pu me mettre le pied à l'étrier.

Eh bien, la première et seule fois que je prononçai le nom du grand polémiste devant Victor Hugo, peu s'en fallut qu'il ne le traitât de mouchard et d'agent provocateur.

— Un homme qui a écrit les articles que M. Armand Carrel a vomis sur moi n'a pas le droit de se prétendre républicain, me disait-il.

Ce qu'il ne me disait pas, c'est qu'à l'époque où Carrel écrivait les articles en question, Victor Hugo était encore royaliste, attaché à la branche aînée contre laquelle le directeur du *National* avait conspiré, sous laquelle il avait été condamné à mort, et que c'est parce qu'il était un fervent républicain qu'il attaquait avec cette âpreté Victor Hugo, qui ne l'était pas.

Il avait aussi du critique Gustave Planche et de son évidente mauvaise foi une haine justifiée. Il disait de lui :

— Planche? sec et plat ; l'homme de France qui porte le mieux son nom.

Ce juge littéraire dont la plume inquiétait tant de gens célèbres, je l'ai vu souvent dans ma toute jeunesse, assis à une table de café dans les environs de l'Hôtel-de-Ville, à peu près ivre-mort et cherchant encore à se faire offrir des petits verres par les gens d'alentour. Si Victor Hugo avait pu le contempler dans ce travail, il eût été totalement vengé.

Quand l'animosité personnelle ne l'étreignait pas, il apportait dans ses jugements littéraires une impartialité, une lucidité et une justesse d'appréciation on ne peut plus frappantes.

Il avait réservé toute son admiration à La Fontaine, dont le style lui paraissait incomparable au point qu'il en avait l'air presque jaloux. Il me rappelait souvent cette onomatopée :

> Six forts chevaux tiraient un coche.

— N'est-ce pas ? insistait-il, on les voit tirer le coche. Il semble que la sueur leur coule.

Très certainement il pensait à ce vers saisissant quant il écrivait, en le développant avec la majesté et l'originalité du génie, l'incomparable pièce des *Contemplations* intitulée *Melancholia* :

> Le pesant chariot porte une énorme pierre,
> Le limonier suant du mors à la croupière,
> Tire, et le roulier fouette, et le pavé glissant
> Monte et le cheval triste a le poitrail en sang.
> Il tire, traîne, geint, tire encore et s'arrête.

Il était également hanté par les *Iambes* d'Auguste Barbier.

— Il y a dans son volume des vers étonnants comme il n'en aurait sans doute pas pu refaire, mais comme personne autre n'en refera jamais, me disait-il.

Et il ne s'exceptait pas de ce « personne autre ». Il ajoutait :

— Il y en a qu'on croirait écrits sur la barricade même.

Quant au jugement de Barbier sur Napoléon, il me le citait de temps en temps comme je l'ai déjà cité plus haut :

> Ce triste et vieux forçat de la Sainte-Alliance
> Qui mourut sur un noir rocher,
> Traînant comme un boulet l'image de la France
> Sous le bâton de l'étranger.

Il aurait voulu atteindre ce déchaînement révolutionnaire et aurait donné beaucoup de ses plus beaux vers pour avoir écrit ces deux-ci :

O Corse à cheveux plats, que la France était belle
Au grand soleil de messidor !

Son œuvre est à un tel nombre de coudées au-dessus de celle de Barbier, lequel a sombré, immédiatement après les *Iambes*, dans une platitude à faire douter qu'ils fussent réellement de lui, que l'auteur de l'*Expiation* pouvait facilement se dispenser de réveiller ce mort. Mais sa bonne foi parlait plus haut que ce fameux orgueil auquel les impuissants font si volontiers allusion, et non seulement il n'hésitait pas, mais il aimait à s'incliner devant une œuvre que, sans mesquinerie ni réticences, il proclamait grande et belle.

En revanche, l'intransigeance de ses condamnations était irréductible. J'essayai de lui faire lire le *Rouge et le Noir* qu'il prétendait ne pas connaître, ce qui m'étonna fortement, étant donné le soin avec lequel il se tenait au courant du mouvement littéraire contemporain, — bon ou mauvais. Un matin, Charles entra dans ma chambre et me dit tristement :

— Vous avez fait hier énormément de peine à mon père. Il vous aime beaucoup et il est très affecté de l'enthousiasme avec lequel vous avez parlé devant lui de cette chose informe qu'on a intitulée le *Rouge et le Noir*. Il avait meilleure opinion de vous et il est humilié pour lui-même de constater qu'il s'est trompé aussi complètement à votre égard.

Je savais ce que signifiait cette communication. C'était une invitation à me préparer à l'assaut qui me serait livré pendant le déjeuner. Et, en effet, Victor

Hugo commença l'attaque comme s'il avait été appelé en consultation pour juger de mon état mental.

— J'ai tenté de lire ça, me dit-il ; comment avez-vous pu aller plus loin que la quatrième page ? Vous savez donc le patois ?

— Oui, fis-je, ce n'est pas écrit, je le sais, mais, tel qu'il parle et se comporte, le personnage de Julien Sorel n'en est pas moins le type où se résument toutes les passions, toutes les audaces, toutes les ambitions et aussi toutes les incohérences et les violences des hommes à tempérament. Tous les jeunes gens, à un moment donné, ont été plus ou moins Julien Sorel. Sans quoi, comment expliqueriez-vous le succès du livre, qui a passionné déjà deux générations ?

— Moi, s'obstinait Victor Hugo, je ne me passionne pas pour des fautes de français. Chaque fois que je tâche de déchiffrer une phrase de votre ouvrage de prédilection, c'est comme si on m'arrachait une dent.

Et il me développa cette théorie :

— Voyez-vous, les seules œuvres qui aient chance de traverser les âges sont les œuvres vraiment écrites. Croyez-vous que si *Candide*, de Voltaire, était du même style que le *Rouge et le Noir*, nous le lirions encore ? Montesquieu reste parce qu'il écrit. M. Stendhal ne peut pas rester parce qu'il ne s'est jamais douté un instant de ce que c'était qu'écrire.

Et il ajouta cette sentence sévère, que je livre à l'examen public :

— Personne n'a plus que moi d'admiration pour le génie presque divinatoire de Balzac. C'est un cerveau de premier ordre. Mais ce n'est qu'un cerveau, ce n'est pas une plume. Le style est l'art d'exprimer avec des mots toutes les sensations. Relisez Balzac: vous vous apercevrez bien vite qu'il ignore sa langue et que presque jamais il ne dit les excellentes choses qu'il voudrait dire. Aussi l'heure de l'oubli sonnera-t-elle pour lui plus tôt qu'on ne pense.

Je crus d'abord, je m'en accuse, à quelque accès de dénigrement intéressé de la part d'un homme qui, si indiscuté qu'il fût, se sentait offusqué par la notoriété d'autrui. Je reconnus vite mon erreur. Je fis tous mes efforts pour relire Balzac et, en effet, l'indigence de la phrase et les solécismes dont fourmillent ses meilleurs romans me le firent peu à peu tomber des mains.

Quant à l'ouvrage de Stendhal, à ce point célèbre, cité et commenté qu'il s'en est fondé le dîner des « Rougistes », je regrettai amèrement, quand je voulus le recommencer, de ne pas être resté sur ma première lecture comme sur ma première impression. Je défie un homme de lettres ayant tant soit peu le respect et l'amour de la forme d'aller au delà du troisième chapitre.

Ce qui probablement a exalté les imaginations des jeunes gens studieux et pauvres, c'est la témérité amoureuse de ce petit professeur se donnant à lui-même la tâche de séduire d'abord la mère des deux enfants qu'il instruit, puis la fille du gentilhomme chez lequel il est placé comme secrétaire. C'est en somme la revanche de l'habit usé contre l'habit neuf.

Mais quand nous débutions dans la vie, à l'âge où on mord dans toutes les pommes et où on dévore tous les livres, nous sautions par-dessus les imperfections qui déshonorent celui-là, et au quartier Latin il n'y avait pas de mon temps un étudiant ou un petit répétiteur qui ne se dit en pressant le livre sur son cœur:

— Dieu! que je voudrais être Julien Sorel!

Victor Hugo évoluait dans un milieu où il lui était très malaisé de comprendre cet état d'âme. Il n'était frappé dans le *Rouge et le Noir* que des barbarismes et des pataquès. Malheureusement il faut reconnaître qu'ils y sont nombreux.

Pour ce qui était de lui-même, il offrait les contrastes les plus surprenants. Ce poète si respectueux de sa plume, ce romancier consciencieux et exact au point de verser quelquefois des torrents d'érudition dans un seul chapitre, une fois sa page écrite et son vers ciselé, s'en inquiétait aussi peu que s'ils avaient dû moisir éternellement dans son tiroir. De ma vie je ne l'ai entendu citer un seul de ses alexandrins et je ne suis pas bien sûr qu'il les ait jamais relus.

Il laissait à Paul Meurice le soin de corriger les épreuves de ses volumes et passait sans désemparer à d'autres travaux, ne prenant pas même à son labeur quotidien le temps de jouir de sa gloire, au moins un instant. Il paraissait même des plus indifférents à défendre ses poésies contre les plagiats, les contrefaçons et les fautes typographiques. Un jour, devant la maison même, nous entendions un camelot crier :

— Demandez le *Christ au Vatican*, par Victor Hugo !

— Qu'est-ce que c'est que ça ? Vous avez fait un *Christ au Vatican* ? lui demandai-je.

— Pas du tout ! me répondit-il en riant.

J'appelai le camelot. J'achetai le placard. C'était du pur gâtisme.

— Est-ce que vous n'allez pas vous opposer à ce que cette ineptie soit vendue sous votre nom ? fis-je.

— Que diable ai-je à y perdre ? me dit-il. Ceux qui lisent mes vers savent bien que ceux-là ne sont pas de moi. Quant à ceux qui ne les lisent pas, je serais bien bon de les désillusionner.

Il me donna un autre exemple de cette indifférence philosophique. Dans toutes les éditions de ses œuvres, j'avais remarqué une coquille qui m'agaçait. C'était dans la célèbre pièce des *Orientales* intitulée *Fantômes* et que tout le monde sait par cœur :

> Hélas ! que j'en ai vu mourir de jeunes filles !

Une des strophes est celle-ci :

> Puis c'étaient des bijoux, des colliers, des merveilles !
> Des ceintures de moire aux ondoyants reflets ;
> Des tissus plus légers que des ailes d'abeilles,
> Des festons, des rubans à remplir des corbeilles,
> Des fleurs à paver un palais.

Or, tous les éditeurs, aussi bien Hetzel qu'Alphonse Lemerre, ont imprimé :

> Des fleurs à *payer* un palais.

On ne paye pas un palais avec des fleurs, mais on peut l'en paver et j'avais compris que ce dernier mot était celui qu'avait écrit le poète. Je lui fis part de cette erreur qui, dans un morceau aussi connu, avait son importance, « des fleurs à payer un palais » n'ayant aucun sens appréciable et « des fleurs à paver un palais » représentant une très jolie image.

— Vous avez parfaitement raison, me dit-il. J'ai mis « paver » et non « payer ». Il faudra que je prie Meurice de faire la correction pour l'avenir.

Vingt-huit ans ont passé sur mon observation. Toutes les éditions fabriquées depuis lors ont continué à porter « payer » au lieu de « paver », et jamais il ne se donna la peine d'en parler à Paul Meurice, bien qu'il s'agît non pas même d'un changement de mot, mais d'un simple changement de lettre.

Il passait ses soirées à remonter le cours de son glorieux passé, causant avec moi et quelques amis pendant que d'autres jouaient aux cartes dans le salon qui ouvrait sur la salle à manger. Il nous racontait que les représentations d'*Hernani* avaient été à ce point orageuses que de la première à la dernière tous les vers en avaient été sifflés. Un jour c'étaient les uns, le lendemain les autres; quelquefois la cabale prenait ses sifflets au premier hémistiche et ne les remisait qu'au baisser du rideau.

Aussi l'éclatant succès de la reprise a-t-il été une des plus grandes joies de sa vie. Cette revanche prise sur un public imbécile par un autre venu en grande partie pour assister à une nouvelle chute de cette œuvre magnifique constituait pour lui une consécration. Il m'interrogeait sur la physionomie de la salle, sur la manifestation républicaine à laquelle la représentation avait servi de prétexte, sur le jeu des acteurs, me mimant certaines scènes que Mlle Mars, qu'il n'aimait ni comme femme ni comme artiste, avait jouées contrairement à ses indications.

Le soir d'un dîner de famille sans invités et où nous étions sans visites, il me prit à part et me dit:

— Je voudrais vous lire un acte que je viens d'écrire pour le Gymnase. C'est une comédie. Écoutez-la et, consciencieusement, faites-moi part des chances de succès que vous lui croyez.

Cette offre si flatteuse d'arbitrage me mit à l'oreille une puce énorme. Je ne pouvais, en effet, me dispenser d'être sincère, n'ayant pas le droit de l'engager à risquer un four. Je m'assis tout inquiet et il déroula son manuscrit dont le titre était : *Zut!*

Zut était ce type de gamin bienfaisant par lequel il a toujours été poursuivi et qu'il nous a montré sous le nom de Jehan Frollo et de Gavroche. J'écoutai et, je le confesse, je ne fus pas très ravi. Ce Zut, débraillé, gouailleur, se montrait insolent avec tout le monde et finalement sauvait tout le monde.

L'intrigue me parut vieillotte et ce voyou vertueux bien peu de nos jours. Le comique y était forcé et, j'eus beau me battre les flancs, il me fut impossible d'accoucher du moindre éclat de rire.

Victor Hugo se rendit parfaitement compte de l'impression un peu réfrigérante que son acte m'avait produite. Cependant il me dit en fermant le manuscrit :

— Supposez que vous soyez directeur de théâtre et que je sois un jeune auteur à qui vous auriez accordé une lecture. Comment accueilleriez-vous celle-là ?

— Je vous ferais observer, répondis-je, qu'il y a déjà au répertoire une pièce de Bayard et Van der Burk taillée à peu près sur le même patron, intitulée le *Gamin de Paris*, qui fut jouée des centaines de fois par Bouffé et Déjazet, et qu'il est toujours dangereux de reprendre une donnée aussi épuisée. Scribe, très malin, refaisait quelquefois les ouvrages qui étaient tombés, mais non ceux qui avaient réussi.

— Rien de plus juste, interrompit Victor Hugo; je n'avais pas du tout pensé au *Gamin de Paris*.

Puis nous parlâmes d'autre chose. Il alla se coucher, car dix heures sonnaient, et jamais plus il ne fut question de *Zut*. L'a-t-il détruit? L'a-t-on, après sa mort, retrouvé parmi ses fonds de tiroir? Je l'ignore, mais je crois avoir été le seul à entendre de la bouche de son illustre auteur cette œuvre restée inédite.

Le supplice auquel il était le plus quotidiennement soumis était celui de la mendicité. Je l'ai connu aussi et je le subis encore tous les jours. Il n'en est guère de plus atroce et voici pourquoi :

Quand les signataires des cinquante ou soixante demandes de secours qui vous arrivent à chaque courrier sont intéressants ou vous paraissent tels, le cœur vous saigne de l'impuissance où vous êtes à les tirer tous d'embarras. Quand, au contraire, vous y découvrez des traces évidentes de cette mendicité professionnelle qui est un véritable fléau pour les gens connus, vous avez perdu un temps considérable à déchiffrer ces épîtres émanant de mendiants syndiqués qui se relaient à votre porte.

Cette pluie de sollicitations et de quémandages a de plus pour douloureux effet d'émousser fatalement la sensibilité de ceux qui la reçoivent continuellement sur la tête. Les premiers solliciteurs vous émeuvent, les seconds se bornent à vous intéresser. Le soixantième vous embête.

Il faut être alors doué d'un diagnostic tout spécial et d'un doigté particulier pour deviner à la forme et même à l'écriture de la lettre, qui est souvent une circulaire, si le quémandeur a droit à nos sympathies.

Victor Hugo me déballa une après-midi un stock de ces requêtes et nous calculâmes qu'à donner seulement le quart de ce qu'on lui demandait annuellement, il lui serait impossible d'en sortir à moins de deux millions. A l'heure où j'écris ces lignes, c'est du reste à peu près mon chiffre.

Il m'exhuma un gracieux billet féminin débutant par cette formule que je trouvai d'une grande beauté :

« Cher et illustre maître,

« On m'assure que la publication de votre superbe roman les *Misérables* vous a rapporté un million et demi. *Je ne serai pas exigeante : je ne vous demanderai que le dixième de cette somme.* »

Et c'était signé d'un nom avec une adresse à laquelle étaient jointes quelques recommandations relatives aux moyens les plus prompts comme les plus sûrs de faire parvenir ces modestes cent cinquante mille francs à Angoulême, où habitait la dame peu « exigeante ».

Moi, j'ai été moins gravement atteint. Il y a quelques années, une jeune fille m'écrivit de Nancy pour obtenir de ma générosité ni plus ni moins que CINQUANTE MILLE francs ; mais, comme elle appartenait à une excellente famille, que la révélation de cette démarche humilierait profondément, elle tenait à me cacher son nom et me priait de vouloir bien lui envoyer cette prébende chez M. X..., banquier à Nancy, aux initiales H. P.

On comprend que les milliers et les dix milliers de mendiants envers qui Victor Hugo s'est excusé de ne pouvoir se prêter à leurs escamotages, aient essayé de fabriquer autour du poète une légende touchant sa prétendue pingrerie. Charles Hugo m'a souvent répété :

— Mon père n'est pas avare du tout et je l'ai vu signer à des solliciteurs des bons à toucher à la Société des auteurs sur une représentation d'*Hernani*, ce qui constituait une somme considérable. Seulement, l'argent qu'il a à recevoir étant encaissé, il le place immédiatement en valeurs et éprouve ensuite quelque ennui à le retirer. Mais, tant que les sommes ne sont pas dans sa poche, il les délègue avec la plus grande facilité.

J'ai même remarqué que peu d'hommes étaient aussi carottables, et je me vois, pour en fournir la preuve, amené à une confession qui me couvre de honte et dont le public appréciera la gravité : j'ai triché au jeu Victor Hugo.

Charles Hugo, dont l'âme était essentiellement dépensière, ce qui le laissait constamment à court d'argent, me dit un soir :

— Mon cher, vous allez me rendre un grand service. Je ne sais pas comment j'arriverai à nouer les deux bouts, ce mois-ci. J'ai déjà demandé à mon père des tas d'avances sur le mois prochain. Je n'ose vraiment plus essayer de le taper. Voilà ce que je voudrais : organiser ce soir une partie de baccara à laquelle il prendrait part.

— Mais, interromps-je, il n'a jamais touché une carte de sa vie.

— Précisément. Il s'agirait, sans en avoir l'air, de l'amener à jouer. Vous seul avez assez d'influence sur lui pour obtenir ce résultat. J'ai besoin de huit cents francs. Au lieu d'être obligé de les obtenir par une scène, je m'arrangerais pour qu'il les perdît, attendu qu'il ne connaît même pas la marche du jeu et que rien ne me sera plus facile que de lui faire prendre des neuf pour des dix et réciproquement. De cette façon-là, vous m'épargnerez des discussions ennuyeuses.

Bien que la loi n'admette pas qu'un fils puisse voler son père, le rigide François et moi ne pouvions nous décider à entrer dans les vues de Charles. Mais il fallut bien nous soumettre. Il prépara pour le soir même, avec plusieurs amis, notamment la belle-fille de l'ancien directeur des chemins de fer belges, une partie de famille où tout le monde s'attabla et qui laissa Victor Hugo isolé dans un coin du salon.

Au troisième coup de carte, Charles fit à son père une place à côté de lui, mais tout ce que nous parvînmes à obtenir, c'est qu'il jouerait debout. Ce fut atroce. Quand Charles avait baccara, il abattait ses cartes et les jetait vivement dans la corbeille en criant :

— Neuf !

Et Victor Hugo payait. Il s'obstina, et je me demande où il se serait arrêté si, les huit cents francs indispensables une fois acquis, le fils prodigue n'était redevenu subitement l'honnête homme qu'il n'avait jamais cessé d'être.

Le calme avec lequel Victor Hugo déposait ses billets de banque sur la table était réellement touchant. Au coup précis de dix heures, il se retira considérablement allégé et monta se coucher.

Jamais il ne reparla de cette débauche et ne la renouvela jamais non plus. Je suppose qu'à la réflexion, il se douta bien un peu du coup que lui avait monté son fils ; mais, avec ce sentiment du devoir et de la responsabilité qui ne l'abandonna jamais, il accepta sans se plaindre ce châtiment d'un instant d'oubli.

Charles, toujours à l'affût de quelque argent de poche, trouva encore moyen de me compromettre dans une affaire où naturellement je n'avais pas plus à gagner que dans la précédente, mais dont la découverte m'eût plongé dans le plus inexprimable embarras.

J'avais été reconnu dans les rues de Bruxelles par un Anglais, grand marchand de tableaux, qui venait d'établir en Belgique un magasin formant galerie. Ce négociant, que j'avais vu quelquefois à Paris, m'aborda pour m'inviter à aller visiter sa collection et me supplia de faire tous mes efforts pour décider le maître à s'y rendre.

Le soir, je fis part à Victor Hugo du grand honneur que mon Anglais aurait à le recevoir, et le lendemain, après déjeuner, nous nous acheminâmes vers le magasin de tableaux.

Victor Hugo qui est un si merveilleux peintre et dont les saisissantes et magnifiques images pourraient être reportées sur toile, si nous avions un artiste assez puissant pour entreprendre ce travail, Victor Hugo n'avait aucune connaissance en peinture. A cet égard, son éducation artistique était nulle. Il appréciait d'instinct et ne voyait dans le cadre que ce qu'il voulait voir.

Je l'ai souvent contemplé s'extasiant devant des croûtes qu'il interprétait non avec ses yeux, mais avec son imagination, et passant indifférent à côté de très belles œuvres.

En art musical, son parti pris était le même. Il a écrit quelque part que le chœur des chasseurs d'*Euryanthe* « est ce qui a été écrit de plus beau dans la musique française ». Or, il est indéniable que la musique française contient des choses infiniment plus belles que le chœur des chasseurs d'*Euryanthe*.

Le marchand, que j'ai d'ailleurs revu à Londres pendant mon dernier exil, nous déballa d'assez intéressants morceaux, notamment un grand portrait de jeune femme, par Nattier, et de jolis pastiches de l'école de Boucher. Mais ce qui accapara Victor Hugo tout

4.

entier, ce fut une grande diablesse de marine représentant un ciel d'orage, une mer en furie et des navires dansant sur la crête des vagues. C'était peint par des Napolitains, qui vous brossent en trois quarts d'heure une toile de deux mètres et dont le plus fort et le seul un peu connu est Magnasco qui affectionne des moines priant dans des rochers.

Mais, pour Victor Hugo, le fond avait immédiatement emporté la forme et la terreur du sujet l'avait impressionné au point de lui enlever toute clairvoyance.

— Ah! s'écria-t-il, le magnifique Salvator Rosa!

C'était de Salvator Rosa comme de moi. Cependant je me serais fait un remords de l'arracher à son enthousiasme, si peu justifié qu'il fût. Quand il eut suffisamment commenté son Salvator Rosa, épilogué sur l'épaisseur des nuages et la transparence des vagues, nous reprîmes le chemin de la maison.

Mais, et c'est ici que ma posture devint on ne peut plus mauvaise, deux jours plus tard je croisai dans Bruxelles le marchand anglais, qui m'arrêta pour cette communication :

— Monsieur Rochefort, je ne sais comment reconnaître la bienveillance du grand écrivain à mon égard. Il m'a semblé qu'il examinait avec plaisir cette marine napolitaine que j'ai achetée pour faire plaisir à un pauvre diable et qui, vous l'avez constaté, n'a aucune valeur. Si le maître voulait me faire la joie de l'accepter en souvenir de sa visite, je serais on ne peut plus heureux et honoré de la lui offrir.

A peine rentré, je mis Charles au courant de la gracieuseté de notre Anglais et j'allais monter chez son père pour m'acquitter de la commission, quand mon ami me pria de le laisser faire Un plan de tout repos venait de s'édifier dans sa tête. Le soir, à dîner, il dit à Victor Hugo :

— Ah ! au fait, tu ne sais pas ? Rochefort a rencontré le marchand chez qui nous sommes allés avant-hier. C'est vraiment un excellent homme. Imagine-toi qu'il lui a dit : « M. Victor Hugo paraît avoir beaucoup admiré mon Salvator. Je l'ai eu dans d'excellentes conditions et je me ferais scrupule de gagner un centime sur lui. Il me coûte cinq cents francs. S'il le désire, il est à lui. »

Et Charles ajouta :

— Ce serait fou de perdre une pareille occasion. Si tu veux, nous irons demain, avec Rochefort, chercher le tableau.

Victor Hugo, enchanté, donna les cinq cents francs pour le Salvator Rosa, qui n'en valait pas trente. Le marchand nous le remit, trop heureux de s'en débarrasser gratis, et Charles, pour effacer toute trace de son crime, se hâta de dépenser les cinq cents francs.

Malheureusement, pendant tout le temps de mon séjour place des Barricades, je ne cessai de trembler à la pensée d'une rencontre entre l'Anglais et Victor Hugo qui, se considérant comme son obligé, n'eût pas manqué de lui adresser des remerciements susceptibles de provoquer non seulement la découverte, mais l'explosion du pot aux roses.

A tout instant nous allions nous informer de sa présence en Belgique et nous respirions longuement quand nous apprenions qu'il était parti pour l'Angleterre.

Si Victor Hugo avait été en proie aux sentiments d'avarice qu'on lui a prêtés, il se serait laissé moins aisément extraire des molaires de cette grosseur. Mais, à l'encontre de cette tradition mensongère, j'ai l'affirmation d'Adolphe d'Ennery lui-même qui me disait tout dernièrement :

— Il était si peu avare que sa générosité me coûte personnellement très cher. Après *Marie Tudor*, un grand drame de moi avait succédé à celui de Victor Hugo. Or, il est d'usage, à l'issue de la première représentation de leur pièce, que les auteurs signent pour les machinistes un bon à toucher sur la caisse de la Société dramatique et qui était ordinairement de deux cent cinquante à trois cents francs.

Eh bien, comme je demandais au régisseur du théâtre quel chiffre je devais inscrire sur le bon, il me fit observer que celui qu'avait signé Victor Hugo pour sa pièce était de mille francs, ce qui, de peur d'avoir l'air d'un pleutre, me contraignit à donner la même somme.

Il est probable que ceux qui aimaient à accuser le grand poète de parcimonie auraient regardé comme plus que suffisante la gratification de trois cents francs, s'il leur avait fallu la verser aux machinistes.

CHAPITRE VI

Ruses de pamphlétaire. — La « Lanterne » de Mme Cavaignac. — Barbès. — Une visite au prisonnier du Mont-Saint-Michel. — Barbès et Victor Hugo. — Le « Rappel ». — Une élection. — Le couteau sur la candidature.

Bien que condamné à une foule de reprises et réfugié de l'autre côté de la frontière, la loi me permettait parfaitement de continuer à publier la *Lanterne* en France. Seulement le ministère s'arrangeait pour que la publication n'y eût pas lieu. Il avait fait prévenir tous les imprimeurs que, s'ils mettaient mes infamies sous leurs presses, on enverrait des argousins pour les leur briser, ou tout au moins qu'on les poursuivrait à chacun des numéros qu'ils auraient l'imprudence d'en faire sortir.

De sorte qu'une fois de plus la magistrature et le Code baissaient pavillon devant la force brutale et les gourdins réunis. C'était toujours le coup d'Etat, avec cette différence que la police envahissait les bureaux des journalistes au lieu d'envahir la Chambre des députés.

Il fallut donc s'ingénier à parer ces coups de Jarnac. Nous nous décidâmes, Victor Hugo, Charles,

François et moi, pour une *Lanterne* à deux formats, un de dimension ordinaire pour la vente en Belgique et à l'étranger, l'autre minuscule, facile à introduire dans des enveloppes de lettres et, conséquemment, susceptible de voyager par la poste.

Le gouvernement belge, un peu inquiet de cette lutte entamée sur son territoire avec un voisin qu'il redoutait, s'il ne l'aimait guère, m'avait fait prier, non pas de quitter Bruxelles, mais de dater mes numéros d'une ville d'Allemagne ou de Hollande, ce qui dégagerait dans une certaine mesure la responsabilité de la Belgique.

Je louai aussitôt, moyennant la somme peu ruineuse de vingt-cinq francs par mois, une chambre à Aix-la-Chapelle où je n'ai de ma vie mis les pieds, mais d'où sont datées presque toutes mes *Lanterne* écrites en exil. En réalité, elles se fabriquaient à l'imprimerie Vanderauwera, à Bruxelles même, et jamais l'impression n'en a été transportée ailleurs.

Les numéros petit format étaient adressés à nos abonnés de Paris et, afin de ne pas succomber sous les frais de poste, je faisais porter le paquet d'exemplaires à la première station française, d'où ils arrivèrent d'abord sans encombre à destination. Puis les employés des postes s'étonnèrent bientôt de recevoir à jour fixe, à un bureau déterminé, un aussi grand nombre de lettres timbrées pour Paris.

Le commissaire de police ouvrit un des envois, ce qui l'invita à confisquer les autres. Brûlés à la poste, nous nous retournâmes du côté de la contrebande. Des émissaires capitonnés de nos petites *Lanterne* les portaient à Paris, où ils allaient les remettre en personne aux abonnés. Cependant ce jeu périlleux, auquel plusieurs de mes colporteurs se firent pincer et condamner, provoqua une telle surveillance qu'il fallut recourir à des procédés plus compliqués, mais plus sûrs.

La maison Hugo comptait parmi ses habitués un gros et riche marchand de cigares, nommé Coenass, dont la fortune s'était fortement consolidée par l'introduction en fraude de sa marchandise de Belgique en France. Il ne nous l'avait jamais avoué, mais l'embarras où il nous voyait le détermina à nous ouvrir son cœur. Il opérait de la façon suivante :

Moyennant une rétribution proportionnelle, il avait acheté un employé de l'ambassade française, dont le titulaire était alors Arthur de la Guéronnière, et par cette entremise Coenass passait des malles pleines de cigares, qui, grâce à l'immunité diplomatique, n'étaient soumises à aucune investigation.

A l'arrivée à Paris, un associé de Coenass se présentait à l'ambassade, réclamait les cigares et les distribuait dans des magasins à lui pour y être mis en vente avec des bénéfices considérables puisqu'ils n'avaient acquitté aucun droit.

Coenass nous offrit de nous prêter une de ses malles pour y insérer un stock de *Lanterne*, qu'une personne sûre mettrait ensuite à la poste à Paris, où la surveillance était à peu près impraticable.

Nous avions les adresses de tous nos abonnés. Nous les transcrivions sur les enveloppes sous la gomme desquelles nous enfermions les exemplaires, et il ne restait qu'à les glisser dans la boîte de la grande poste de Paris.

Le stratagème réussit pendant plusieurs mois, mais, v'lan ! l'employé fraudeur de cigares commit la distraction, un jour, de se tromper de malle et de remettre au ministère des affaires étrangères des paquets de tabac illégitime au lieu de pièces diplomatiques.

Les *Lanterne* ne furent pas saisies, mais, le truc étant éventé, elles ne pouvaient guère manquer de l'être à la prochaine fournée. Il fallut de nouveau nous casser la tête pour assurer le service du journal.

Par une chance improbable, nous aperçûmes, Charles et moi, chez un mouleur italien, un buste de Napoléon III lui-même. Je ne sais qui, de lui ou de moi, eut l'idée de loger dans l'intérieur du plâtre autant de brochures diamant que les creux de ce nez éléphantiasique et de ces joues boursouflées étaient à même d'en contenir.

De peur d'attirer l'attention des nombreux mouchards que la police impériale entretenait à mon intention sur le territoire belge, nous chargeâmes un ami de commander à ce plâtrier une certaine quantité de surmoulages qui nous serviraient de cachettes, lesquelles seraient fermées par un paquet de ciment, dès que les *Lanterne* y auraient été empilées.

Il ne fallait pas moins d'une quinzaine de bustes de ce personnage moustachu pour y dissimuler nos envois : on ne pouvait plus dire qu'il n'avait rien dans la tête ; les épaulettes contenaient, en outre, six *Lanterne* par épaule ; la poitrine bombant sous l'uniforme en recélait soixante ; on en alignait sept le long du grand-cordon de la Légion d'honneur. Le venin impérial portait ainsi en lui-même son contre-poison.

Cette manœuvre — à l'intérieur — une fois accomplie, deux hommes à nous, un buste dans chaque bras, défilèrent victorieusement devant les douaniers français qui s'inclinèrent avec respect devant l'image du maître. On leur conta qu'il s'agissait d'une commande considérable destinée aux mairies de village, les autres statues qui représentaient l'empereur commençant à se démoder.

La France était divisée en trente-six mille communes, nous nous donnions ainsi de la marge. Mais d'un choc inattendu jaillit tout à coup une lumière étrange. Un des bustes, mal affermi sur son socle, culbuta et se fendit le crâne d'où s'échappa un flot de sang coagulé sous forme de petits opuscules rouges dont, au premier coup d'œil, les gabelous reconnurent la provenance. Nous étions, comme on dit en argot policier, pris sur le tas.

Jamais les larmes n'avaient été plus près du rire. L'aventure, qui fit scandale, était si drôle qu'elle nous remboursait notre déception en ridicule déversé sur l'homme des Tuileries. Sur-le-champ nous méditâmes une autre combinaison qui, cette fois, réussit à plaisir et déjoua jusqu'à la fin toutes les investigations policières.

Dans une de nos excursions artistiques, j'avais remarqué chez un antiquaire de Malines un vieux cadre aux bordures larges et plates qui me donna à réfléchir. J'en demandai au marchand une copie ne différant de l'original que parce que les bords, au lieu d'être pleins, seraient creux, de façon à contenir dans toute la hauteur un nombre déterminé de feuilles de papier.

Dans la frise du cadre, noirci et patiné comme un bibelot Renaissance, était dissimulée une fleur en bois qu'il suffisait de dévisser pour faire instantanément tomber la planche qui servait de devanture, derrière laquelle s'entassaient facilement quinze cents *Lanterne*. Comme contrebande, on pouvait dire que c'était le dernier cri.

La machine de guerre bourrée jusqu'à la gueule, je

priai le marchand de Malines, ville pieuse et non suspecte de tendances subversives, de l'expédier à Paris chez un de ses confrères, établi boulevard Beaumarchais.

J'écrivis sur le bordereau d'expédition le nom de la mère de mes enfants, qui viendrait chercher le fameux cadre, le viderait, le réexpédierait à Malines, d'où il repartirait pour le boulevard Beaumarchais la semaine suivante.

Cette tactique, exécutée à la lettre, obtint un succès qui ne se démentit plus. Toutes les semaines, sans qu'il se doutât de ce qu'il livrait à l'ennemi, le Malinois embarquait pour Paris le cadre mystérieux, qui fit ainsi la navette une année durant. La mère de mes enfants mettait à la poste les enveloppes dont les suscriptions n'étaient pas de nature à éveiller l'attention de la police et portait elle-même à domicile les *Lanterne* dont les abonnés possédaient des noms trop marquants.

Mᵐᵉ Cavaignac, mère du ministre actuel de la guerre, était extrêmement surprise de recevoir tous les samedis son numéro, qui était remis, non chez son concierge, mais à son domestique.

Un jour elle demanda à causer un instant avec la personne qui, à travers tant de difficultés, parvenait à lui apporter ainsi la brochure proscrite, et elle tomba des nues quand on lui eut expliqué le mécanisme de cette livraison à domicile.

J'ai conservé ce cadre aussi longtemps qu'il m'a été permis de conserver quelque chose, attendu que, bien que n'ayant de ma vie dû un sou à personne, j'ai été presque périodiquement saccagé, dévalisé et vendu par ce procédé brutal qu'on qualifie « Autorité de justice » et qui est une parodie de justice en même temps qu'un abus d'autorité.

Ces fourberies, dont cette fois le Scapin des Tuileries était la principale victime, réjouissaient Victor Hugo qui, à côté de ses envolées vers la plus haute poésie, avait toujours gardé un tempérament de polémiste et de lutteur. Il adorait la discussion, et ce n'était lui faire aucun plaisir que de se ranger trop promptement à son avis.

Les questions religieuses constituaient entre nous un inépuisable sujet de conversation et de scènes. D'autant que, quand je le mettais au pied du mur, il finissait par avouer qu'en effet rien n'était inepte, non pas seulement comme les jongleries du catholicisme, mais comme le dogme catholique même.

Il se rabattait sur une sorte de déisme panthéiste dans lequel il se perdait dès qu'on l'invitait un peu catégoriquement à préciser. Etant donnée la netteté de son esprit, car, s'il n'eût pas été le plus puissant de nos poètes, il fût peut-être devenu un de nos grands mathématiciens, il lui était interdit de rester dans le vague sous peine de m'autoriser à soupçonner sa bonne foi.

Aussi s'exaspérait-il quand je répondais à ses démonstrations :

— Oui, je fais tout mon possible pour vous comprendre. Malheureusement, je ne vous comprends pas.

Il avait été croyant et royaliste dans sa jeunesse. Il n'était plus ni l'un ni l'autre et n'avait pas encore eu le courage de dépouiller totalement le catéchumène d'autrefois, bien qu'il ne lui eût laissé qu'un vêtement on ne peut plus léger. Les « vérités » qu'il avait chantées jadis, il les avait peu à peu reconnues pour des mensonges, et, ne fût-ce que pour éviter de nuire à son œuvre, il était obligé de faire dans une certaine mesure la part du feu.

De là ces incertitudes et même ces contradictions qui ont signalé ses derniers volumes comme les dernières années de sa vie. Il tâchait de séparer le prêtre du Christ, sachant au fond que l'imposture de celui-ci avait engendré l'imposture de celui-là. Il avait environné de nuages sa rupture avec l'Eglise. En réalité, elle était complète. Il aurait inventé les obsèques civiles, s'il ne les avait pas trouvées tout établies.

Cependant Armand Barbès, mis en liberté de force à la suite d'une lettre patriotique écrite à un ami du fond de sa prison pendant la guerre de Crimée, s'était exilé volontairement à Bruxelles. Mais, comme disait Rogeard en citant Tacite, la liberté impériale ne pouvait être qu'une liberté de Décembre, *libertas Decembri*.

Napoléon III avait ordonné qu'on relâchât Barbès sans condition, sûr qu'il était que l'illustre prisonnier n'en aurait accepté aucune. Mais les conditions dont il exonérait le libéré, il les imposait sournoisement aux gouvernements chez lesquels celui-ci allait chercher asile.

A peine eut-il mis le pied en Belgique que la police des Tuileries vint exiger du roi Léopold Ier l'expulsion immédiate de ce gracié malgré lui. On disait à ce dernier :

— Vous n'êtes pas libre de rester en prison, mais vous n'êtes pas libre non plus de rester en Belgique.

Ce nouvel exemple de jésuitisme dictatorial avait laissé froid le grand révolutionnaire, qui avait fait sans sourciller sa valise pour la Hollande. Charles Hugo était allé le voir à la Haye. Je résolus d'aller à mon tour y rendre hommage à ce chevalier de toutes les grandes batailles républicaines.

Il avait alors soixante ans. Je le trouvai seul dans

une petite chambre donnant l'impression d'une cellule. Il lisait près de la fenêtre. J'entrai dans la modeste maison qu'il habitait et où je fus reçu par deux vieilles demoiselles qui, bien que Hollandaises sur toutes les coutures, parlaient très correctement le français.

Je leur donnai mon nom pour qu'elles m'annonçassent, mais elles ne l'entendirent pas et l'une d'elles me dit :

— Il suffit que vous soyez Français pour que M. Barbès soit heureux de vous recevoir.

J'avoue qu'en montant l'escalier mon cœur battait ferme à la pensée de voir de près ce grand et admirable soldat de la Révolution. La clef était sur la porte. Je frappai, il cria : « Entrez! ».

J'ai su depuis que, déjà en proie à la maladie de cœur qui devait l'achever l'année suivante, il avait à peine la force de se lever de sa chaise, et, avec cette confiance de l'homme sans reproche et sans peur, il dormait, sa chambre ouverte à tous, comme son âme l'avait toujours été.

J'entrai. Il ne sut pas tout d'abord qui j'étais. Mais, dès que je me nommai, il me sauta au cou et nous nous embrassâmes tendrement. Sur la petite table où il venait de déjeuner, s'empilait toute une collection de la *Lanterne*.

— Ah! que je suis content de vous voir! me répétait-il d'une voix un peu essoufflée. J'ai un pardon à vous demander : imaginez-vous qu'à votre troisième numéro je vous ai franchement pris pour un mouchard. Je me suis dit : Bonaparte a voulu faire semblant d'accorder à la presse un peu de liberté; après quoi il a cherché et trouvé un écrivain auquel on a commandé des violences telles que le gouvernement fût en droit de venir dire :

— Du moment où la liberté dégénère en une pareille licence, je la retire.

En effet, il ne lisait pas le *Figaro* et n'avait pas suivi la campagne que je menais depuis plusieurs années en vue de préparer l'opinion au suprême assaut. Ces coups de boutoir, qui pour lui étaient subits et sans transition, lui avaient, au début, paru suspects ; puis il avait réfléchi qu'il y a des choses qu'un gouvernement ne se dit pas à lui-même et que, s'il a quelque intérêt à se faire éreinter, il prie son éreinteur d'y mettre un peu plus de ménagements.

Barbès avait une prestance superbe avec sa haute taille et sa magnifique tête d'apôtre, bien que visiblement atteint par un épuisement où toutes les étapes de sa vie de sacrifices et de douleurs semblaient marquées. Nous allâmes faire une petite excursion aux portes de la Haye, jusqu'à la célèbre plage de Scheweningue, que tous les grands paysagistes hollandais ont reproduite et qui n'est qu'une vaste sablonnière.

Mais on ignore généralement que plus un paysage est plat, plus il prête à l'art. Les peintres qui cherchent leurs effets dans les développements de montagnes et les panoramas de rochers superposés n'arrivent qu'à couper l'horizon que leur pinceau ne peut plus rendre, puisque leur œil ne peut plus le fouiller.

Il y a un artiste adorable, appelé Philippe de Koning, dont les tableaux se composent presque uniformément de grandes plaines hollandaises, qui se déroulent sans un accident de terrain. Mais le regard y suit à perte de vue toutes les décroissances de la lumière et les profondeurs atmosphériques.

Quand on aborde à la plage de Scheweningue, on se demande :

— Quoi ! c'est ca ?

Et quand on la revoit dans un Ruysdaël ou un Van de Welde, on se dit :

— Comme c'est beau !

Tout en marchant, j'interrogeais naturellement Barbès sur ses cachots, ses tortures de froid, de faim et d'humidité subies au Mont-Saint-Michel, et particulièrement sur la condamnation à mort que la Haute Cour des Pairs s'était, selon l'habitude de toutes les hautes cours, empressée de prononcer contre lui. Il me dit avec une simplicité charmante :

— C'est certainement Victor Hugo qui m'a empêché d'avoir le cou coupé. J'ai son portrait dans ma chambre, mais comprenez-vous que je ne l'aie jamais vu ?

Puis il conclut :

— Peut-être, pour mon parti, aurait-il mieux valu qu'on me coupât le cou, en effet. Ça aurait sans doute avancé nos affaires.

J'insistai pour savoir quel sentiment l'avait saisi en apprenant, le matin même de son exécution, qu'elle n'aurait décidément pas lieu.

— J'en ai été content pour ma sœur, me répondit-il.

Le révolutionnaire qu'il paraissait admirer sans réserve était Alibaud. Le nom du jeune et intrépide régicide revint plusieurs fois dans notre causerie. Il me raconta que pendant la période d'agitation qui suivit les premières années du règne de Louis-Philippe, lui, Godefroy Cavaignac, Etienne Arago et les affiliés de la société des *Droits de l'Homme* et de celle des *Saisons* cherchaient à recruter des adhérents un peu partout. Dans un café où ils se rendaient de temps en temps, ils voyaient un jeune homme pauvrement mais proprement vêtu qui lisait les uns après les autres les journaux de l'opposition, payait sa consommation et s'en allait sans jamais essayer de lier conversation avec qui que ce fût.

Un jour, Etienne Arago s'approcha de ce silencieux et, sous prétexte de lui passer le *National*, lui demanda s'il ne serait pas homme à entrer dans une société républicaine secrète où il rencontrerait des camarades prêts à s'unir à lui pour le bon combat.

— Non, dit le jeune homme en se levant; vous êtes trop lents à agir.

C'était Alibaud qui, peu après, tirait sur Louis-Philippe, le manquait et montait sur l'échafaud sans s'être départi de son silence et de son stoïcisme.

Puis nous parlâmes de l'Empire. Je lui confirmai cet indéniable réveil de l'opinion auquel les révolutionnaires trop souvent déçus ont généralement peiné à croire. Mais il hochait la tête et me jeta cette parole prophétique que je me suis bien souvent et que j'ai bien souvent rappelée plus tard :

— Ça finira par une révolution militaire ou par une invasion.

A quoi il ajouta mélancoliquement :

— Mais, si ça devait finir par l'invasion, j'aimerais encore mieux vingt ans d'Empire.

Car ce qui caractérisait cette génération de républicains, c'était sa haine de l'étranger, que la République de 93 avait repoussé si héroïquement et que la monarchie avait ramené avec elle. Là était la principale conception politique de Barbès. C'est ce qui explique la lettre écrite du fond de sa prison et où il souhaitait si ardemment l'écrasement des Russes, laquelle, lue au greffe, avait été mise sous les yeux de Napoléon III qui en avait pris texte pour en gracier le signataire.

Et encore cette apparente générosité n'avait-elle été, de la part du fils d'Hortense, qu'une sorte de dérivatif. Tout Paris avait illuminé la veille à l'annonce officielle de la prise de Sébastopol, dont le public commençait à trouver le siège, qui durait depuis une année, terriblement long.

C'était un Tartare qui avait apporté cette information réconfortante, quand tout à coup on apprit que le Tartare était un songe et que la prise de Sébastopol, dont le siège se prolongea huit mois encore, en était un autre.

Le prestige du momentané des Tuileries reçut le contrecoup de cette mystification. On fit des chansons sur ce Tartare. On ne demandait plus dans les restaurants que de l'anguille à la condition qu'elle ne serait pas à la Tartare. Un soir, un Persan coiffé d'un haut bonnet d'astrakan vint s'asseoir à côté de moi au balcon du Vaudeville. Toute la salle se mit à crier :

— C'est le Tartare ! c'est le Tartare !

Et le malheureux, croyant à une ovation, saluait en s'appliquant la main sur le cœur.

Ne sachant comment éteindre ces lazzis, Napoléon III sauta sur la lettre de Barbès comme la misère sur le pauvre monde. Rien ne tombait plus à pic que ces souhaits de victoire à l'heure où il en fallait une à tous prix. La délivrance du prisonnier fut donc en réalité la réponse aux tartarinades qu'à ce moment on servait au gouvernement sous toutes les formes. Le gracié et le gracieur n'avaient l'un et l'autre obéi qu'à la force.

Quand je lui rappelai les circonstances auxquelles il devait sa liberté, Barbès répliqua tristement :

— Cette libération sera le désespoir de ma vie, tant j'ai souffert à la pensée que j'avais fait quoi que ce soit pour l'obtenir. Ah ! c'est ce jour-là que j'ai eu regret de ne pas avoir été exécuté !

L'accent dont il m'exposait son chagrin était si navré et si sincère, cet homme pur mettait si manifestement l'honneur au-dessus de tout, que j'en demeurai profondément remué. Il se sentait, d'ailleurs, mortellement atteint, ruiné qu'il était dans sa santé par le froid des prisons. Croira-t-on qu'au Mont-Saint-Michel, le carreau par lequel le jour pénétrait dans son galetas s'étant brisé, il subit pendant six mois la pluie et la bise plutôt que de demander qu'on fît venir le vitrier ?

Ce stoïcisme abrégea sa vie. Il contracta sous les coups de bise une terrible bronchite qui ne le quitta plus. Créole de la Guadeloupe, il avait, plus qu'aucun de nous, besoin de soleil et de chaleur. Il vécut, pendant de longues années d'emprisonnement, dans des cachots glacés. Ce fut seulement quand la mort apparut inévitable qu'on le transporta dans la maison centrale de Nîmes avec des voleurs dont la promiscuité lui était affreusement pénible, m'a-t-il avoué, mais auxquels il n'en distribuait pas moins tout l'argent qu'il recevait de sa famille.

Aussi, au moment où je lui faisais mes adieux pour retourner à Bruxelles, me fit-il presque gaiement cette recommandation en me montrant ses deux vieilles hôtesses :

— Voici deux excellentes demoiselles qui ont

malheureusement le défaut de croire à une foule de bêtises auxquelles moi-même je croyais autrefois. Si la mort venait, comme je m'y attends tous les jours, me surprendre dans mon lit, vous serez là, n'est-ce pas? pour affirmer que j'exige des obsèques civiles. Il ne manquerait plus qu'on me jouât le tour de me conduire à l'église!

Puis nous nous embrassâmes et il me dit avant de remonter dans sa chambre :

— Quand on pense que je n'ai jamais remercié Victor Hugo de m'avoir sauvé la vie! Excusez-moi bien auprès de lui, je vous en prie. Mais il comprendra quelle pudeur je mettais à subir et non à accepter ce cadeau-là.

Le souvenir de ma visite à Barbès est resté pour moi impérissable. Lorsque, plus tard, je fus moi-même condamné comme lui à la déportation perpétuelle et enseveli dans des casemates où la moisissure et le salpêtre le disputaient à la vermine, je me répétais qu'il avait souffert encore plus que moi et que, du moment où il ne s'était jamais plaint, je n'avais pas le droit de me plaindre.

Victor Hugo aurait aussi vivement désiré aller le serrer dans ses bras, mais le temps et l'occasion lui firent défaut, car ce n'était certainement pas l'admiration qui lui manquait pour celui qu'il mêlait aux événements contemporains au point d'écrire :

Le siècle de Barbès et de Garibaldi.

Car, exemple probablement unique dans l'histoire du cerveau français, Victor Hugo non seulement écrivait, mais pensait en vers. Il m'avouait qu'en s'éveillant, le matin, c'était toujours sous la forme d'un alexandrin que lui venait sa première parole. Souvent, au plus fort d'une discussion, il se mettait, sans préparation aucune, à scander et à rimer ses arguments.

Un soir, à table, nous parlions des finances françaises et du péril juif, et il me dit sans cesser de manger :

Certes, et quoique mort Fould est encore vivant
Dans tout ce qu'on achète et dans tout ce qu'on vend,
Compris la conscience et dans les phénomènes
De l'enregistrement, du timbre et des domaines.

Puis il continua la conversation en prose, certainement sans s'être aperçu de sa parenthèse versifiée. Une autre fois, comme nous épiloguions sur la maladie de l'empereur :

— Oui, fit-il,

Je constate
Que Bonaparte est fort atteint dans sa prostate.

Au surplus, dans plusieurs de ses romans, et notamment dans les *Travailleurs de la mer*, il est facile de relever de nombreuses phrases qu'il a involontairement tournées en vers. C'était devenu pour lui sa langue usuelle et il lui fallait presque un effort pour en parler une autre.

Cependant, la propagande par le pseudo-cadre ancien ne nous suffisait plus. Nous cherchions les moyens de nous installer au cœur de la place sans être obligés d'escalader la frontière. Paul Meurice et Vacquerie venaient de débarquer à Bruxelles et nous délibérions sur la découverte d'un procédé pratique pour taper sur l'Empire sans que l'Empire tapât trop sur nous, quand je vis entrer un petit homme rouge de figure et un peu de cheveux, qu'on me présenta comme

M. Barbieux, ancien proscrit de Décembre, rentré en France depuis longtemps, et que les Hugo avaient fréquenté à Jersey.

Barbieux, quoique faiblement lettré, était venu tout exprès pour nous apporter une idée de journal. Il n'en avait ni le titre ni le plan, mais il avait supposé, ce qui était déjà quelque chose, que Victor Hugo, ses deux fils, Meurice, Vacquerie et moi étions capables de composer une intéressante rédaction.

Le projet nous séduisit d'autant plus qu'aucune loi ne m'empêchait de remplacer la *Lanterne* proscrite par des articles qui paraîtraient à Paris, signés de mon nom, comme si je continuais à y résider.

Victor Hugo ne collaborerait pas effectivement, mais on republierait en feuilleton ses plus beaux romans. Nous nous distribuâmes les attributions et le soir même il ne restait plus qu'à trouver le titre.

— Je vous en apporterai un demain matin, dit Victor Hugo en se levant pour aller dormir.

En effet, à la première heure, il me demanda :

— Que penseriez-vous de ce titre-ci : *Le Rappel?*

Nous le proclamâmes superbe. L'heure sonnait, en effet, de battre le rappel de toutes les convictions et de toutes les énergies. Nous sentîmes tout de suite le vent du succès souffler dans nos voiles et Barbieux repartit avec Vacquerie et Meurice pour aller sans désemparer s'enquérir d'un imprimeur, d'un local, d'un marchand de papier, enfin de tout ce qu'il faut pour publier un journal.

Victor Hugo, qui avait souhaité la bienvenue aux *Cinq rédacteurs fondateurs du Rappel*, expliquait ainsi la signification du titre qu'il avait trouvé :

« Le *Rappel !* J'aime tous les sens de ce mot : rappel des principes, par la conscience; rappel des vérités, par la philosophie; rappel du devoir, par le droit; rappel des morts, par le respect; rappel du châtiment, par la justice; rappel du passé, par l'histoire; rappel de l'avenir, par la logique; rappel des faits, par le courage; rappel de l'idéal dans l'art, par la pensée; rappel du progrès, par la science, par l'expérience et le calcul; *rappel de Dieu par les religions, par l'élimination des idolâtries;* rappel de la loi à l'ordre, par l'élimination de la peine de mort; rappel du peuple à la souveraineté par le suffrage universel renseigné; rappel de l'égalité, par l'enseignement gratuit et obligatoire; rappel de la liberté, par le réveil de la France; rappel de la lumière, par le cri : *Fiat jus !*

« Vous dites : Voilà notre tâche; moi, je dis : Voilà votre œuvre ».

« L'élimination des idolâtries », c'était sous cette métaphore qu'il indiquait la guerre au prêtre.

Le titre et le journal firent bientôt fortune. Charles Hugo, surtout, y publiait des articles superbes et qui me faisaient bien vivement regretter que les événements l'eussent jeté un peu hors de la voie qui lui semblait toute tracée. Il est mort très jeune sans avoir donné sa mesure, comme fondu dans la gloire de son père. François Hugo, plus assidu et moins ami des longues flâneries, était, comme écrivain imaginatif, très inférieur à son frère aîné. Ils s'aimaient d'ailleurs beaucoup, et je n'ai jamais surpris entre eux deux l'apparence, je ne dis pas d'une querelle, mais d'une division quelconque.

François acceptait sans la moindre amertume ni récrimination sa situation d'enfant moins gâté que l'autre, et Charles n'a jamais songé un instant à abuser de son droit d'aînesse non plus que des préférences manifestes dont il était l'objet.

En dehors de mes articles presque quotidiens, je publiais dans le *Rappel* les extraits les moins violents de la *Lanterne* qui paraissait à Bruxelles, ce qui maintenait l'opinion au diapason où nous l'avions montée. Bien entendu, la vente sur la voie publique avait été, dès le premier numéro, interdite à la nouvelle feuille. Car on avait installé sur toute la ligne des boulevards des kiosques pour y vendre des journaux ; seulement ceux-là précisément que le public aimait à acheter, on interdisait aux marchands de les vendre, ce qui constituait à leur préjudice une véritable escroquerie, attendu qu'ils avaient payé leurs places très cher et qu'après avoir empoché leur argent le gouvernement s'ingéniait à les empêcher de le récupérer.

Le *Rappel* ne pouvait arriver mieux à son heure, les élections générales de 1869 étant proches et l'opposition s'annonçant comme plus armée qu'à aucune autre époque de la sinistre jonglerie impériale. Les comités se formaient dans tous les arrondissements de Paris d'où on attendait la délivrance. On songea à moi, qui n'y songeais guère, pour la septième circonscription, où Jules Favre était déjà candidat avec le socialiste Cantagrel et un candidat officiel quelconque, dont le nom s'est perdu et qui, sûr d'un échec, était là pour reporter au second tour ses voix sur celui de mes concurrents qui en aurait le plus besoin. Car il fallait, avant tout, me faire échouer.

Jules Favre, que je ne connaissais pas alors et que je ne vis de près que quelques mois plus tard au Corps législatif, puis au gouvernement de la Défense nationale, s'était présenté simultanément dans huit circonscriptions, tant à Paris qu'en province. Il ne fut élu dans aucune.

Malgré la violence et le radicalisme de ma profession de foi, j'obtins dans le septième arrondissement, pourtant assez modéré, dix mille cinq cents voix, et Jules Favre douze mille. Mais Cantagrel, qui arrivait troisième avec sept mille voix, s'étant désisté en ma faveur, la position de Favre devenait plus que critique.

C'est alors que les journaux officieux, abandonnant le candidat officiel qui fermait la marche avec quatre mille et quelques voix, conseillèrent énergiquement à tous les fonctionnaires et même aux sergents de ville de se rallier à la candidature Favre pour triompher de la mienne.

Jules Favre ne protesta pas contre cet appoint et un certain nombre d'électeurs, attristés de voir le Corps législatif privé d'un de ses orateurs les plus en vue, m'abandonnèrent pour aller à lui. Il fut donc nommé au ballottage, me battant d'environ deux mille voix.

Cette lutte, où il avait été assez malmené par la presse d'opposition irréductible à cause des alliances qu'il avait consenti à accepter, lui infiltra contre moi une rancune tant soit peu fielleuse. Bien que je l'eusse énergiquement et un peu trop généreusement défendu à la suite de révélations fâcheuses pour son honneur, il fut, après la Commune, un de mes plus acharnés emprisonneurs et un de mes déportateurs les plus impitoyables.

Je n'avais cependant rien fait pour lui couper l'herbe sous le pied, ma candidature ayant été posée, dans la septième circonscription, en dehors de moi et presque malgré moi. Je me devinais peu fait pour les débats parlementaires et si je m'y lançai à toute vapeur quelques semaines après, c'est parce qu'il me fut démontré par Victor Hugo comme par tous les républicains que mon irruption dans l'enceinte législative y bouleverserait de fond en comble toutes les habitudes de cette maison des morts.

Après mon échec de la septième circonscription, je me croyais quitte de toute sollicitation nouvelle ; mais j'étais loin de compte. Gambetta, que je connaissais depuis déjà plusieurs années et qui venait de se révéler à la foule par sa terrible apostrophe du procès Baudin où il avait roulé Napoléon III lui-même dans la poussière du prétoire, venait d'être nommé à une grosse majorité à Paris en même temps qu'à Marseille. Cette double élection, dans les deux plus grandes villes de France, d'un homme qui venait non seulement de flétrir publiquement le Deux-Décembre, mais avait pris corps à corps le potentat qui l'avait perpétré, avait produit sur tout le territoire français et même européen une agitation extraordinaire.

Il n'est pas douteux que mon audace dans l'assaut donné à l'Empire avait allumé la sienne, et qu'il méditait à ce moment de continuer par la parole ce que j'avais commencé par la plume.

A cette époque, il avait déjà acquis un certain embonpoint, qui se développa bientôt dans des proportions telles que, de César, il s'était transformé peu à peu en Vitellius. Mais je l'avais vu plusieurs années auparavant plutôt mince, avec de longs cheveux noirs, un nez de juif et un œil lui sortant de l'orbite à croire qu'il allait s'en échapper complètement.

C'était à ce point qu'étant allé un matin déjeuner avec la mère de mes enfants dans un café de la place du Palais-Royal où Gambetta déjeunait aussi, elle ne put supporter la vue de ce globe couvert d'une taie et saillant ainsi démesurément en dehors de la paupière. Il lui fut impossible de manger, et quand Gambetta, qui était venu s'asseoir à notre table, eut terminé son modeste repas, nous sortîmes en même temps que lui et nous allâmes ailleurs continuer le nôtre.

L'opération qu'il se décida à subir modifia totalement son aspect, si bien que, pour ma part, je ne reconnaissais plus l'œil véritable de l'œil fictif. Il fit sagement de se résigner à cette extraction, car s'il avait gardé sa physionomie première, il eût produit dans les milieux populaires une impression répulsive dont il lui eût été probablement très difficile de triompher.

A ce moment, il semblait atteint d'une incontinence de paroles qui rendait sa conversation un peu fatigante. On pouvait néanmoins prédire qu'il prendrait une place dans l'armée de l'opposition antibonapartiste, sans néanmoins prévoir qu'elle pût être un jour aussi prépondérante.

Avant que le Parlement eût mis lui-même, au suffrage universel dont il est issu, des bretelles insuffisamment élastiques, il était d'usage qu'un candidat avancé, élu en même temps à Paris et dans un département, optât pour ce dernier, afin de laisser la place libre à un coreligionnaire dont le succès dans la capitale était assuré.

Gambetta ayant donc choisi Marseille, la première circonscription de Paris, comprenant alors tout Belleville, la Villette, la Chapelle, Montmartre et jusqu'aux confins du boulevard de Clichy, se trouvait libre. Ma défaite quasi glorieuse contre Jules Favre me désignait presque inévitablement pour le siège resté vacant.

Un comité se forma à mon insu, puis m'offrit la candidature en m'enjoignant presque de l'accepter sous peine d'être accusé de désertion par le parti républicain socialiste.

Je répondis à cet ultimatum que j'étais prêt à tout pour l'affranchissement de mon pays, excepté à faire continuellement le pied de grue à la porte d'un Parlement; qu'on m'avait déjà posé la candidature sur la gorge dans la septième circonscription, où l'on m'avait assuré une victoire éclatante, et que j'y avais essuyé une défaite; qu'en fin de compte le rôle de candidat perpétuel et de juif-errant électoral ne convenait pas à mon tempérament, d'autant que je n'étais pas du tout orateur et que, vraisemblablement, je ne rendrais dans les assemblées délibérantes aucun service à notre parti.

Je crus en être quitte, mais un matin je vis débarquer trois anabaptistes dont un était notre ami Dereure, qui depuis fut membre de la Commune et est encore aujourd'hui dans la politique militante. Toujours comme dans le *Prophète*, ils m'apprirent que mes raisons avaient été trouvées exécrables; que mon élection était une certitude, et qu'ils ne quitteraient pas Bruxelles sans emporter mon adhésion.

La scène, Dereure doit se le rappeler, fut très chaude. Je fis observer aux trois délégués qu'à propos du scrutin où j'avais été battu on m'avait tenu exactement le même langage; que lorsque les électeurs veulent d'un député, ce n'est pas à lui, mais à eux, de s'arranger pour qu'il soit nommé, et je tirai ma révérence à mes anabaptistes.

Alors, exhibant les grands moyens, ils me prévinrent amicalement que si je persistais dans mon refus, plusieurs citoyens présents à la réunion préparatoire avaient fait le serment de venir en personne à Bruxelles me poignarder comme traître et renégat.

Un des trois délégués me donna même à entendre qu'il accepterait au besoin cette mission expiatrice et même qu'il l'accomplirait volontiers sur-le-champ, ce qui lui épargnerait les frais d'un second voyage.

Devant une sollicitude aussi accentuée, je compris qu'il ne me restait qu'à me rendre. Je me constituai donc leur prisonnier. Ils se jetèrent dans mes bras et repartirent radieux pour Paris avec mon adhésion qu'ils avaient hâte de transmettre aux comités.

Je n'ai pas de comparaison à établir entre la façon dont se pratiquait à ce moment plein d'angoisse et dont se pratique aujourd'hui l'électorat; mais je suis bien obligé de constater qu'on y mettait une passion et un cœur que j'ai vainement cherchés depuis. On voyait que tous travaillaient pour la liberté, non pour eux, et qu'ils ne comptaient pas plus leurs peines qu'ils ne songeaient à se les faire payer, pour atteindre le grand but, qui était la délivrance de la France.

Ces menaces mêmes d'assassinat offraient un côté attendrissant par l'intensité qu'elles révélaient dans la fièvre républicaine dont la jeunesse de toutes les classes était dévorée. Avant de me quitter, les délégués me posèrent cette question :

— Si les électeurs vous réclamaient à Paris, vous décideriez-vous à braver la prison pour accourir à leur appel?

— Je la braverais, répondis-je résolument, bien que j'en eusse pour six ans sur la tête.

Mais le vin étant tiré il fallait bien le boire. Ce qui était un peu amer, c'était la perspective des six ans que j'aurais pour le digérer.

Victor Hugo approuva ma décision, sûr qu'il était de mon élection dans une circonscription infiniment plus populeuse et plus ouvrière que la septième, car elle comptait plus de quarante-cinq mille électeurs.

Je n'attendis pas longtemps : le surlendemain se présentait l'envoyé que le « Comité démocratique de la première circonscription » avait chargé d'aller prendre livraison du prisonnier. Voici comment était rédigé le mandat d'amener :

« Les soussignés, membres du comité, donnent mandat au citoyen Albiot d'inviter en leur nom le citoyen Rochefort à se présenter aux électeurs dans la soirée du vendredi au Grand-Salon (Chapelle-Montmartre), et aux Folies-Belleville, si possible.

« Le citoyen Albiot assistait à la séance où cette résolution a été prise par le comité, le mardi 2 courant, et pourra répéter les phases de la discussion qui ont amené cette décision. »

Suivaient les signatures, qui étaient nombreuses et parmi lesquelles se trouvaient certainement celles des amis qui avaient, en cas de refus, prémédité sur ma personne un crime qui eût été passionnel au premier chef.

Le jeune homme qui avait mission de m'accompagner s'appelait Albiot. Il a été dans la suite à la tête de journaux plutôt mondains que révolutionnaires.

CHAPITRE VII

L'arrestation d'un candidat. — Hippolyte Carnot. — Une lettre de Clément Laurier. — Réunions publiques. — Colfavru. — Le mandat impératif. — Fausses nouvelles. — Les pronostics de Villemessant. — Elu! — Les lettres de l'impératrice. — Eau bénite de Chambre.

Après avoir embrassé toute la famille Hugo, y compris Georges, mon filleul, et Jeanne, qui venait de naître, je pris, le vendredi à neuf heures du matin, le train pour Paris.

Je pensais bien n'y pas arriver tout d'une traite et sans accroc, mais je ne prévoyais qu'imparfaitement l'événement qui allait se produire.

Jusqu'à Feignies, première station française, le voyage fut très gai. Il fallut descendre là pour la visite de la douane. Je n'avais aucune envie de jouer à cache-cache avec les gendarmes et je me promenai ostensiblement dans la gare, pensant bien que, si elle avait des ordres pour m'arrêter, la police saurait toujours me découvrir.

Elle en avait, en effet. Un monsieur vêtu d'un noir de croquemort s'approcha de moi et me dit d'un ton plutôt gracieux :

— Vous êtes Monsieur Henri Rochefort?

— Mais oui.

— Voulez-vous prendre la peine de me suivre?

C'était le commissaire de la frontière qui me fit entrer dans son cabinet et, pour bien marquer toute sa déférence, mit trois ou quatre bûches dans le feu.

— Mais, lui dis-je, que fais-je ici? Est-ce que je suis arrêté?

— Pas précisément, répliqua-t-il. Cependant vous n'êtes pas libre non plus. J'ai bien un mandat délivré contre vous, mais comme il a été délivré depuis longtemps, je vais télégraphier au préfet de Lille pour savoir si je dois ou si je ne dois pas le mettre à exécution.

On nous fit servir à déjeuner au buffet, en attendant la réponse, qui nous arriva au bout d'une demi-heure. Elle était affirmative et tenait dans ces simples mots :

« *Maintenez M. Rochefort en état d'arrestation.* »

Le commissaire de Feignies prit, pour me la montrer, son air le plus déconfit. Mais je lui dis en riant :

— Vous ne pouviez pas m'annoncer une meilleure nouvelle. Mon élection est maintenant assurée.

Mon compagnon voulait partager ma captivité, mais comme il n'y avait contre lui aucun mandat on ne lui eût probablement pas permis de continuer longtemps ce personnage de prisonnier volontaire. Un train se dirigeant sur Paris allait passer à quatre heures; je l'invitai à le prendre. Il arriverait à la réunion de Montmartre vers les neuf heures du soir et apprendrait aux électeurs mon arrestation qui certainement produirait plus d'effet que la profess'on de foi la plus accentuée.

A l'arrêt du train, Albiot sauta dans un wagon, tandis que je continuais à me promener dans la gare en lisant les journaux, sous la surveillance de deux agents, bien que j'eusse répété au commissaire :

— Vous n'avez pas à craindre que je m'évade. Vous me faites une situation trop belle pour que je n'en profite pas.

Je suis obligé de reconnaître que ce magistrat de l'ordre policier semblait partager complètement mon avis sur la maladresse que venait de commettre le gouvernement. Au moment où le train quittait la gare, je glissai ces mots dans l'oreille d'Albiot :

— Dites bien à mes électeurs que mon arrestation ne m'a pas découragé le moins du monde; que je ne les abandonnerai pas, espérant qu'ils ne m'abandonneront pas non plus, et portez-leur mon salut et mes sympathies.

Pendant que j'arpentais les salles d'attente, on préparait le Grand-Salon de Montmartre pour m'y recevoir. Vers sept heures du soir, le boulevard de Clichy commença à s'encombrer en attendant l'ouverture de la réunion. Le local en était immense et susceptible de contenir au moins trois mille assistants. Il a été depuis transformé ou démoli, et il serait aujourd'hui extrêmement difficile de le reconstituer ou d'en retrouver les traces.

La nouvelle de mon arrestation à la frontière n'avait pas encore transpiré dans le public, mais elle devait être connue de la police, car le nombre des agents qui circulaient aux abords de la salle était exagérément inusité.

En réalité, personne ne doutait que je n'arrivasse

à l'heure promise et, à l'ouverture de la séance, ce fut le plus paisiblement du monde que Millière — qui fut assassiné par le général de Cissey et le capitaine Garcin pendant la Semaine sanglante — avait été proclamé président.

L'un de mes concurrents était Hippolyte Carnot, le père du futur président de la République, qui lui aussi, fut assassiné comme Millière. Battu déjà par Gambetta, le fils du grand Carnot avait tenu bon et maintenu sa candidature contre la mienne. Clément Laurier, soutenu par Gambetta qui avait été son secrétaire, se présentait également et se supposait toutes les chances. Cantagrel avait, comme moi, émigré de la septième circonscription à la première. Vallès se portait en même temps, sans grande conviction, je crois. Enfin venaient un candidat ouvrier nommé Stanson, que j'ai retrouvé quelques mois après à Sainte-Pélagie où je venais d'entrer moi-même, et un candidat officiel invraisemblable, un certain Frédéric Terme, qui parlait en bégayant comme le Chabanais des *Chevaliers du Pince-Nez* et qu'on avait sacrifié d'avance.

A l'instar du gouvernemental de la septième circonscription, il avait été choisi pour faire le jeu du candidat qui approcherait le plus de moi et sur lequel il demanderait à ses électeurs de reporter leurs voix au second tour.

Cette multiplicité d'aspirants à un siège unique faisait en effet prévoir un ballottage où j'aurais vraisemblablement triomphé, sans que mon succès fût cependant certain, Hippolyte Carnot ayant pour lui tous les modérés de l'opposition, auxquels se seraient joints, en désespoir de cause, tous les fonctionnaires parqués dans la circonscription.

L'incommensurable ineptie du gouvernement allait

m'aplanir bien des difficultés et changer en une manifestation républicaine éclatante une élection qui, sans une prodigieuse série d'inénarrables gaffes, eût peut-être été fort disputée.

Le malheureux Pinard, que la mise en état de siège de Paris, en prévision d'un concours immense de peuple à la tombe de Baudin où personne ne s'était rendu, avait forcé à une démission précipitée, avait été remplacé à l'Intérieur par un pauvre bouche-trou ministériel nommé Forcade de la Roquette et dont toute la notoriété consistait dans sa situation de frère utérin du décembriste Saint-Arnaud, ce qui n'était pas précisément une recommandation auprès de la population parisienne.

C'est par mon arrestation sensationnelle qu'il avait tenu à témoigner de sa poigne. On verra comme ce déploiement d'énergie devait lui réussir.

Le bon Stanson était le seul de mes rivaux qui se fût présenté à la réunion pour défendre sa candidature. Mais on l'écoutait peu, chaque bruit du dehors semblant annoncer mon arrivée.

Tout à coup une rumeur parcourt les rangs des spectateurs serrés à s'étouffer. Un citoyen resté sur le boulevard fait irruption dans les groupes sur ce cri :

— Rochefort est arrêté !

Et, profitant de la stupeur provoquée par cet avis au public, il annonce que le citoyen Albiot, délégué du comité démocratique, est à l'entrée de la salle, demandant à monter à la tribune pour confirmer la sinistre nouvelle.

Il éclata alors contre le gouvernement une clameur dont on tenterait vainement de se rendre compte si on n'avait pas lu les journaux du temps. Le propriétaire du Grand-Salon m'a raconté depuis que les hurlements, les coups de pied dans le parquet, les coups de poing dans les murs atteignirent un si prodigieux volume de bruit qu'il crut à l'effondrement subit de son immeuble.

Ce fut le délire de l'indignation et de la colère, au point que lorsque Albiot, aux lèvres de qui tout le monde était pourtant suspendu, essaya de se faire entendre, il n'y parvint guère qu'au bout de dix minutes.

Dans un récit haché d'imprécations furibondes et d'acclamations à mon adresse, il raconta comment j'avais été appréhendé à la frontière, au mépris de tous les droits du suffrage universel sur lequel le gouvernement prétendait mensongèrement s'appuyer.

A l'annonce de l'attentat, mes concurrents étaient entrés dans la salle pour protester contre cette façon de supprimer une candidature par la suppression du candidat. Alors on les vit, spectacle rare, défiler tous à la tribune pour y apporter leur désistement en ma faveur.

— On nous annonce, s'écria Jules Vallès, que les citoyens Laurier et Cantagrel viennent d'arriver. La situation faite à Rochefort leur trace leur devoir. Nous attendons qu'ils viennent déposer leur désistement sur la tribune.

Et, le premier, il apporta le sien, bientôt suivi de ceux de Cantagrel et de Stanson. Laurier, appelé à son tour, demanda à réfléchir, à consulter son comité, sans lequel il n'avait pas qualité pour prendre une décision. A quoi Vallès répliqua :

— Est-ce que nous avons consulté nos comités, nous ?

Ce fut seulement à minuit que Laurier, après en avoir référé à Gambetta, l'instigateur de sa candidature, fit parvenir à l'imprimerie du *Rappel* la lettre suivante :

« Monsieur le rédacteur en chef,

« Ce soir, à dix heures, en arrivant à la réunion du Grand-Salon, à la Chapelle, j'ai appris que Rochefort avait été arrêté par la police au moment où il rentrait en France pour soutenir sa candidature.

« J'estime que cette arrestation est un attentat contre le suffrage universel.

« En face d'une telle violence, j'ai pensé, et mes amis, consultés par moi, ont pensé aussi que dans notre parti Rochefort ne doit plus trouver de concurrent.

« Je me désiste de ma candidature dans la première circonscription.

« Votre dévoué,

« CLÉMENT LAURIER. »

Pendant l'agitation qui avait transformé le Grand-Salon en club des Jacobins, je continuais à faire la causette avec le personnel du buffet de Feignies. Le commissaire de police regardait non sans inquiétude le temps s'écouler, car il lui eût répugné de me mener coucher en prison et d'autre part il lui était difficile de me considérer comme un prisonnier sur parole.

Enfin, vers neuf heures et demie du soir, le ministre de l'Intérieur, probablement averti du remue-ménage produit par mon incarcération, se décida trop tard, puisque l'effet était acquis, à revenir sur les premiers ordres, et en envoya d'autres portant ma mise en liberté immédiate.

A ce propos, on parla beaucoup et on parle encore quelquefois d'un sauf-conduit que le gouvernement m'aurait offert pour la période électorale et que j'aurais accepté, laissant entendre qu'il y avait eu entre le ministère et moi une sorte de contrat, presque d'entente cordiale. Les feuilles des Tuileries profitèrent même de ce prétendu sauf-conduit pour vanter une fois de plus la magnanimité impériale.

Je répondis immédiatement à ces insinuations par la lettre suivante, qui parut le lendemain dans le *Rappel* :

« Mes chers amis,

« Les journaux de l'entourage veulent absolument me persuader que je suis l'obligé de l'empereur, sous prétexte qu'après m'avoir fait arrêter à la frontière il m'a fait relâcher huit heures après.

« Je désirerais avoir le public pour juge et non le *Constitutionnel*.

« La vérité est qu'à midi un commissaire de police m'a dit :

« — Vous êtes prisonnier !

« Et qu'à huit heures du soir il a ajouté :

« — Vous êtes libre !

« Tel est l'incident dans toute sa simplicité.

« La magnanimité du gouvernement se borne donc à avoir fait une sottise à midi et à s'en être aperçu à huit heures, c'est-à-dire, comme tout ce qu'il a fait depuis dix-huit ans, quand il était trop tard.

« J'aurais néanmoins laissé les journalistes de l'antichambre épousseter en paix leurs fauteuils, s'ils n'avaient mêlé à leurs éloges du souverain une histoire de sauf-conduit, qu'ils racontent d'autant plus affirmativement qu'elle ne contient pas un mot de vrai.

« Le sauf-conduit est un rêve; on ne m'a pas parlé de sauf-conduit. Un sauf-conduit, je n'en ai jamais vu. Si le gouvernement avait eu le mauvais goût de m'en offrir un, j'aurais probablement répondu que je ne tenais pas à être sauf, que je ne voulais pas être conduit, et je le lui aurais non moins probablement jeté au nez.

« Cette explication était nécessaire, je crois, pour justifier mon ingratitude, qui est plus radicale que jamais.

« Mille poignées de main.

« Henri Rochefort. »

Bien que sorti des mains de la police, je fus obligé de continuer à attendre en battant la semelle, dans la gare de Feignies, le premier train se dirigeant sur Paris, où je n'arrivai que dans la nuit, ignorant encore que le gouvernement, par une série d'invraisemblables impairs, avait de ses mains nivelé autour de moi le terrain dont il avait enlevé le plus petit caillou susceptible d'entraver ma marche.

Je descendis au hasard à *l'hôtel de France et Champagne*, rue Montmartre, et, exténué par ce voyage où les arrêts avaient été de huit heures, je dormis comme un plomb jusqu'au matin.

A peine éveillé, j'envoyai à mon comité une dépêche l'avertissant de ma délivrance et de mon arrivée. Une heure après, plus de deux cents amis envahissaient la cour de l'hôtel, demandant à me parler, et je vis entrer dans ma chambre la dame de la maison presque affolée.

— Ah ! monsieur, fit-elle toute larmoyante, voyez comme nous avons peu de chance ! C'est ici qu'est descendu Orsini et qu'il a préparé son attentat. Pendant plus de deux mois, nous avons eu des nuées d'agents dans l'hôtel et aux environs. Et voilà que vous nous arrivez. Ça va recommencer, bien sûr, sans compter les visites. Il y a déjà une foule énorme en bas. Nous sommes perdus !

Je la rassurai le plus possible en lui expliquant que mon séjour chez elle était essentiellement provisoire ; que j'allais chercher un logement plus voisin du centre de mes opérations et que, le soir même, je lui rendrais le repos auquel elle paraissait tenir avant tout.

Une grande réunion fut préparée sur le pouce à la salle de la rue Doudeauville. Bien qu'à peine annoncée, elle avait attiré plus de quatre mille électeurs qui me firent passer de bras en bras jusqu'à la tribune, où je fus jeté comme un paquet. Mon arrestation de la veille me laissant seul candidat, en dehors de Carnot qui ne se montra dans aucune réunion électorale, je ne rencontrais devant moi aucun contradicteur et je n'avais, heureusement pour mes capacités oratoires, pas la moindre discussion à soutenir.

En effet, bien que très causeur et souvent même bavard, ayant la conversation plutôt facile, le fait d'être obligé de me lever pour exposer mes théories à une agglomération d'hommes me contracte l'estomac et le gosier d'une angoisse tellement inexprimable qu'elle m'empêche presque toujours de m'exprimer.

Il y a dans ce cas presque pathologique beaucoup de timidité naturelle, mais il y a aussi l'horreur que j'ai toujours éprouvée pour tout ce qui ressemble à du cabotinage. Tant que je suis assis autour d'une table, gardant la langue usuelle et le ton familier, je défilerai des phrases pendant une soirée. Dès que je me lève, que le silence se fait pour m'écouter et que je me vois contraint de violenter ma simplicité native pour choisir des expressions plus ou moins tribunitiennes, je ne me représente plus à moi-même qu'un acteur entrant en scène sans savoir son rôle et sans souffleur pour le remettre sur la voie.

La révolution dans tout mon être est complète et le désarroi absolu. Quelquefois, au Corps législatif, j'ai prononcé assez correctement de courtes paroles dont plusieurs même ont eu plus de retentissement que de longs discours, mais c'est parce que je n'avais pas à gravir les degrés de la tribune, dont on usait très peu alors, et que, parlant de ma place, à la suite de quelque insinuation malsonnante ou de provocation directe, je n'étais entouré d'aucune mise en scène.

Je divaguais donc un peu à tort et à travers dans les réunions où j'étais convoqué et qui étaient nombreuses, étant donnés l'étendue de la circonscription et le désir que tous les électeurs avaient de me voir et de m'avoir. Ma tâche était d'ailleurs facile : je n'avais qu'à ouvrir la bouche pour exciter les acclamations.

Un journal ministériel rendait ainsi compte, en trois lignes, d'un meeting auquel j'avais assisté :

« Il paraît : Vive Rochefort ! On lui passe un verre d'eau : Vive Rochefort ! Il le boit : Vive Rochefort ! Il se mouche : Vive Rochefort ! Il descend de la tribune : Vive Rochefort ! »

Les membres de mon comité, s'étant promptement rendu compte de mon manque total d'éloquence, poussaient envers moi le dévouement jusqu'à la supercherie. Ils venaient me trouver avant l'ouverture de la réunion et m'avertissaient qu'ils me poseraient, d'un ton presque hostile, deux ou trois questions qu'ils me soumettaient d'avance, et auxquelles je préparais des réponses qu'ils s'engageaient naturellement à proclamer on ne peut plus satisfaisantes.

Cette mesure préventive avait ceci de méritoire qu'il ne faisait pas bon pour ceux qui semblaient manifester la moindre intention je ne dis pas de m'attaquer, mais simplement de me contredire. Dès qu'un de mes complices demandait la parole pour m'interroger sur un point du programme de Belleville que j'avais signé, la salle commençait à gronder et une allusion un peu suspecte eût suffi pour faire dégringoler au questionneur la tribune dans des conditions très périlleuses.

Mon pseudo-adversaire se présentait donc, me mettant en demeure de l'éclairer sur tel ou tel article du programme à propos duquel mes explications lui avaient paru manquer de netteté. Je répliquais. Les assistants me couvraient de bravos et l'interpellateur se félicitait d'avoir provoqué de ma part une réponse qui ne donnait place à aucune ambiguité.

L'enthousiasme était tel qu'Hippolyte Carnot, mon concurrent, ayant loué une salle et fait organiser par ses amis une réunion spéciale, ceux-ci ne parvinrent même pas à ouvrir la bouche. Averti qu'il était utile que je m'y rendisse pour parer aux objections qui pourraient se produire, j'entrai au moment où Colfavru, proscrit de Décembre, était à la tribune, essayant de faire agréer le fils en rappelant les exploits républicains du père.

A peine eus-je été aperçu que je fus salué par une immense acclamation. Le discours de Colfavru resta interrompu pendant plusieurs minutes, et comme il le reprenait en ces termes pourtant on ne peut plus courtois :

— Je ne nie pas les grands services rendus par M. Rochefort à la démocratie, mais...

Quelqu'un lui cria :

— Mais quoi ? Qu'avez-vous à dire ? Nous ne laisserons pas insulter notre député, entendez-vous ?

Car Belleville, huit jours avant le scrutin, me considérait déjà comme son représentant. Le malheureux Colfavru fit en vain des efforts pour se disculper de toute pensée agressive à mon égard. Enlevé de la tribune, il fut replongé tout déchiqueté dans les profondeurs de la foule, et si je n'avais pas réclamé pour lui comme pour tout le monde la liberté de la parole, je ne sais s'il n'aurait pas laissé là de ses plumes ou au moins de ses vêtements.

De sorte que, de cette réunion soi-disant contradictoire, les électeurs commencèrent par supprimer la contradiction ; que Carnot en fut pour ses frais de location et d'éclairage et que sa tentative, qui fut d'ailleurs la seule, eut pour unique résultat d'augmenter le nombre de mes voix.

Villemessant, complètement embrigadé, comme j'en ai déniché l'indéniable preuve après le 4 Septembre dans les papiers des Tuileries, tirait à boulets rouges sur ma candidature, me reprochant les violences de la *Lanterne* que lui-même avait commanditée, dont il m'avait soumis le titre et qui, si elle m'avait rapporté à moi pas mal d'années de prison, lui avait permis à lui d'encaisser de gros dividendes.

Mais, dans cette circonstance encore, le ministère avait révélé toute son impéritie. Au lieu d'acheter un journal populaire et vendu à un prix accessible aux ouvriers formant l'immense majorité du corps électoral de la première circonscription, il s'était précisément adressé au directeur d'une feuille mondaine qui ne pénétrait que très rarement dans les couches appelées à voter pour ou contre moi. Si bien que tous les articles démolisseurs qu'on m'y consacrait étaient autant de coups d'épée dans l'eau.

J'en profitais même pour dénoncer dans les réunions la déloyauté gouvernementale. J'arrivais à la tribune le dernier numéro du *Figaro* à la main, et il m'était d'autant plus facile d'en réfuter les arguments que personne, dans le milieu où je circulais, ne les connaissait encore.

Loin de me diminuer, la campagne à fond de train entreprise par Villemessant m'aidait au contraire, en me fournissant des sujets de discours et de polémiques ; j'avais même fini par acquérir une certaine faculté de raisonnement qui m'avait délié la langue et faisait de moi un candidat à peu près passable.

Si donc je n'avais eu contre ma candidature que Villemessant et le *Figaro*, ma situation eût été trop belle ; mais toute la presse d'opposition douceâtre et endormeuse qui, depuis vingt ans, combattait l'Empire avec des armes qui rentraient dans le fourreau, s'était déchaînée contre moi et mes déclarations révolutionnaires. Emile de Girardin, postulant sénateur, le *Siècle* et les autres journaux d'un libéralisme à l'eau de guimauve, me dénonçaient comme l'ennemi.

J'avais accepté le mandat impératif, considérant une profession de foi politique comme un billet à ordre dont on n'a pas le droit de laisser protester la signature sans se proclamer soi-même en faillite. La gauche de la Chambre saisit ce prétexte pour publier un violent manifeste où elle creusait entre mes théories et les siennes un fossé infranchissable. J'étais donc à peu près seul à lutter contre tous. Il est vrai que je pouvais dire, comme le général Foy sous la Restauration, que j'avais tout le peuple de Paris derrière moi.

Raspail, isolé et tenu à l'écart par ses collègues de la démocratie blafarde que son passé effrayait, avait dit à mon sujet :

— Si Rochefort est nommé, la Révolution sociale ne sera plus représentée uniquement par un vieillard. Nous serons deux.

J'allais donc entrer au Corps législatif comme un boulet à travers un carreau. Aussi les manœuvres policières n'avaient-elles pas attendu la dernière heure pour se montrer. Un matin, le *Réveil,* journal de Delescluze, reçut une lettre signée de mon nom dans laquelle j'annonçais au public qu'après le manifeste de la gauche je n'avais plus qu'à retirer ma candidature.

J'eus heureusement le temps de démentir cette mystification. Mais la veille même du scrutin, dans une dernière réunion à laquelle je n'assistais pas, un homme en blouse, ayant toutes les apparences du parfait socialiste, se précipita à la tribune et, avec des sanglots dans la voix, poussa ce cri désespéré :

— Citoyens, il devient inutile de voter pour Rochefort. Il a été tué en duel ce matin.

Et l'homme à la blouse — qui devait être blanche — essuyait avec le revers de sa manche ses yeux trempés de larmes. La première stupeur passée, on parlait d'aller aux nouvelles ; mais un arrivant, mis au courant de la catastrophe, se hâta de faire à la foule la communication suivante :

— Rochefort a été si peu tué en duel ce matin, que je viens de le rencontrer très bien portant, il y a à peine dix minutes.

On se rua sur le faux nouvelliste, dont les pleurs séchèrent instantanément et qui, à demi étranglé, finit par avouer que le commissaire de police de son quartier lui avait remis trois francs pour aller annoncer dans toutes les réunions de la première circonscription que je n'étais plus qu'un cadavre.

A cette époque, le vote durait deux jours, tactique éminemment favorable aux falsifications et aux subtilisations de bulletins. Comme on ne doutait pas de l'improbité du gouvernement, il avait été convenu que les membres de mon comité se relaieraient à la garde des urnes, auprès desquelles leurs amis et eux passeraient la nuit.

Le matin du dimanche 25 novembre 1869, qui était le premier jour de scrutin, Villemessant disait, dans le premier-Paris du *Figaro* :

« M. Rochefort a perdu beaucoup de sympathies dans sa campagne électorale. Il n'aura certainement pas trois mille voix. »

Quant à moi, grâce au zèle et à l'admirable organisation de mon comité, j'étais à peu près fixé sur le résultat de l'élection. Mes amis avaient parcouru tous les ateliers, visité politiquement presque toutes les maisons du quartier, et ils m'avaient affirmé que je serais élu au premier tour avec un chiffre de voix variant entre dix-huit mille et dix-huit mille cinq cents.

Et en effet, malgré la coalition des feuilles libérales et bonapartistes, malgré les protestations de la gauche contre mon adhésion au mandat impératif, malgré les efforts du vieux sacripant Emile de Girardin, qui m'appelait le « candidat de l'outrage », je passai sans contestation avec dix-huit mille cinquante et une voix, contre treize mille à Hippolyte Carnot et deux mille à Frédéric Terme, le candidat de l'Empire.

Je me demandai même où Carnot avait bien pu récolter ces treize mille bulletins, étant donné son silence pendant toute la période électorale et l'accueil que recevaient ses partisans chaque fois qu'ils se risquaient à prendre la parole devant les électeurs. Cet exemple m'a prouvé que la physionomie des réunions publiques n'indique pas toujours le résultat du scrutin et que le candidat acclamé peut ne pas toujours être le candidat élu, ceux qui votent pour les modérés aimant généralement mieux rester chez eux que d'aller se faire bousculer dans les foules.

Pendant le dépouillement du scrutin, on m'apportait les chiffres dans un petit restaurant du boulevard de Clichy où je me tenais avec Gustave Flourens, que j'avais déjà vu chez Victor Hugo à Bruxelles et qui avait fait campagne pour moi avec la dernière énergie. Flourens, qui fut tué dans son lit à Rueil par un capitaine de gendarmerie à la suite d'une sortie des fédérés en 1871, était une sorte de personnage d'Edgar Poe en perpétuel état d'illuminisme.

Grand, osseux, ses joues creuses et ses yeux bleus un peu égarés surmontés d'un front énorme, il donnait l'idée de quelque magyar hongrois prêt à endosser son dolman pour monter à cheval. Il avait hérité d'une centaine de mille livres de rentes et il était rare qu'il eût vingt sous dans sa poche.

Exempt d'ailleurs du besoin de nourriture, de repos et de sommeil, il passait des journées entières à aller d'un coin de Paris à l'autre, sans songer qu'il y avait une heure pour le déjeuner et une autre pour le dîner. Il ne vivait que par la passion et par le cerveau, à ce point qu'il eût été capable de descendre tout nu dans la rue si on ne lui eût pas imposé un pantalon. Le fait suivant, dont il a été le héros et dont j'ai été la victime, le portraicturera au moral plus exactement que tout ce que je pourrais raconter de lui :

Il était venu, dès mon arrivée à Paris, me voir à l'hôtel et m'avait fait cette réflexion :

— Il faut pourtant vous installer chez vous, puisque vous avez acheté des meubles à Bruxelles, et j'espère que vous ne me ferez pas l'injure de louer ailleurs que dans ma maison.

— Quelle maison ?

— Celle que mes frères et moi nous venons de faire bâtir rue Richelieu. Elle est très belle, elle coûte près de deux millions. Vous payerez le loyer comme vous l'entendrez et quand il vous plaira. Allons tout de suite choisir votre appartement, ajouta-t-il.

Nous prîmes une voiture pour cette visite domiciliaire. Mais, quand nous atteignîmes la rue Richelieu, il lui fut impossible de retrouver son immeuble. Il en avait oublié le numéro et savait seulement qu'il était situé dans les environs du Théâtre-Français. Nous interrogeâmes quatre ou cinq concierges pour nous enquérir s'ils n'étaient pas attachés à la maison Flourens : pas un ne put nous renseigner et nous repartîmes sans être parvenus à mettre la main sur elle.

Flourens, très contrarié, me répétait :

— J'y suis pourtant allé une ou deux fois. Je vais

m'informer auprès de mes frères et nous y retournerons. Ce n'est que partie remise.

On a vu des propriétaires féroces. On en a connu de très bons. Mais c'est évidemment la première fois dans l'histoire que celui qui a fait construire une propriété de deux millions passe une heure à la chercher sans être fichu de la découvrir. Il n'y a pas longtemps, je citais à son frère, qui fut ministre des affaires étrangères, ce trait de distraction fantastique, il se contenta de me répondre par un regard qui voulait dire :

— Vous ne m'étonnez pas. Nous en avons vu bien d'autres.

Bien qu'il y eût à Paris quatre élections simultanées, la mienne seule arborait une signification nettement républicaine et socialiste, tous les autres candidats ayant hautement répudié mes violences et surtout le mandat impératif. Le soir, j'allai me promener avec Flourens sur les boulevards où les kiosques étaient assaillis de passants qui demandaient tous :

— Est-il nommé?

« Il », c'était moi, et tandis que les uns se mordaient la moustache en constatant ma victoire, les autres exultaient au point d'en improviser des rondes sur la chaussée. Une femme en cheveux exhala à côté de moi, sans se douter de cette promiscuité, ces paroles qui me firent rentrer en moi-même en m'indiquant tout le poids du fardeau que j'assumais :

— Il est nommé! Enfin, le peuple va donc être un peu heureux!

Trompé par les pronostics du *Figaro*, le monde des théâtres et des journaux fut extrêmement surpris de cette majorité foudroyante. Aux Tuileries, m'assura-t-on, on n'en revenait pas. Napoléon, sur la foi des rapports que j'ai saisis dans les papiers des Tuileries, croyait avoir, à force d'acheter des journaux, enrayé la poussée révolutionnaire, et il était tout déconfit de l'inutilité de ses dépenses. Je découpe dans un de ces plans de défense les considérations suivantes :

« L'action toujours si difficile sur la presse parisienne a besoin d'une sanction, et cette sanction, c'est la certitude que le gouvernement est disposé à faire des sacrifices en faveur de ceux qui le servent...

« Si cette dernière assertion avait besoin de confirmation, on en trouverait la *preuve dans l'accord même qui a été conclu avec le* FIGARO. Cet accord, dont le ministre lui-même a suivi et dirigé les phases, promet de donner des résultats utiles. »

Le traité s'était, comme j'en ai eu la preuve par la découverte d'autres papiers, scellé par le versement de deux cent cinquante mille francs entre les mains de Villemessant qui, après les avoir empochés sans en distribuer la moindre parcelle à ses actionnaires, s'était formellement engagé à faire échouer mon élection.

La défaite gouvernementale l'atteignait donc personnellement et, bien qu'il eût soigneusement gardé les deux cent cinquante mille francs, il en sentit doubler la rancune qu'il nourrissait contre moi.

L'impératrice était alors en Egypte pour l'inauguration du canal de Suez. Elle écrivait à son mari, sur sa réception par le khédive, des lettres que j'ai retrouvées dans les tiroirs de bureau de Napoléon III et qui sont tout à fait extraordinaires. Elle lui adressait, dans un style et avec une orthographe de fille de concierge, des confidences dans ce genre :

« Ismaïl-Pacha me dit des choses qui te feraient dresser les cheveux sur la tête. »

Il m'est depuis passé quelquefois sous les yeux des lettres de Mme Bonaparte, très correctes, très orthographiées et d'une tout autre écriture que celles qu'elle datait du Caire. Il en est résulté pour moi une démonstration évidente : c'est que la plupart des lettres signées d'elle et qui courent les ventes d'autographes, elle les dictait à quelque dame d'honneur ou à quelque confidente à qui elle avait délégué sa signature.

Celles que j'ai eu à classer aux Tuileries, et où fourmillaient les fautes de français et les solécismes, sortaient certainement d'une autre plume. Il en est pour la femme de Napoléon III comme pour Rachel à la vente de laquelle j'ai acheté un petit meuble rempli de lettres à ses sœurs et de ses sœurs. Or, l'écriture qui en était enfantine et l'orthographe à rebours n'avaient aucun rapport avec les élégantes correspondances échangées par la grande tragédienne avec les directeurs de théâtre, les critiques dramatiques et les ministres. On peut donc affirmer que toutes les lettres vendues comme émanant soit de Rachel, soit de l'impératrice Eugénie sont apocryphes.

Son noble époux la tenait au courant des événements politiques par des dépêches qui ne signifiaient généralement pas grand'chose, bien qu'elles coûtassent fort cher et entre lesquelles je relève celle-ci :

« Compiègne, 17 novembre 1869, à 9 h. 43.

« Je suis heureux d'apprendre que tu es contente de ta réception. Ici nous attendons le résultat des élections, qui seront toujours mauvaises. »

« Toujours mauvaises », donnant à entendre que, même si Carnot avait été nommé, il n'aurait pas considéré les élections comme bonnes. Mais la mienne, sur laquelle il ne comptait pas, les faisait pour lui détestables. C'est bien ainsi que le comprenait d'ailleurs l'impératrice, ainsi que je l'ai su plus tard.

Un camarade de boulevard, nommé Paul Aubert, qui s'était accroché à Lambert Thiboust, le vaudevilliste, dans l'espoir de collaborer un jour avec lui, avait pour père un des principaux médecins attachés aux travaux du percement du canal. Ce fut à Ismaïlia qu'arrivèrent les premiers télégrammes annonçant le scrutin, et Paul Aubert, qui se trouvait à ce moment auprès de son père, fut chargé d'aller les communiquer à l'impératrice. Celle-ci, en ouvrant la dépêche, s'écria :

— Comment ! Rochefort est élu ! Ah ! c'est un soufflet que le peuple de Paris nous donne !

Et elle s'affala sur son canapé comme écrasée de douleur. Paul Aubert m'a lui-même conté la scène et je n'ai aucun motif de douter de sa véracité.

Mon entrée dans l'enceinte législative fit sensation. Il semblait que j'y traînasse la Révolution avec moi. J'allai m'asseoir à côté de Raspail, fort isolé et traité en paria par l'opposition, déjà opportuniste, bien que le mot n'eût pas été encore inventé. Le premier qu'il m'adressa fut celui-ci :

— Jurez-moi de ne jamais honorer d'une parole ce petit monstre de Thiers, qui m'a fait passer douze ans dans ses cachots, en compagnie des rats et de la vermine.

Je le lui promis et en effet, pendant le peu de temps que je passai à la Chambre avant d'élire domicile à

Sainte-Pélagie, pas un mot ne fut échangé entre le futur président de la République et moi.

Afin d'être plus libre chez moi, j'avais fondé la *Marseillaise*, véritable journal de bachi-bouzoucks, où nous nous livrions quotidiennement à un dépiautage consciencieux de l'Empire et de tous ceux qui y touchaient. J'en ai fait un jour le calcul : pas un de mes collaborateurs n'échappa après la Commune aux représailles versaillaises, tous les officiers des conseils de guerre où nous comparûmes appartenant à l'opinion bonapartiste la plus avouée et ne cherchant que l'occasion de venger leur empereur méchamment mis à mal par ces hommes sans foi et sans honneur qu'on appelle des républicains.

Millière assassiné sur les marches du Panthéon, Raoul Rigault fusillé, Paschal Grousset condamné à la déportation, Arthur Arnould condamné à la déportation, Gustave Flourens tué à coups de sabre, Breuillé condamné à la déportation, moi condamné à la même peine et déporté par surcroît. Enfin, tous, jusqu'aux typographes qui composaient nos articles.

Absorbé par mon journal ; perpétuellement assailli par les convocations, les députations et les délégations ; pris par les séances parlementaires de l'après-midi, j'étais exténué au point d'en tomber malade. Ma pâleur était passée du blanc au vert et je faisais peur à tout le monde. Un jour du mois de décembre, j'étais allé m'étendre devant le feu dans la grande salle des Conférences de la Chambre et, succombant à tant d'accablement, je m'y étais profondément endormi.

Quand je rouvris les yeux, je me vis entouré d'un fort groupe de majoritards de la droite et du centre qui me contemplaient d'un air de commisération tout à fait comique.

7.

Ces familiers des Tuileries et de Compiègne qui, quelques semaines plus tard, devaient voter contre moi et des poursuites et l'arrestation, malgré l'immunité parlementaire qui me couvrait, affectaient à mon endroit une sollicitude surprenante. L'un d'eux prit son ton le plus attendri pour me dire :

— Ah ! quelle existence de luttes et de fatigues vous vous êtes faite, cher monsieur Rochefort, quand il vous serait si facile d'avoir le calme et le repos dont vous avez tant besoin !

Et comme, encore mal réveillé, je ne paraissais pas comprendre à quelles facilités il faisait allusion, il ajouta, sans se douter qu'il plagiait la fable de La Fontaine, *le Loup et le Chien* :

— On ne vous demanderait rien de contraire à votre programme. Il vous suffirait d'abandonner cette opposition violente que les comités socialistes vous imposent.

— Pardon ! lui répondis-je en riant, c'est à moi que l'empereur fait de l'opposition. Il me refuse tout ce que je lui demande.

— Mais, objecta-t-il, vous ne lui avez encore rien demandé jusqu'à présent.

— Pardon, fis-je d'un air sérieux, je lui ai demandé de s'en aller et il s'obstine à rester quand même.

CHAPITRE VIII

Premières séances. — Raspail. — Victor Noir. — Pierre Bonaparte. — Les duels. — L'assassinat. — Un placard. — Emile Ollivier. — La Haute Cour — L'enterrement de Victor Noir. — Charges de cavalerie. — Une condamnation. — En prison.

Mon premier acte comme député avait été de déposer, conjointement avec Raspail, une proposition de loi portant l'abolition de la conscription, du remplacement, et le service de trois ans obligatoire pour tous les Français. Notre projet était exactement celui qui est appliqué maintenant. Raspail, très âgé et dont la voix était faible, essaya de le défendre, mais les centres, que cette idée de voir leurs enfants servir la France, le fusil sur l'épaule, amusait beaucoup, interrompaient constamment le vieil orateur par ce cri ironique :

— Plus haut !

A quoi Raspail répliqua :

— Oui, j'ai quelque peine à me faire entendre, mais c'est dans l'humidité des cachots où vous m'avez tenu pendant quinze ans que ma voix s'est éteinte. Je vous en laisse le remords.

L'incapable Forcade de la Roquette, que j'avais un jour interpellé ainsi : « M. Forcade de je ne sais plus quelle prison, » était monté tout exprès à la tribune pour qualifier notre proposition de « projet ridicule et puéril ».

Cette attaque contre nous et notre plan de service militaire, aujourd'hui adopté partout, excepté en Angleterre, allait lui coûter son portefeuille.

Quelques jours auparavant avait eu lieu dans la salle des Etats, au Louvre, la cérémonie de la prestation à l'empereur de ce serment qui ne ressemblait en rien à celui du Jeu-de-Paume. On appelait devant ce chef d'Etat les noms des députés récemment élus et ceux-ci, après la lecture de la formule sacramentelle, levaient la main en disant :

— Je le jure !

Je m'étais dispensé d'assister à cette comédie et le maître des cérémonies avait prononcé vainement par trois fois mon nom exécré. En constatant mon abstention, Napoléon III avait, en façon de bravade, trouvé de bon goût d'esquisser un sourire en somme plus embarrassé que moqueur. Tous les courtisans, réunis dans la salle, avaient sauté sur cette occasion de faire chorus, et un long rire accompagné d'applaudissements avait suivi la démonstration impériale.

Les journaux de l'office avaient narré l'épisode en l'embellissant de leurs réflexions. En traitant de « puérile et de ridicule » notre proposition de recrutement national, le pauvre Forcade de la Roquette me tendait involontairement une perche que je me hâtai de saisir. Je demandai la parole pour un fait personnel et au milieu d'un grand silence, car, dès que je me levais, on s'attendait à quelque pétard. je jetai ces mots à la majorité :

« Le ministre s'est permis d'appliquer les qualificatifs de « puérile » et de « ridicule » à la proposition déposée hier par le citoyen Raspail et moi.

« La tactique gouvernementale sera, en effet, d'essayer de ridiculiser toutes nos paroles et tous nos actes. Le chef de l'Etat s'y est conformé le premier en se permettant de rire, l'autre jour, quand on a appelé devant lui le nom du député de la première circonscription de Paris.

« C'était de la part de l'empereur une grossière injure au suffrage universel sur lequel il prétend s'appuyer. Et en tout cas, si je suis ridicule, je ne le serai jamais autant que l'individu qui s'est promené sur la plage de Boulogne avec un aigle sur son épaule et un morceau de lard dans son chapeau. »

Il serait difficile de rendre l'effet de stupeur produit par cette apostrophe. J'allais continuer quand Gambetta, placé derrière moi, me força à me rasseoir en me tirant par les basques de ma jaquette.

— Vous n'avez pas besoin d'en dire plus, me souffla-t-il.

La majorité, qui n'avait encore rien entendu de pareil, resta comme écrasée, mais des tribunes partirent des bravos qui affolèrent le président Schneider, un homme sec, au teint criblé de taches de rousseur, aux yeux rouges, et qu'on appelait le « Lapin blanc ».

Il essaya bien de protester en disant :

— Le chef de l'Etat n'a rien à voir dans cette discussion.

Mais je lui rivai son clou en lui criant :

— C'est parce qu'il n'avait rien à y voir que j'ai relevé son inconvenance.

Un droitier protesta en me désignant :

— C'est un insulteur public !

— Pardon ! répondis-je, c'est moi et le suffrage universel qui avons été insultés. Quant à l'insulteur, il est aux Tuileries.

La partie amusante de cette séance, dont le contre-coup se fit sentir dans tout Paris, fut pour moi cet épisode personnel :

J'avais fait placer dans la tribune diplomatique une dame de mes amies, qui se trouva assise à côté d'une jeune femme avec laquelle la conversation s'entama. La jeune femme demanda curieusement à mon amie si son mari était un député de la droite :

— Non !

— De la gauche, alors ? fit-elle d'un air pincé.

— Non plus !

Puis la jeune réactionnaire, me montrant à mon amie, lui débita à mon sujet une antienne où éclatait la haine la plus bonapartiste, quand ces confidences furent interrompues par mon interpellation. Mon amie m'a raconté que la jeune dame de la tribune diplomatique s'agitait comme une brûlée pendant mes virulences.

— Vous voyez, répétait-elle, il ne veut pas se taire. Le président a beau le rappeler à l'ordre, rien n'y fait !

Et, quand j'eus lâché le paquet de lard, elle s'affaissa sur son banc en murmurant :

— Ah ! quelle infamie ! Quel homme ! quel homme !

Mais ce qui compléta son désarroi, c'est que,

lorsque, la séance finie, je gagnai la porte du Palais-Bourbon, je me rencontrai sous le péristyle avec la jeune dame qui descendait en compagnie de mon amie, laquelle, après lui avoir adressé un salut aimable, monta en voiture avec moi. J'ai encore devant les yeux la figure ébahie de l'élégante impérialiste dont, comme on dit, nous nous payâmes « la tête », sans le moindre respect pour ses convictions.

Raspail, le véritable créateur de la théorie microbienne et qu'on plaisantait alors sur ses « animalcules » comme sur ses projets de service obligatoire pour tous, avait été très heureux du secours que je lui apportais dans son isolement, car son oreille était devenue un peu dure et je le tenais au courant de ce qui se disait à la tribune. Il paraissait avoir mis en moi une confiance d'autant plus flatteuse qu'il se livrait on ne peut plus difficilement.

Il était même atteint du délire de l'espionnage et du jésuitisme, comme d'autres le sont du délire de la persécution. Quand il rappelait devant moi les souvenirs de ses conspirations d'antan, il était peu de conspirateurs qu'il n'incriminât d'attaches policières. Il alla jusqu'à m'affirmer avoir eu la preuve que Godefroy Cavaignac, et même Barbès, étaient de la police.

Je ne cachai pas la surprise que me causait cette révélation inattendue, lui faisant remarquer à quel point ces hommes avaient bien joué leur rôle, puisque tous deux étaient morts des souffrances endurées pendant leurs nombreuses détentions.

Mais Raspail n'en démordait pas. Un jour cependant, comme il me détaillait un complot qui avait pour but un soulèvement général des grandes villes et dans lequel il était entré avec Sobrier, Barbès, Blanqui et Cavaignac, je l'interrompis par cette observation :

— Comment pouviez-vous conspirer avec Cavaignac et Barbès que vous m'assuriez dernièrement être de la police ?

Alors, un peu interloqué tout de même, il me fit cette réponse monumentale en guise de concession :

— A ce moment-là, ils n'en étaient pas encore.

Laissant ainsi entendre que c'est seulement après s'être aperçu à quel point les condamnations à mort lui réussissaient peu que Barbès s'était décidé à se faire embaucher par la Préfecture.

La hantise de la surveillance que la Société de Jésus exerçait sur lui n'était pas moins caractérisée. Comme j'étais allé lui rendre visite à sa propriété d'Arcueil-Cachan, il me mena dans le jardin et, me montrant un magnifique poirier, il me dit :

— Il produisait des fruits superbes. Malheureusement les jésuites sont venus et l'ont arrosé avec du vitriol. Maintenant il est mort.

On a beau tenir en extrême défiance les tenanciers de cette épée célèbre dont la poignée est à Rome et la pointe partout, il est assez malaisé d'admettre qu'ils eussent pénétré dans le jardin de Raspail, munis d'un arrosoir plein de vitriol, et qu'ils y eussent commis la déprédation qu'il me signalait comme indéniable.

Je repris de nouveau la parole à propos de l'expulsion d'un député socialiste espagnol, José Paul y Angulo, réfugié en France. Je rappelai que, tandis qu'il laissait les carlistes fabriquer librement en France leurs munitions pour la prochaine guerre civile, le gouvernement faisait sans vergogne la chasse aux républicains, et je terminai par ces mots, qu'il serait facile de retrouver à l'*Officiel* :

— Cette tolérance d'une part, cette rigueur de

l'autre, montrent que la seule chose qui vous fasse peur, c'est la République, et vous avez raison de la craindre, car elle est proche, et elle nous vengera tous, Espagnols et Français.

Forcade, effaré, essaya de riposter par un air de bravoure, déclarant que ces menaces de République ne l'effrayaient pas, mais sa protestation arrivait trop tard. Mon allusion à l'affaire de Boulogne l'avait rendu insupportable aux Tuileries où on l'accusait de m'avoir, par sa mollesse, permis d'aller jusqu'au bout de l'injure, et il fut impitoyablement jeté au panier.

Je constatai seulement que ma prédiction sur l'avènement prochain de la République ne rencontra parmi mes collègues de gauche d'autre adhésion que celle de Raspail. Un silence de mort accueillit ce souhait que je supposais dans le cœur de tous les députés qui, à la suite de Gambetta, avaient fait leur devise de cette formule longue et sonore : «.Irréconciliables ».

Mais j'ai eu souvent l'occasion de constater que la montagne où ils s'étaient installés était à peine une colline : un tumulus. Jamais, dans aucun de ses discours, Gambetta lui-même n'a exprimé, fût-ce par la phrase la plus vague et la plus détournée, le vœu de voir remplacer le gouvernement impérial par le régime républicain.

Je défie que du recueil de ses harangues on arrive à en extraire une seule impliquant une attaque directe et absolue au crime de Décembre. Je ne prétends pas qu'il se supposât ministrable, au moins avant longtemps; ses électeurs, qui étaient les miens, n'étant pas d'humeur à l'autoriser à sonner de si tôt le ralliement; mais il était entouré, peut-être circonvenu, par un certain nombre d'Emile Ollivier en herbe qui feignaient de se laisser prendre à la glu de l'Empire libéral.

Enfin, il avait fini comme les autres par accepter avec le Bonaparte du boulevard Montmartre, de Martin Bidauré et de l'enfant de la rue Tiquetonne une sorte de *modus vivendi* qui faisait de Raspail et de moi des empêcheurs de se réconcilier en rond.

La gauche, dont nous nous éloignions d'autant plus qu'elle se rapprochait chaque jour davantage du pouvoir, ne perdait guère une occasion de nous désavouer et certainement, sans l'agitation qui grandissait dans la rue et la guerre où Napoléon n'hésita pas à faire tuer deux cent mille hommes dans l'espoir d'en déporter cinq cents, nous aurions vu Ernest Picard ministre et tenant, en vue d'événements encore indéterminés, la place chaude pour Gambetta. Mais si, malgré eux, nous nous affichions républicains, malgré eux aussi ils furent bien forcés de le devenir, lorsque, à six mois de là, Bonaparte, prisonnier et déchu, céda son trône à la République.

Je relève ce point parce que, entre beaucoup d'autres accusations, les modérés et les Versaillais ont porté contre moi celle d'avoir attaqué Gambetta. Or il est on ne peut plus aisé de démontrer qu'il a constamment répudié et ma politique et mes moyens d'action et mon but final. Il m'a toujours été aussi hostile que son mandat et l'opinion publique lui permettaient de l'être. Il ne voulait pas alors de la République et je le gênais en la réclamant. Telle est la vérité.

Mais tous les calculs de la témérité comme de la temporisation allaient être bientôt déjoués. Une de ces catastrophes qui font expulser les Tarquin et chavirer les Bonaparte éclata sur Paris, je n'ose pas dire : tout à coup, car elle avait été certainement préméditée.

Il me semble intéressant de remonter aux origines de l'assassinat dont Victor Noir tomba victime et qui, mieux que tous les discours, les manifestations et les articles, prépara la culbute finale. La terrible aventure qui a provoqué tant d'explosions et a soulevé la France est, en réalité, mal connue.

Le prince Pierre Napoléon, fils de Lucien et certainement beaucoup plus Bonaparte que ne l'était l'empereur, son prétendu cousin, devait à ses façons brutales et presque sauvages de Corse des maquis de s'être vu fermer les portes des Tuileries. Cette exclusion de la famille avait duré presque jusqu'à la fin de l'Empire et provoquait de la part de Pierre Bonaparte d'incessantes récriminations, presque toujours on ne peut plus mal accueillies. J'ai sous les yeux des lettres gémissantes où je lis notamment ceci :

« Frustré de tout crédit, de toute participation aux affaires, de toute chance d'améliorer mon état, j'espère que Votre Majesté voudra me venir en aide. Si vous vouliez, sire, m'acheter ma propriété de Corse, je pourrais compléter mon modeste établissement des Ardennes.

« Cette propriété de Corse serait très bien située pour y établir une ferme-modèle, une caserne de gendarmerie ou toute autre fondation administrative. Je devrai la mettre en vente et je n'espère pas en retirer grand'chose, à moins que Votre Majesté n'agrée ma proposition. Ce serait un bienfait que je n'oublierais jamais.

« De Votre Majesté, sire, le dévoué cousin.

« PIERRE-NAPOLÉON BONAPARTE. »

A cette supplique, Napoléon III faisait répondre ces mots peu encourageants, dont le brouillon n'est même pas de sa main, mais de celle de son secrétaire Conti, ce qui prouve qu'on ne se gênait guère avec ce besogneux et irrégulier parent :

« Je ne puis, quoiqu'il m'en coûte, accueillir favorablement vos nouvelles demandes. Les considérations qui s'opposent à la reconnaissance de vos enfants font également obstacle à l'union que vous désirez contracter. Quand on a l'honneur de porter votre nom, il est des convenances dont il faut avoir le respect. La gêne qu'elles imposent n'est, après tout, que la faible compensation d'avantages partout enviés et auxquels, je suppose, vous ne voudriez pas renoncer.

« Je regrette de ne pas pouvoir non plus me rendre acquéreur des biens que vous possédez en Corse et dont vous désirez vous défaire. Ces propriétés ne sauraient recevoir aucune affectation utile et me seraient à charge. Mon budget est trop grevé pour que je m'impose de pareils sacrifices. »

Il était difficile d'être plus durement éconduit. Exaspéré, Pierre Bonaparte riposta par cette allusion directe à l'état civil de l'impératrice :

« Sire,

« Je ne puis laisser sans réplique la lettre d'hier de Votre Majesté. Je crois fermement qu'il y aurait plus d'inconvenance à faillir au devoir sacré de reconnaître mes enfants qu'à contracter un mariage avec leur mère, d'une naissance modeste, mais d'une conduite irréprochable. Si c'est d'une mésalliance que Votre Majesté veut parler, elle serait moindre, eu égard surtout aux positions respectives, *que d'autres mésalliances contractées dans la famille.*

. . . .

« Je n'en suis pas moins avec respect, sire, de Votre Majesté, le très humble et très obéissant serviteur.

« Pierre-Napoléon Bonaparte.

« Paris, 25 avril 1867. »

C'était la rupture presque sans réconciliation possible. Le monde politique était parfaitement au courant de cette haine de famille et Pierre Bonaparte en était presque devenu intéressant. Aussi fus-je très surpris de recevoir à mon journal *la Marseillaise* une lettre ainsi conçue :

« Monsieur,

« Après avoir outragé l'un après l'autre chacun des miens et n'avoir épargné ni les femmes ni les enfants, vous m'insultez par la plume d'un de vos manœuvres.

« C'est tout naturel et mon tour devait arriver.

« Seulement j'ai peut-être un avantage sur la plupart de ceux qui portent mon nom : c'est d'être un simple particulier tout en étant Bonaparte.

« Je viens donc vous demander si votre encrier est garanti par votre poitrine, et je vous avoue que je n'ai qu'une médiocre confiance dans l'issue de ma démarche.

« J'apprends, en effet, par les journaux, que vos électeurs vous ont donné le mandat impératif de refuser toute réparation d'honneur et de conserver votre précieuse existence.

« Néanmoins j'ose tenter l'aventure, dans l'espoir qu'un faible reste de sentiments français vous fera départir en ma faveur des mesures de précaution dans lesquelles vous vous êtes réfugié.

« Si donc, par hasard, vous consentez à tirer les verrous protecteurs qui rendent votre honorable personne deux fois inviolable, *vous ne me trouverez ni dans un palais ni dans un château.*

« J'habite tout bonnement 59, rue d'Auteuil, et je vous promets que, *si vous vous présentez, on ne vous dira pas que je suis sorti.*

« En attendant votre réponse, monsieur, j'ai encore l'honneur de vous saluer.

« PIERRE-NAPOLÉON BONAPARTE. »

Cette lettre, en même temps que très injurieuse, était tout à fait incorrecte au point de vue de ce qu'on est convenu d'appeler une « provocation ». L'article qui l'avait motivée n'était pas de moi, mais d'un de nos collaborateurs, Ernest Lavigne. Il répondait en termes presque modérés à un passage d'un document signé Pierre Bonaparte et où on lisait cette phrase ignoble au sujet des républicains :

« Que de vaillants soldats, d'adroits chasseurs, de hardis marins, de laborieux agriculteurs la Corse ne compte-t-elle pas qui abominent les sacrilèges et qui leur eussent déjà mis les tripes aux champs si on ne les avait retenus ! »

En second lieu, quand on désire une satisfaction par les armes, on écrit à son insulteur :

« Je me considère comme offensé par tel ou tel alinéa de votre article et je vous envoie deux de mes amis que je vous prie de vouloir bien mettre en rapport avec deux des vôtres. »

Pierre Bonaparte, qui avait été, à Rome, condamné à mort pour un meurtre commis en Italie, s'était battu assez souvent pour savoir que les affaires d'honneur se règlent par l'entremise de témoins et non entre les adversaires eux-mêmes.

Cette étrange façon de m'attirer chez lui, où je n'avais rien à faire, en ayant soin de m'indiquer que je ne le trouverais ni dans un château ni dans un palais, ressemblait à un guet-apens dans lequel, à force d'outrages, il avait évidemment espéré me faire tomber.

En effet, ses impertinences n'avaient aucune raison d'être, attendu que je n'avais jamais refusé de me battre, et que c'était précisément parce que je m'étais trop battu que, dans une réunion électorale à laquelle je n'assistais même pas, les électeurs avaient voté un ordre du jour m'enjoignant de ne pas recommencer.

Enfin, il était particulier que le Bonaparte qui me demandait raison au nom de sa famille fût celui qui avait lui-même reproché injurieusement à Napoléon III sa mésalliance, c'est-à-dire son mariage avec Mlle de Montijo.

D'où venait donc ce revirement subit? Il est facile de le deviner. Le prince Pierre ne s'était que momentanément drapé dans sa dignité de proscrit. Il avait eu assez du brouet noir et, avec un grand bon sens, avait pensé que le procédé le plus sûr pour se raccommoder avec son cousin était de le débarrasser de moi.

Mais j'étais jeune et leste. Je tirais sinon bien, au moins assez dangereusement l'épée. Il était lui-même fort épaissi, souffrant de la goutte, et si je l'avais « mouché », comme on dit, c'eût été, comme on dit encore, « un sale coup pour la fanfare bonapartiste ».

Le fait est — et c'est là pour sa mémoire le point grave de l'aventure — qu'après m'avoir adressé directement la plus violente des provocations, il n'avait même pas constitué ses témoins. Donc, ce qu'il attendait à son domicile où il m'appelait, ce n'étaient pas les miens, c'était moi-même.

C'est seulement plus tard, en relisant sa lettre, après l'assassinat de Noir, que je compris tout ce qu'elle dissimulait de perfidie. Mais au premier moment je n'y vis qu'une bordée d'injures et je demandai à Millière et à Arthur Arnould, mes deux collaborateurs, d'aller s'aboucher avec lui pour une rencontre immédiate.

J'aurais compris que M. Ernest Lavigne, auteur et signataire de l'article que je ne connaissais même pas, prétendît se substituer à moi, ce que je lui aurais d'ailleurs refusé; mais je me suis souvent demandé à quelle obsession a obéi notre collaborateur Paschal Grousset en adressant à son tour ses témoins au prince Pierre Bonaparte qui ne l'avait pas nommé et n'avait aucune raison de s'occuper de lui.

C'était, paraît-il, comme correspondant du journal corse *la Revanche*, mis en cause par le cousin de l'empereur, que Paschal Grousset avait pris sur lui de risquer cette démarche qui ne pouvait aboutir, attendu que c'était bien évidemment à ma personnalité et à nulle autre qu'en voulait le prince qui s'improvisait ainsi le vengeur de toute sa famille.

Victor Noir, qui fut assassiné, n'était donc pas,

comme on l'a généralement cru et souvent répété, mon témoin, mais celui de notre collaborateur Grousset, qui l'avait envoyé à Auteuil avec Ulric de Fonvielle, sans même m'en prévenir.

Ce fut seulement dans la journée que j'appris cette démarche qui retardait et contrecarrait la mienne. Cependant, comme j'étais sûr que Pierre Bonaparte ne tiendrait aucun compte de cette nouvelle demande de réparation, j'attendais au Corps législatif le retour de mes témoins Millière et Arnould, qui devaient tout décider avec ceux du prince pour le duel du lendemain.

Je montrai à plusieurs membres de la gauche la lettre de provocation qu'il m'avait adressée, et Emmanuel Arago y soupçonna tout de suite un traquenard :

— Prenez bien vos précautions sur le terrain, me dit-il, et surtout n'allez pas vous-même chez lui. Il a déjà eu de fâcheuses affaires.

L'affaire eût été fâcheuse, en effet, car les témoins de Paschal Grousset le trouvèrent dans son salon, attendant en robe de chambre, un revolver tout armé dans la poche, non pas eux, mais moi. En m'invitant dans les termes qu'on a lus à me présenter chez lui, il avait certainement compté que ses insultes exaspéreraient la violence qu'il me supposait et dont je venais de donner la preuve en souffletant l'imprimeur Rochette.

Il était donc là, toujours sans témoins, quand il aurait dû régulièrement en choisir avant même de m'avoir écrit sa lettre provocatrice et que, en tout cas, il eût été tenu de les désigner aussitôt après. Quelle eût été, en effet, sa posture si je lui avais envoyé mes amis pour lui dire, comme c'était d'ailleurs mon intention et mon habitude, n'ayant jamais fait traîner ces choses-là:

— Partons tout de suite?

Il eût donc été contraint de répondre :

— Attendez. Il faut d'abord que je cherche deux personnes décidées à m'assister?

Ce qui, après ses bravades, eût été pour lui à la fois honteux et ridicule.

Ma conviction, dès que l'événement se fut produit, se forma sans hésitation aucune : il n'avait jamais voulu se battre avec moi et avait tout carrément décidé de me tuer pour rentrer dans les bonnes grâces de l'empereur et surtout de l'impératrice.

Après le 4 septembre, un ancien serviteur du château des Tuileries me confia même que, non pas Napoléon III, mais sa femme était au courant des projets de son cousin par alliance. Ce familier me nomma un autre membre de la famille qui avait servi d'intermédiaire entre l'Espagnole et le prince corse. Toutefois, cette information à la rigueur vraisemblable n'ayant été corroborée par aucun autre témoignage ni preuve écrite, je n'y ai attaché qu'une importance minime.

Vers cinq heures du soir, je me disposais à quitter le Palais-Bourbon pour aller me dégourdir un peu la main dans une salle d'armes, quand je reçus de Paschal Grousset ce télégramme :

« Victor Noir a reçu du prince Pierre Bonaparte un coup de revolver. Il est mort. »

J'ignorais que ses témoins eussent devancé les miens à la maison d'Auteuil, de sorte qu'au premier abord cette dépêche me parut inexplicable. C'est seulement aux bureaux de la *Marseillaise*, où j'arrivai précipitamment, que je connus en détail toutes les phases de l'affaire.

Victor Noir était un grand et fort jeune homme d'à peine vingt et un ans, à l'esprit très gai, très primesautier et très expansif, qui nous donnait assez souvent des filets et des nouvelles à la main pour notre journal. Toujours prêt d'ailleurs à se mêler à nous dans les circonstances périlleuses. Enfin, un véritable ami de la maison.

Sa fin tragique, à laquelle il semblait si peu destiné, nous bouleversa au point de nous étrangler tous d'une rage folle. Millière et Arnould, qui étaient arrivés à la maison du crime dix minutes après Noir et Fonvielle, furent empêchés par la foule qui se pressait déjà devant le n° 59 de la rue d'Auteuil.

— N'entrez pas ici, leur cria-t-on; on y assassine!

Ils virent le pauvre Victor Noir étendu sur le trottoir, la poitrine trouée, et ramassèrent son chapeau qui s'était échappé de sa main.

Très déçu par l'arrivée d'étrangers qu'il n'attendait pas, au lieu de celui qu'il espérait, Pierre Bonaparte, après un court dialogue avec eux, avait tiré de la poche de sa robe de chambre un revolver à dix coups, pensant probablement que si le premier ratait, il se rattraperait sur les neuf autres, puis il avait fait feu à bout portant sur Victor Noir avec cette arme multiple qui, au point de vue de l'armurerie française, était ce qu'on pouvait appeler le dernier cri — le cri de mort.

Après avoir également tiré sur Ulric de Fonvielle deux balles qui, heureusement, se perdirent dans le vêtement, il inventa, pour expliquer son agression sur Victor Noir, la fable qu'il avait indubitablement préparée pour moi. Il prétendit que sa victime lui avait donné un soufflet, comme, si je m'étais rendu chez lui à la suite de son invite, il aurait soutenu que je l'avais frappé.

J'avais été condamné à quatre mois de prison pour agression sur l'imprimeur Rochette. Il eût donc été facile de persuader aux jurés spécialement triés, lesquels ne demandaient qu'à se laisser convaincre de l'innocence de leur accusé, que je m'étais laissé aller à mon emportement ordinaire, à l'égard du prince qui s'était trouvé dans le cas de légitime défense.

Cette imposture n'eût pas expliqué pourquoi le prince au revolver à dix coups le portait dans la poche de sa robe de chambre pour se promener dans son salon, et pourquoi surtout, en vue d'une rencontre inévitable et qu'il avait lui-même cherchée, il s'était abstenu de constituer des témoins ; mais j'étais l'ennemi, et les conseillers généraux dont on composa la Haute Cour chargée de juger le meurtrier n'auraient pas manqué de mettre l'acquittement de celui-ci aux pieds de l'empereur.

L'impératrice eut même, à la nouvelle de l'assassinat, un mot qui peignait son état d'âme et celui de tout l'entourage :

— Ah ! le bon parent ! s'écria-t-elle en parlant de l'assassin, sans plus se préoccuper de l'assassiné.

Les journaux officieux, avec la candeur de la platitude, ne firent même aucune difficulté de rapporter, en lui en faisant honneur, cette exclamation accusatrice.

La commotion produite dans Paris par ce coup de Jarnac fut incommensurable. J'ignore s'il raccommoda Pierre Bonaparte avec les Tuileries, mais il brouilla à jamais les Tuileries avec la France. J'avais été avisé du crime à cinq heures du soir. A six heures, je rédigeais cet article qui était plutôt un placard, étant donné le caractère dans lequel nous l'imprimâmes :

« *J'ai eu la faiblesse de croire qu'un Bonaparte pouvait être autre chose qu'un assassin !*

« *J'ai osé m'imaginer qu'un duel loyal était possible dans cette famille où le meurtre et le guet-apens sont de tradition et d'usage.*

« *Notre collaborateur Paschal Grousset a partagé mon erreur et aujourd'hui nous pleurons notre pauvre et cher ami Victor Noir, assassiné par le bandit Pierre-Napoléon Bonaparte.*

« *Voilà dix-huit ans que la France est entre les mains ensanglantées de ces coupe-jarrets qui, non contents de mitrailler les républicains dans les rues, les attirent dans des pièges immondes pour les égorger à domicile.*

« *Peuple français, est-ce que décidément tu ne trouves pas qu'en voilà assez ?*

HENRI ROCHEFORT.

Cette sonnerie de tocsin fut incontinent déférée aux tribunaux comme constituant un appel aux armes, bien qu'elle pût être aussi bien un appel au suffrage universel.

En même temps qu'on me punissait ainsi de mon mauvais vouloir à me laisser revolvériser, on arrêtait le meurtrier pour donner une ombre de satisfaction à l'opinion publique soulevée. Pierre Bonaparte fut installé à la Conciergerie, dans les appartements du directeur, à la table duquel il mangeait.

Tout de suite, le coup de revolver tiré, le prince avait envoyé chercher un médecin qui, naturellement, s'était empressé de constater sur la joue du meurtrier la trace d'un soufflet, les médecins constatant tout ce qu'on veut et délivrant tous les jours à de petites actrices des certificats de maladies qui les ont empêchées de jouer le soir, mais non d'aller souper dans le plus cher des restaurants.

En second lieu, on ne doutera pas que si Victor Noir, choisi comme témoin par Paschal Grousset, avec la mission que comporte ce titre, s'était oublié au point de souffleter l'adversaire de son client, j'eusse été personnellement renseigné sur cet acte de violence et les motifs qui l'avaient amené.

Ulric de Fonvielle, sur qui Pierre Bonaparte avait tiré deux balles qui se perdirent, aurait pu avoir un intérêt à nier devant la justice le prétendu soufflet ; mais à moi, son collaborateur et son rédacteur en chef, il n'avait rien à cacher. Or, il m'a toujours affirmé, j'en donne ici ma parole d'honneur, que non seulement notre ami n'a jamais donné le moindre soufflet, mais que, tenant son chapeau de sa main gantée, il a toujours gardé l'attitude la plus calme et n'a, à aucun moment, esquissé le moindre geste pouvant laisser supposer une intention agressive.

Au surplus, personne ne se trompa à cette imposture : ni les conseillers généraux qui acquittèrent par ordre, ni le procureur général Grandperret qui mentit à bouche que veux-tu, ni l'infâme Émile Ollivier qui, dans cette affaire comme depuis dans la question de la guerre franco-allemande, se montra le plus bas complice des vengeances napoléoniennes.

Le misérable ministre n'eut pas un mot de blâme à l'adresse de l'assassin, pas un mot de regret pour la jeune et loyale victime. Il poussa jusqu'aux plus extrêmes limites de l'abjection le servilisme envers son nouveau maître.

Si, au lieu d'écouter sa vanité de dindon, il avait, à la suite de ce crime, jeté résolument son portefeuille aux pieds de l'empereur, l'imbécile se serait créé une situation superbe, même chez les modérés qu'il rêvait de s'attacher, et se fût en même temps épargné les responsabilités des désastres ultérieurs. Sa démission le soir même de la mort de Victor Noir lui eût évité à quelques mois de là une révocation honteuse et l'horreur de toute une nation.

Mais le triste sire avait fait trop longtemps antichambre pour se décider à sortir du salon où on lui avait enfin permis d'entrer et de s'asseoir.

A la foudroyante nouvelle de l'attentat, de nombreuses réunions publiques de protestation s'organisèrent dans la soirée. Amouroux, qui fut depuis membre de la Commune, condamné aux travaux forcés par les conseils de guerre versaillais, et mourut membre du Conseil municipal de Paris, étendit un large voile noir sur la tribune. Des cris de fureur éclatèrent dans les rues. Des groupes se formaient pour aller enlever le corps, déposé à Neuilly dans une maison particulière, et le ramener dans Paris même, aux bureaux de mon journal *la Marseillaise*, d'où le convoi funèbre serait parti. C'était un véritable délire de vengeance.

En réalité, l'arrestation du meurtrier n'avait eu d'autre but que de l'arracher à la foule qui l'aurait certainement lynché. On parlait d'aller attaquer la Conciergerie et d'y égorger le pseudo-prisonnier.

L'insuccès du complot avait, m'a-t-on raconté après le 4 Septembre, affolé le monde des Tuileries, lequel tenait à ma mort et pas du tout à celle du jeune Victor

Noir, qui allait la faire payer si cher au gouvernement. Le lendemain, quand j'entrai tout pâle et tout défait dans la salle des séances du Corps législatif, j'y fus accueilli par un silence plus inquiétant pour l'Empire que pour moi.

Je savais déjà que j'étais déféré par Ollivier à ses domestiques correctionnels et je l'entendis dans les couloirs répondre à un député qui lui faisait remarquer tout le danger de cette poursuite :

— Il faut en finir. Il est impossible de gouverner avec M. Rochefort.

Je demandai immédiatement la parole et je reproduis d'après l'*Officiel* l'incident qui s'ensuivit :

M. Henri Rochefort. — Je désire adresser une question à M. le ministre de la Justice.

M. le président Schneider. — Lui en avez-vous donné avis ?

M. Rochefort. — Non, monsieur le président.

M. le président Schneider. — Vous avez la parole. Monsieur le ministre appréciera s'il veut répondre immédiatement.

M. Emile Ollivier, *ministre de la Justice.* — Oui, immédiatement.

M. Henri Rochefort. — Un assassinat a été commis hier sur un jeune homme couvert par un mandat sacré, celui de témoin, c'est-à-dire de parlementaire. L'assassin est un membre de la famille impériale.

Je demande à M. le ministre de la Justice s'il a l'intention d'opposer au jugement, à la condamnation probable, des fins de non-recevoir comme celles qu'on oppose aux citoyens qui ont été frustrés ou même bâtonnés par de hauts dignitaires de l'Empire.

La situation est grave, l'agitation est énorme. (*Interruptions.*) L'assassiné est un enfant du peuple... (*Bruit.*)

M. LE PRÉSIDENT SCHNEIDER. — Hier, il a été bien convenu que les questions introduites devaient être posées sommairement, sans développements. Votre question a été posée, elle est claire et nette ; c'est au ministre maintenant à dire s'il veut y répondre dès aujourd'hui. (*C'est cela!*)

M. HENRI ROCHEFORT. — Je dis que l'assassiné est un enfant du peuple. Le peuple demande à juger lui-même l'assassin... Il demande que le jury ordinaire... (*Interruptions et bruit.*)

M. LE PRÉSIDENT SCHNEIDER. — Nous sommes tous ici les enfants du peuple ; tout le monde est égal devant la loi. Il ne vous appartient pas d'établir des distinctions. (*Très bien!*)

M. HENRI ROCHEFORT. — Alors, pourquoi donner des juges dévoués à la famille ?

M. LE PRÉSIDENT SCHNEIDER. — Vous mettez en suspicion des juges que vous ne connaissez pas. Je vous invite, quant à présent, à vous renfermer dans votre question. Je ne puis pas permettre autre chose.

M. HENRI ROCHEFORT. — Eh bien! je me demande, devant un fait comme celui d'hier, devant les faits qui se passent depuis longtemps, si nous sommes en présence des Bonaparte ou des Borgia. (*Exclamations; cris : A l'ordre! à l'ordre!*) J'invite tous les citoyens à s'armer et à se faire justice eux-mêmes.

Le pleutre Ollivier se hâta de faire signe au président Schneider de clôturer le débat, qui commençait à mettre le feu aux tribunes, et, après avoir demandé la parole, il appela le crime de la veille « l'événement douloureux »

— Dites : « l'assassinat! » lui cria Raspail.

Et le ministre de la Justice expliquait que la loi,

spécialement faite pour les membres de la famille Bonaparte, et datant de 1852, ne permettait pas de traduire le prince Pierre devant le jury, qui l'eût condamné sans rémission; que tout ce qu'on pouvait faire était de le déférer à une Haute Cour, dont naturellement on choisirait un par un les jurés, avec promesse pour eux de toutes sortes de faveurs et de décorations en échange d'un verdict d'absolution.

Et l'Ollivier, après avoir vanté son respect pour l'égalité, terminait par ces menaces à notre adresse :

— Nous sommes la modération, nous sommes à liberté, et, si vous nous y contraignez, nous serons la force!

Cette levée de baïonnettes avait été reçue par les plus vifs applaudissements de la part de cette majorité qui, quelques mois plus tard, allait s'effondrer dans la boue, le silence et le remords, au point que ses membres se prosternaient alors devant moi en me répétant :

— Comme vous étiez dans le vrai !

Raspail, indigné, demanda la parole pour répondre aux bravos de la tourbe ministérielle.

— Il s'est commis, dit-il, un assassinat tel que les crimes de Troppmann (qu'on jugeait alors) n'ont pas produit une pareille impression, et cependant la justice à laquelle vous le déférez n'est pas la justice. Ce qu'il nous faut, c'est un jury qui ne soit pas choisi parmi les ennemis de la cause populaire.

Et comme on lui rappelait l'indépendance de la magistrature, il s'écriait :

— Je les connais, vos Hautes Cours! J'y ai passé. Dans l'une, on a trouvé jusqu'à un homme condamné aux galères.

Raspail fut interrompu par le président annonçant qu'il recevait à l'instant du procureur général Grandperret une demande en autorisation de poursuites contre moi pour « offenses envers l'empereur, excitation à la révolte et provocation à la guerre civile ».

Cinq minutes auparavant, Emile Ollivier déclarait qu'il dédaignait mes attaques. Ce n'était pas précisément là du dédain.

J'ai tenu à conserver pour le public la physionomie de cette partie de séance où Raspail et moi fûmes seuls en scène. On a pu remarquer que pas un membre de la gauche n'y intervint, pas plus Gambetta que Jules Favre ou Ernest Picard. Cet abandon donnait aux insolences du cynique Ollivier une autorité considérable sur le troupeau des majoritards. Le ministre avait ainsi le droit — dont il usait et abusait — de faire observer que tous mes collègues de l'opposition, sauf un seul et unique, refusaient de se solidariser avec moi.

Les obsèques avaient été fixées au lendemain et la journée s'annonça comme devant être affreusement mouvementée. Dès le matin, la maison de la rue du Marché, à Neuilly, où la bière repose sur deux chaises, a été envahie par une foule qui grossit au point de rendre toute circulation à peu près impraticable. Comment parviendra-t-on à faire avancer le corbillard jusqu'à la porte ? C'est là un problème qui paraît insoluble.

J'arrive exténué, n'ayant ni mangé depuis trois jours ni dormi depuis trois nuits, tant les émotions de toute nature m'avaient étreint et ballotté. On me fait passer à bout de bras jusqu'à l'entrée de la maison où je monte et où je trouve Delescluze et

Louis Noir, le romancier bien connu, frère de la victime.

Bientôt Flourens arrive et une première bataille s'engage entre les partisans de l'enterrement dans Paris même, au Père-Lachaise, où on amènerait le corps, et l'ensevelissement à Neuilly; cent mille hommes, tant d'infanterie que de cavalerie, avaient été mobilisés de toutes les garnisons environnantes pour noyer dans le sang toute tentative d'insurrection. D'ailleurs, la foule était sans armes. Surprise par le coup de foudre parti de la maison d'Auteuil, elle n'avait eu le temps ni de s'organiser ni de s'entendre.

Mue par un même sentiment de colère, elle était venue spontanément manifester contre deux assassins : celui des Tuileries et l'autre.

Nous avions, Delescluze et moi, harangué nos amis, et l'immense majorité des assistants étaient décidés à nous écouter et à nous suivre, quand, au milieu de la route qui conduit au cimetière d'Auteuil, Flourens et plusieurs des hommes qui l'entouraient, et dont malheureusement, avec sa crédulité généreuse, il ne contrôlait pas toujours suffisamment les accointances, se jetèrent à la tête des chevaux qu'ils essayèrent de faire retourner du côté de Paris. Puis, le cocher des Pompes funèbres se refusant à ce changement de route, ils se mirent en devoir de couper les traits, afin de s'atteler eux-mêmes à la sinistre voiture.

Je conduisais le deuil ou plutôt le deuil me conduisait, et, serré de près par une mer humaine qui m'écrasait en m'escortant, j'avais été à plusieurs reprises projeté sur les roues qui, au moindre recul, auraient fini par me passer sur le corps.

On me hissa donc sur le corbillard même, où je m'assis, les jambes pendantes, à côté du cercueil. Du haut de ce lugubre observatoire, je voyais des remous se produire, des gens tomber, se relever, d'autres passer presque sous les pieds des chevaux ou sous la voiture, en danger continuel de se faire broyer.

J'avais beau leur crier désespérément de se garer, mes appels, dans le brouhaha de la marche, ne leur arrivaient même pas. Pour comble d'énervement, le grand air auquel j'étais exposé avait creusé mon estomac à peu près vide depuis trois jours, et y développait subitement une fringale qui m'enleva mes dernières forces. Tout à coup, sans motif apparent, la tête me tourna et je tombai inanimé en bas du corbillard.

Quand je rouvris les yeux, j'étais dans un fiacre avec Jules Vallès et deux rédacteurs de la *Marseillaise*. Mon premier mot fut :

— Qu'on aille vite me chercher quelque chose à manger. Je meurs de faim.

Vallès lui-même descendit et courut à un boulanger où il prit un pain de deux livres dont je me mis à dévorer la moitié et une bouteille de vin dont je bus une gorgée. Nous étions alors dans Paris, au bout de l'avenue des Champs-Elysées, près de la barrière de l'Etoile. Je me rappelai vaguement avoir été mené chez un épicier qui m'avait frotté les tempes avec du vinaigre et avait fait appeler le fiacre où je m'étais réveillé.

Telle est l'histoire de cet évanouissement que la réaction bonapartiste me reprocha beaucoup et qui, en réalité, fut dû à l'extrême délabrement où m'avait mis soixante-quinze heures de surmenage passées sans nourriture et sans sommeil. Les forces humaines ont des limites ; ces limites, chez moi, avaient été dépassées et il m'avait été impossible de me tenir plus longtemps debout ou même assis.

Cette explication, — la seule vraie et aussi la seule plausible, puisque je ne pouvais courir aucun risque au milieu de deux cent mille accompagnateurs, parmi lesquels on n'en aurait pas trouvé un qui ne me fût entièrement dévoué, — n'empêcha pas les officieux de m'accuser de faiblesse. Il n'y avait pour moi, je le répète, absolument rien à craindre : après quelques instants de lutte, en effet, le bon sens avait pris le dessus et l'inhumation, selon le désir de Delescluze, et le mien, avait eu lieu au cimetière de Neuilly.

Ce fut, au contraire, dans Paris que le péril se corsa. Après la cérémonie, nombre d'entre nous étaient rentrés à pied par l'Arc-de-Triomphe. A la hauteur du rond-point des Champs-Elysées se tenaient, sabre au clair, plusieurs escadrons de cavalerie chargés de disperser la foule, quoique, en réalité, ils n'eussent devant eux que des hommes qui, revenant d'un enterrement, étaient bien obligés de rentrer par la seule route qui les menât chez eux.

Mais l'imbécile Ollivier voulait prouver qu'il était « la force », comme il l'avait annoncé, et je vois tout à coup s'avancer au-devant de mon fiacre un commissaire de police à l'abdomen tricolore, qui nous annonce qu'il va faire charger après trois sommations.

Premier roulement.

Réconforté par mon repas aussi frugal qu'improvisé, je saute de ma voiture et je m'avance vers le commissaire de police, à qui je crie ces mots, que je retrouve dans un numéro de la *Marseillaise* relatant cette journée :

— Monsieur, les citoyens qui m'entourent prennent, pour revenir de l'enterrement, le chemin qu'ils avaient pris pour y aller. Prétendez-vous leur barrer le passage ?

Second roulement.

— Tout ce que vous direz et rien sera inutile, me répond l'abdomen ; retirez-vous. On va faire usage de la force. Vous allez être sabrés.

— Je suis député, répliquai-je en montrant ma médaille ; veuillez me laissez passer.

— Non, fit-il, et vous serez sabré tout le premier.

A ce moment, je me retourne ; l'avenue était presque vide, la plupart des manifestants s'étant retirés sur les bas côtés.

— Ecartez-vous, dis-je aux autres. Il est inutile de vous faire massacrer inutilement. D'ailleurs, quoi qu'il fasse maintenant, l'Empire a reçu le coup de grâce.

Tout le monde m'obéit et ce fut sur les arbres des Champs-Elysées que la cavalerie, qui n'en démordait pas, exécuta sa charge. Un des cavaliers roula même au bas de son cheval et resta étendu sans mouvement, ce qui fit beaucoup rire le public qui se tenait hors de la portée des sabres ; car le cadavre d'un ennemi sent toujours bon.

Mais si le procès du locataire de la Conciergerie marchait à pas lents, le mien allait un train d'enfer. La discussion des poursuites demandées contre moi eut lieu le lendemain même du dépôt de la proposition. Ollivier, qui la soutenait, déclara qu'il ne voulait pas de « journées ».

— Et la journée du 2 Décembre, vous en voulez bien, de celle-là ? lui criai-je de ma place.

Comme plusieurs membres de la gauche essayaient de soulever la question juridique, je coupai court aux débats par ces réflexions :

— Il est clair que si on veut m'emprisonner aujourd'hui, c'est qu'on n'a pu se débarrasser de moi autrement, mais je n'insiste pas : j'aurais l'air de me défendre. Le gouvernement a commis à mon égard de telles maladresses; il a depuis longtemps exercé contre moi des persécutions tellement basses et mesquines — je le dis en présence de deux anciens ministres qui, par leurs incroyables procédés, sont venus pour ainsi dire me prendre par la main et m'ont conduit eux-mêmes sur ces bancs — que je n'aurai pas la naïveté de l'empêcher de commettre de nouvelles fautes. Car les fautes que commet l'Empire, c'est la République qui en profite.

Cette nouvelle évocation du spectre de la République n'était pas de nature à me concilier les sympathies de la majorité bonapartiste. Ce fut par Jules Simon que je fus le mieux et le plus logiquement défendu. L'imposteur Ollivier promit solennellement à la Chambre que les procès de presse seraient désormais déférés au jury, et le lendemain je recevais une assignation à comparaître en police correctionnelle.

De sorte que non seulement le ministre avait escroqué un vote à la Chambre, mais que la loi sur la presse, qu'il proclamait mauvaise appliquée à un particulier ou à un journaliste, il la trouvait assez bonne pour un député élu par le suffrage universel.

Je le rappelai en ces termes dans la *Marseillaise* du 21 janvier 1870 :

« Le pouvoir — car M. Emile Ollivier n'est ici que le misérable exécuteur des basses œuvres impériales — le pouvoir, en me renvoyant devant la sixième chambre, est obligé de confesser deux choses : qu'il a peur du jury et qu'il a peur de moi. Je suis désolé d'être obligé de le faire sentir à mon souverain, mais ces poursuites folles et ces assignations précipitées attestent dans sa grande âme un trouble extraordinaire.

« Je constate, et c'est à la fois ma gloire et mon souci, que l'idée de me savoir circulant dans les rues lui donne des tremblements dans les jambes. Or, il est toujours fâcheux de penser qu'un grand capitaine qui s'est couvert de gloire en Suisse comme officier d'artillerie, et à Solférino comme officier de je ne sais plus quelle arme, ne peut regarder sans pâlir un simple citoyen qui, lui, n'a d'autre arme qu'un porte-plume, surtout quand ce grand capitaine ne descend pas chercher du tabac sans avoir trois cent mille hommes autour de lui ».

Et comme on annonçait que le jugement fabriqué d'avance entraînerait pour moi la déchéance du mandat de député, je formulais ce défi :

« Le plus simple serait encore de me traiter comme l'oncle a traité Pichegru, c'est-à-dire de me faire étrangler dans ma prison par les mains mêmes de M. le ministre de la Justice.

« Autrement, plus je cesserai d'être éligible, plus je continuerai à être élu. Dix fois vous annulerez mon élection, dix fois mon nom sortira des urnes de la première circonscription. Si les brelandiers du pouvoir actuel veulent essayer de jouer ce jeu-là, mes électeurs et moi nous acceptons volontiers. Allons ! sire Ollivier, en vingt-cinq mille votes liés, et nous vous rendons deux candidats officiels ! »

Cette menace eut pour effet d'enlever au gouvernement l'envie de me priver de mes droits électoraux. Il est vrai que, l'Empire étant tombé quand j'étais encore à Sainte-Pélagie, cette seconde peine n'eût pas sensiblement aggravé la première, puisque la révolution du 4 Septembre m'aurait restitué immédiatement l'éligibilité dont la justice impériale m'aurait privé.

Je ne me donnai pas la peine de me rendre à la sixième chambre, ayant déclaré au ministre de la Justice que sa condamnation non seulement n'était pas susceptible de me flétrir, mais n'avait même pas assez de valeur pour m'honorer. Le président du tribunal lut le jugement qui lui avait été adressé du ministère et qui nous infligeait la peine de six mois de prison pour moi, six pour Paschal Grousset, et six pour notre gérant et collaborateur S. Dereure.

Ne pouvant légalement supprimer la *Marseillaise*, on en supprimait successivement tous les rédacteurs.

Ce fut par le dindonnant Ollivier lui-même que j'appris, dans les couloirs de la Chambre, le résultat de ce procès dont j'avais dédaigné de m'occuper. Je le frôlai en passant, au moment où ce grand imbécile, à qui sa saleté naturelle et ses lunettes vertes donnaient l'air d'un écrivain public ou d'un agent d'affaires véreux, disait impudemment dans un groupe :

— Six mois de prison et trois mille francs d'amende. Nous n'avons pas voulu nous montrer trop durs.

Ce qui était l'aveu le moins déguisé de la connivence du gouvernement avec la magistrature, puisque ce « nous n'avons pas voulu » indiquait nettement que c'était non la justice, mais le ministère qui me condamnait. Mais cet ambitieux de septième classe se sentait tellement fier d'avoir décroché un portefeuille qu'il tenait à établir qu'il était tout dans l'Empire et qu'il n'y avait aucune limite à son pouvoir.

J'avais été condamné par contumace et, le lendemain du jour où expiraient les délais d'appel, j'avais reçu du parquet une « invitation » à me constituer prisonnier ; mais, ne reconnaissant pas les juges, je n'avais pas à tenir compte de leurs avertissements.

Je répondis à leurs insolences par cette autre qui jeta Ollivier hors de ses gonds :

« Il faut croire que j'ai été réellement condamné ces jours-ci à six mois de prison. J'avais bien lu dans quelques journaux que deux ou trois vieillards en jupons noirs avaient marmotté entre eux quelques paroles me concernant. Mais, occupé comme je le suis, je n'avais pas eu le temps de songer à ces fadaises.

« Aujourd'hui, je reçois du parquet une lettre signée d'un substitut dont je n'ai pu déchiffrer le nom. Ces gens-là sont tellement honteux de leur métier qu'ils se dissimulent derrière une signature illisible. C'est par le canal de ce commis que M. Ollivier m'invite à me constituer prisonnier lundi 7 février, c'est-à-dire aujourd'hui, pour l'exécution du jugement rendu contre moi le 22 janvier.

« Voilà maintenant M. Ollivier qui m'adresse des invitations ! C'est passer l'effronterie permise. Il n'y a plus de raisons pour qu'il ne me convie pas à ses dîners ou à son prochain bal. Monsieur Ollivier, ne vous gênez pas ! Il paraît que vous voudriez attirer chez vous la bonne société. Vous vous imaginez sans doute que je vais passer du linge blanc et des gants gris perle pour aller dire cérémonieusement au concierge de Sainte-Pélagie :

« — Monsieur le ministre de la Justice ayant bien voulu me prier d'aller visiter le logement qu'il me destine, je ne puis mieux reconnaître son amabilité que par mon exactitude.

« Non, monsieur l'homme du monde, je ne me rendrai pas à onze heures précises au rendez-vous de chasse que vous me donnez dans votre palais de Sainte-Pélagie. Si j'acceptais cette invitation, on croirait peut-être que je recevrais également celles qui m'arriveraient de Compiègne ou de Fontainebleau, et il faut éviter à tout prix ce malentendu. Si, d'ailleurs, je me dérangeais de mes travaux pour me rendre au désir que vous exprimez dans la lettre dont la signature est illisible, vos journaux insinueraient que je vous fais des avances.

« C'est bien le moins que deux des argousins qui vous entourent se donnent la peine de venir eux-mêmes me mettre la main sur le collet. Il est d'un bon exemple de faire précéder l'acquittement solennel du prince Bonaparte de l'arrestation publique d'un de ceux qu'il méditait d'assassiner, surtout si l'on songe que l'appréhendé est représentant du peuple, ce qui donne à son incarcération un petit goût deux décembre plein de gracieux souvenirs.

« Vous vous êtes écrié, dans une de vos représentations à grand spectacle :

« — Si vous nous y contraignez, nous serons la force.

« Soyez la force, je vous y contrains ».

Cette mise en demeure, qui obligeait le gouvernement à un acte de brutalité policière, l'embarrassa beaucoup. Un jour, puis deux, se passèrent sans qu'il se décidât à agir, et chaque heure de retard tenait la population de plus en plus sur le qui-vive.

En outre, du moment où je refusais de me livrer moi-même, il devenait indispensable de demander au Corps législatif l'autorisation de m'arrêter, comme on avait sollicité de lui celle de me poursuivre. Une discussion plus violente que la première, quoique devant aboutir au même résultat, s'engagea sur les bancs de la Chambre.

Ollivier contesta qu'il eût besoin de faire voter l'arrestation et s'opposa au sursis que réclama Gambetta, au moins jusqu'à la fin de la session, pour l'exécution de la sentence. La Chambre n'était pas à plat ventre depuis dix-huit ans pour se relever tout à coup. Elle accorda comme une sourde tout ce qu'exigea d'elle le ministre apostat. J'étais donc livré aux bêtes et aux agents de police.

Je m'attendais à être appréhendé à l'issue de la séance, sur le seuil même du Palais-Bourbon, mais les mesures à prendre éventuellement et les forces nécessaires à la répression d'un mouvement possible avaient paru sans doute difficiles à combiner instantanément, car je sortis sans être inquiété.

Le soir, j'allai dîner chez Brébant, seul, dans un cabinet, pour échapper un peu à la curiosité qui ne me lâchait pas. Dans l'escalier du restaurant, je me heurtai à Charles Marchal, artiste sans talent, qui pratiquait spécialement la manipulation de la réclame et qu'on avait surnommé le peintre des « connaissances utiles ».

Il avait à son bras une connaissance extrêmement utile en effet, c'était George Sand à laquelle je n'avais jamais parlé. Elle exprima le désir de nous réunir à la même table, ce que j'acceptai avec empressement, et nous passâmes tous les trois la moitié de la soirée.

George Sand qui, en 1848, avait fait montre d'un républicanisme exalté et rédigé, assurait-on, les célèbres circulaires de Ledru-Rollin, finissait dans un bonapartisme éclectique et prétendûment libéral, dont la princesse Mathilde était la vague représentante.

Elle me parla beaucoup de cette dame qui ne s'est jamais fait connaître que par son prénom et dont on ignore l'état civil matrimonial. J'imagine qu'on serait assez mal reçu d'elle si on l'appelait Mme Demidoff et encore plus mal accueilli si on l'appelait Mme Popelin, bien que plusieurs journaux aient annoncé son mariage avec cet émailliste de grand talent, assertion que je n'ai jamais songé à contrôler.

Ollivier, ayant rassemblé à mon intention toutes ses forces policières, jugea que le moment psychologique était arrivé. J'avais donné rendez-vous pour huit heures et demie à mes électeurs dans la salle de la Marseillaise, que j'avais récemment louée rue de Flandre, à la Villette.

L'émotion populaire était à son comble. A cette époque, les cœurs et les cerveaux, qui se sont si étrangement refroidis depuis, bouillonnaient en pleine incandescence. Dès les premières maisons de la rue Rambuteau, que longea ma voiture, la foule était considérable, bien qu'il y eût jusqu'à la réunion un joli ruban de queue. Si j'avais été reconnu dans le fiacre fermé au fond duquel je me dissimulais le plus possible, je ne serais jamais parvenu à destination, tant j'aurais été assailli de manifestations interminables.

Aux environs de la salle des séances, la poussée devint si formidable que je me vis obligé de faire arrêter ma voiture et d'en descendre pour gagner à pied la réunion où Flourens était déjà installé, m'attendant, lui et nos amis, au milieu d'une agitation extraordinaire, car tout le monde se doutait qu'on approchait du dénouement.

Je me dirigeais difficilement vers la porte d'entrée, au milieu des acclamations, quand deux citoyens dont je n'avais aucune raison de me défier me prirent chacun sous un bras et, traversant un espace maintenu vide par les escouades, s'engouffrèrent avec moi dans une sorte de court passage fermé par deux grilles dont celle que nous venions de passer se referma immédiatement derrière nous.

Je vis alors que j'étais pris. Un agent qui se tenait auprès d'un fiacre stationnant là à mon intention me dit :

— Vous êtes bien M. Rochefort ?

Et, sans attendre ma réponse, il me montra la voiture en me priant d'y monter.

Dans l'effroyable bousculade qui avait précédé mon enlèvement, car c'en était un effectué au moyen d'un véritable guet-apens, j'avais perdu mon chapeau et mes vêtements y avaient laissé la plupart de leurs boutons. Ce fut dans cet état lamentable que je fis mon entrée dans le greffe de Sainte-Pélagie, où j'étais attendu par le directeur de la prison qui me fit, du reste, nombre de salutations en m'appelant : « Monsieur le député ».

Une grande pièce au premier et donnant sur la rue avait été aménagée pour moi dans ce bâtiment dont une partie était réservée aux détenus de droit commun et l'autre aux condamnés politiques. On m'y avait matelassé un lit moins dur que pour les autres et, comme j'étais réellement exténué, je me couchai d'assez bonne heure et je dormis d'une traite jusqu'au lendemain.

Pendant qu'on m'écrouait de l'autre côté de l'eau, il se passait à la salle de la rue de Flandre, puis dans Paris, d'étranges drames. Comme je ne suis en mesure de raconter que ce que j'ai vu, je reproduis d'après le *Rappel* la physionomie de la ville et les événements qui, dans la soirée même, suivirent mon arrestation :

Avant, pendant et après l'arrestation de Rochefort, que se passait-il dans la réunion ?

Le bureau constitué — il se composait de Flourens, président; Millière et Debaumont, assesseurs — le citoyen Debaumont prend la parole.

Il dit :

— Voltaire a été enfermé à la Bastille. Il ne faut plus que nous en laissions embastiller d'autres, ni à Mazas, ni à Sainte-Pélagie.

Avertissement du commissaire de police. L'assemblée proteste.

Le citoyen Debaumont continue, mais presque aussitôt un second avertissement l'arrête. La foule se récrie par une immense et formidable acclamation.

Le commissaire dissout la réunion.

Au même instant, la nouvelle de l'arrestation de Rochefort arrive dans la salle.

C'est alors qu'un membre de la réunion, mettant la main sur l'épaule du commissaire de police, le déclare tout haut prisonnier et otage.

Acte de prudence et de générosité à la fois. Faire le commissaire prisonnier, c'est, en même temps, le soustraire à la colère de la foule menaçante et l'empêcher d'aller requérir la force pour faire évacuer la salle.

Mais on va voir que cette dernière précaution était bien inutile. L'assemblée sort d'elle-même en criant : « Délivrons Rochefort ! » Tous se répandent dans la rue, gardée, nous l'avons dit, par une armée de sergents de ville. Le citoyen qui a d'abord arrêté le commissaire le tient toujours d'une main ferme. Mais sans doute les sergents de ville vont le dégager et le délivrer ? Non : sur on ne sait quel ordre, ils ouvrent leurs rangs serrés et se rangent comme en haie sur les deux trottoirs pour laisser passer le cortège emmenant son prisonnier.

La colonne, en criant, remonte la rue de Flandre, prend ensuite la rue de Crimée, le boulevard Palikao, la rue de la Villette, la rue de Paris à Belleville et descend la rue du Faubourg-du-Temple.

A la hauteur du n° 40, elle arrête et renverse deux omnibus et commence une barricade.

Mais cette barricade à peine ébauchée est abandonnée aussitôt, et peu de temps après les sergents de ville ont pu remiser les deux omnibus dans une cour voisine.

Dix heures. — On nous dit qu'il y a une foule énorme aux abords de la *Marseillaise*. Nous traversons la rue d'Aboukir. Presque personne. Quelques groupes seulement stationnent sur le trottoir et causent de l'arrestation de Rochefort.

Nous arrivons à la porte Saint-Denis. Beaucoup de monde. On dirait que toute cette foule attend le passage de quelque cortège. Calme absolu d'ailleurs.

Nous remontons toute la rue du Faubourg-Saint-Denis, presque déserte. Toutefois, presque toutes les fenêtres éclairées, et des têtes de curieux à chaque étage, sans doute pour voir passer les escadrons de gardes de Paris, au grand galop de leurs chevaux.

Arrivés en haut du faubourg, nous nous trouvons en face d'un détachement de la garde de Paris.

Les groupes deviennent plus nombreux, à mesure que nous avançons dans la direction de la Villette.

Nous suivons le boulevard de la Villette. Les fenêtres toutes éclairées et garnies de curieux. Des nuées de sergents de ville sur les trottoirs.

Un peu plus loin, solitude complète. Nuit noire. On entend des rumeurs confuses. Tout à coup une bande de gens courant en toute hâte font signe d'arrêter notre cocher.

— Descendez de voiture, nous crie-t-on. Vous ne pouvez aller plus loin.

— Pourquoi donc?

— Les sergents de ville ont dégainé et bousculent la foule. On arrête les voitures.

Nous descendons.

Onze heures. — A la hauteur de la rue de la Chopinette, nous entendons très distinctement le roulement des tambours. Le bruit se rapproche. On fait les trois sommations. Nous ne distinguons, dans la nuit, que des gens qui courent en tous sens.

Nous suivons la rue du Buisson-Saint-Louis, et nous arrivons à la rue du Faubourg-du-Temple, où la foule est énorme, mais parfaitement calme. On nous raconte que les voitures qui avaient été disposées en barricades sur trois points, au bas de la rue du Faubourg-du-Temple, auprès du boulevard Puebla et dans le haut de la rue de Paris, sont rentrées sous les remises des passages, dont le quartier est sillonné.

On aurait entendu trois coups de feu. Tirés par qui? Peut-être des coups en l'air.

Minuit. — Autour de la caserne du Prince-Eugène stationne une foule nombreuse, avide d'apprendre ce qui se passe. Tout le faubourg du Temple est aussi encombré.

A la hauteur de la rue Saint-Maur, notre voiture est entourée de tous côtés par des blouses blanches. On nous crie:

— Arrêtez! vous n'irez pas plus loin!...

— Qui êtes-vous ?

Nous répondons que nous sommes du *Rappel* et que nous venons aux nouvelles. On nous force à descendre. Quelques-uns de ces hommes à blouses blanches, sinon neuves, au moins très propres, trop propres, nous disent :

— Commandez-nous, donnez-nous des armes !

Mais deux ou trois ouvriers beaucoup plus vraisemblables se mettent à nos côtés, écartent le groupe suspect, et nous arrivons avec eux à l'entrée de la rue de Paris, — plongée dans une obscurité profonde. Là se dresse une barricade : un omnibus, plusieurs fiacres, et des pavés entassés.

Là encore, sous nos yeux, les mêmes blouses blanches défoncent la devanture d'un magasin, malgré les cris des ouvriers qui leur disent :

— Vous n'êtes point des électeurs ! Vous n'êtes point des républicains !...

Mais ils sont les moins nombreux et ne peuvent rien empêcher.

Bientôt après débouche la troupe : 500 gardes de Paris à cheval et 500 hommes à pied.

Ils arrivent à la barricade, — et ne trouvent personne derrière.

Une partie de la cavalerie déblaye les grands boulevards. La nuée des sergents de ville exécute alors ses charges accoutumées, l'épée nue et le casse-tête levé. Nous voyons assommer et blesser beaucoup de personnes autour de nous. Quatre sommations sont faites.

En redescendant, nous apercevons aux fenêtres de la caserne du Prince-Eugène les soldats tout prêts à sortir.

Partout la même foule.

Sur le boulevard, vis-à-vis de Brébant, deux escadrons de gardes de Paris à cheval, un bataillon à pied, et toujours nombre de blouses blanches très propres.

Minuit et demi. — Nous redescendons la rue du Faubourg-du-Temple. La tranquillité des groupes est toujours la même. Et toujours beaucoup de monde aux fenêtres.

Auprès du canal, une foule de sergents de ville.

La caserne du Prince-Eugène offre un aspect d'une animation extraordinaire.

Les officiers et sous-officiers en grand nombre se promènent sur le trottoir qui longe la caserne. Ils sont en tenue et semblent attendre un ordre.

Aux portes Saint-Denis et Saint-Martin, les mêmes rangées de badauds regardant curieusement les voitures qui passent.

Une heure. — Boulevard Montmartre, on assiège les derniers kiosques ouverts pour avoir des nouvelles par les dernières éditions des journaux : ceux-ci ne parlent que de la séance de la Chambre. Pas de détails de la soirée. Les sergents de ville circulent par bandes de dix à douze.

Deux heures. — Foule persistante sur les points principaux du faubourg du Temple et de Belleville. On apporte, de quart d'heure en quart d'heure, les nouvelles à la préfecture de police, où MM. Émile Ollivier et Chevandier de Valdrôme se tiennent comme en leur quartier général.

Le maréchal Canrobert attend de son côté, prêt à commander tous les « Rrran » imaginables.

On prétend que la fabrique d'armes de M. Lefaucheux, rue Lafayette, a été envahie. On y aurait pris cinq cents revolvers.

Trois heures. — Les ministres sont aux Tuileries.

DERNIÈRES NOUVELLES

Six heures. — Les abords de la *Marseillaise*, rue d'Aboukir, sont gardés à vue par nombre d'agents en bourgeois qui ne laissent sortir personne.

MM. Paschal Grousset et Habeneck restent seuls dans les bureaux, en quelque sorte prisonniers.

MM. Raoul Rigault et Gaston Dacosta, qui ont voulu retourner à leur domicile, ont été brutalement saisis et arrêtés.

(*Rappel* du 9 février 1870.)

De peur de paraître justifier les fureurs policières, le *Rappel* avait plutôt atténué son tableau de l'effervescence publique. Il avait, par exemple, caché que le citoyen dont la main s'était abattue sur l'épaule du commissaire n'était autre que Gustave Flourens qui, au récit de mon arrestation, s'était écrié :

— Le suffrage universel n'existe plus ; je proclame la Révolution et je commence par arrêter le commissaire de police !

Celui-ci, qui se trouvait précisément être le Barlet, mon voisin de pupitre au collège Saint-Louis et dont j'ai parlé dans le commencement de mes *Aventures*, crut que sa dernière heure sonnait et murmura d'une voix suppliante :

— Monsieur, je suis père de famille !

Car, lorsque ces personnages fourrent au poste et passent à tabac un citoyen qui tarde un peu à circuler, ils ne lui demandent jamais s'il est père de famille. En revanche, dès qu'ils courent le moindre danger, ils font remarquer qu'ils le sont.

Puis, Flourens sortit de la salle, tenant toujours son prisonnier par le bras. Cependant, comme il ne sut bientôt qu'en faire, il le remit à un homme de confiance qui s'offrit avec d'autant plus d'empressement à s'en charger que, nous l'apprîmes un peu plus tard, ce pur était un des pensionnés de la Préfecture.

Une fois les mains libres, le candide Flourens était allé, avec quelques amis, envahir les coulisses, puis le magasin d'accessoires du théâtre de Belleville où, toujours au nom de la Révolution, il avait réquisitionné trois vieux fusils à piston, usités dans les pièces militaires, et cinq ou six colichemardes qui dormaient dans un coin depuis la dernière représentation des *Trois Mousquetaires*.

Dans la nuit qui suivit mon incarcération, toute la rédaction de la *Marseillaise* fut arrêtée, y compris le gérant et le garçon de bureau. Ceux qui avaient des condamnations à purger pour délits de presse ou de réunions publiques vinrent me rejoindre à Sainte-Pélagie. Les autres, sans motif ni prévention quelconque, furent dirigés sur Mazas.

Ce que voulait Ollivier, c'était empêcher à tout prix la *Marseillaise* de paraître; et, en effet, n'ayant plus personne pour la rédiger, non plus que pour en signer les articles comme gérant, elle ne parut pas. Jamais la loi forgée par les proscripteurs eux-mêmes, la justice et le droit des gens n'avaient été plus audacieusement piétinés. Et cet Ollivier de malheur et d'imbécillité avait été choisi tout exprès pour inaugurer l'Empire libéral!

CHAPITRE IX

Retenu pour d'autres condamnations ! — L'empereur et la guerre. — A Berlin ! — Vive la République ! — A Sainte-Pélagie. — Le policier Bibi. — Une « cousine ». — Les procès de Tours et de Blois. — Flourens. — Une lettre de Victor Hugo. — Persécutions. — Fleurs de cellule.

Je n'avais pas encore éprouvé la sensation toute spéciale de l'entrée en prison. Il me sembla que j'étais retourné au collège. Ce bouclage à huit heures du soir, cette impossibilité d'ouvrir sa fenêtre quand l'envie vous prend de respirer le grand air, cette épaisseur de murailles qui vous pèsent sur les épaules, vous donnent parfois comme envie de crier.

L'effet était cependant tout moral, car j'avais été installé presque aussi confortablement que dans une chambre d'hôtel et j'avais le droit de me considérer simplement comme un malade à qui son médecin défend de sortir pendant six mois.

Si même j'avais été moins préoccupé de mon journal et moins dérangé par les visites du dedans et du dehors, j'eusse été on ne peut plus à mon aise pour entreprendre un grand ouvrage. Seulement, nous avions tous, mes compagnons de captivité et moi, le sentiment que l'Empire était frappé à mort, et, comme le père de la petite Dorrit, enfermé depuis vingt-cinq ans pour dettes, nous attendions continuellement notre délivrance.

Aussi passions-nous nos journées en conciliabules inutiles ou, toujours comme au collège, en réceptions de « nouveaux », car il en débarquait tous les jours. Ollivier, pour se donner l'illusion de la force, arrêtait à tort et à travers, mettant sur les dents ses Delesvaux.

Ce fourbe, pour obtenir du Corps législatif les poursuites qu'il sollicitait contre moi, avait annoncé dans les couloirs qu'il allait déposer, sur l'attribution des délits de presse au jury, un projet de loi dont le vote serait suivi d'une amnistie générale.

Une fois que je fus bien coffré et verrouillé dans une de ses prisons, il remisa le projet et, pour toute amnistie, prit la résolution, ma peine terminée, de me maintenir à Sainte-Pélagie, comme sous le premier Empire, par « mesure administrative ».

Le directeur de l'établissement m'en informa, ayant reçu des ordres en conséquence ; et, en effet, condamné à six mois d'incarcération, j'étais encore enfermé le septième et si, au 4 Septembre, le peuple n'était venu défoncer les portes de la maison, je me suis souvent demandé quand j'en serais sorti.

La vie se passait là en dialogues et en déjeuners, car je ne savais, pour ma part, à qui entendre, tant je recevais de victuailles, de bouteilles de vin, de fleurs et de cages pleines d'oiseaux plus ou moins rares.

On craignait toujours quelque piège, et un pauvre diable de gérant, condamné pour avoir signé un journal qu'il n'avait jamais lu, avait été élevé à la dignité d'essayeur de poisons.

On découpait un homard arrivé le matin, on lui en servait une patte et, s'il ne tombait pas foudroyé par la strychnine ou l'acide prussique, nous achevions la bête.

Chacun de nous avait droit à un certain nombre de visiteurs : la famille d'abord, dont on donnait au greffier la liste où on inscrivait qui on voulait; puis les amis, puis les personnes dont les intérêts pouvaient être mêlés aux nôtres.

On allait jusqu'à se prêter des parents qui, eux, jouissaient du droit de monter dans les cellules et de passer la journée avec nous. Charles Dacosta, celui que nous appelions Coco, avait ainsi embauché un prétendu oncle qui, tous les jours, venait voir son neveu avec sa non moins prétendue fille qui changeait toutes les semaines. A ce point que le gardien chef lui dit un jour :

— Mais combien donc avez-vous d'enfants?

— J'en ai beaucoup, répondit l'oncle sans préciser de chiffre.

Quant à moi, j'avais droit à une clientèle à peu près illimitée. Le député du Doubs, Ordinaire, venait souvent me voir en compagnie de ses fils et se chargea de lire de ma part à la Chambre un projet de mise en accusation du ministère.

Mon fils Octave, plus généralement connu sous le nom de Bibi, commençait à prendre ses huit ans et passait la plupart de ses après-midi à grimper les escaliers du pavillon de la presse, allant d'une cellule à l'autre et finissant par se considérer comme un de nos plus dangereux prisonniers d'Etat.

Je lui remettais clandestinement mes articles que le greffe aurait retenus ou confisqués et que je signais du pseudonyme d'Henri Dangerville. C'était le nom d'un gâcheur de plâtre qui, moyennant dix francs par jour, consentait à me prêter sa personnalité, la signature étant obligatoire à cette époque.

La *Marseillaise*, dont la mort par la prison et par l'amende avait été décidée en conseil des ministres, en était à peu près toutes les semaines pour ses dix mille francs d'amende, tous les articles étant devenus, par ordre, des prétextes à poursuites. Un des miens ayant été déféré aux tribunaux, mon gâcheur de plâtre à dix francs par jour se présenta devant les juges pour s'en déclarer l'auteur et en revendiquer la responsabilité.

Ce fut joyeux, et à partir de cette confrontation la surveillance se resserra beaucoup autour de ma cellule, si bien que je n'arrivais pas toujours à faire passer ma copie. Notre Dangerville, qui avait fini par se croire journaliste à force de voir sa signature dans notre journal, apportait alors à la rédaction des premier-Paris à se tenir les côtes et dont il réclamait énergiquement l'insertion.

Il était convaincu que mes articles étaient de lui et il voulait absolument qu'on publiât les siens comme étant de moi.

Un jour, mon malheureux Bibi en perdit un que je lui avais glissé dans la poche pour qu'il le portât au journal. Quand il m'avoua ce malheur, je craignis que ma copie ne fût tombée dans des mains suspectes et qu'on ne prît des mesures pour en empêcher désormais la transmission. Je dis en colère à mon fils :

— Tu serais de la police que tu n'aurais pas agi autrement!

Ce mot produisit sur le pauvre enfant un effet foudroyant :

— Je te jure, papa, que je ne suis pas de la police ! me répétait-il en pleurant.

J'eus toutes les peines du monde à le réconforter et, très souvent, il me demanda pendant tout mon temps de prison :

— Est-ce que vraiment tu as cru que j'étais de la police ?

Il ne revenait pas non plus de ce qu'un jour qu'il criait trop je lui avais dit :

— Ne fais donc pas tant de tapage, tu vas nous faire donner congé.

Ne sachant plus par quelles séductions me circonvenir, le gouvernement résolut sans doute de transformer pour moi en délices de Capoue les amertumes de Sainte-Pélagie. Je reçus un soir une lettre d'une jolie écriture féminine et qui était ainsi conçue :

« Mon cher cousin,

« Maman et moi avons enfin pu obtenir de la Préfecture l'autorisation de vous voir. Si vous voulez, demain nous viendrons vers midi déjeuner et passer quelque temps avec vous. A demain donc.

« Votre cousine,
« ESTELLE. »

Je ne me connaissais aucune cousine du nom d'Estelle et je cherchais dans mes plus lointains souvenirs de quel ciel pouvait bien m'être tombée cette nouvelle parente, lorsqu'à l'heure annoncée je vis entrer dans ma chambre une grande et très jolie blonde, toute jeune, qu'accompagnait une mère d'apparence convenable et de mise suffisamment soignée.

— Vous me pardonnerez, me dit tout de suite cette singulière maman qui faisait ainsi visiter les prisons à sa demoiselle, nous avions une telle envie de vous connaître que, ma foi, nous avons eu l'audace d'aller demander, en qualité de cousines, une permission pour vous saluer dans votre prison.

Je me contentai de ces explications : le déjeuner était prêt, car, indépendamment des extras que nous fournissait un traiteur de la rue Lacépède, je fricotais moi-même, non sans un certain tour de casserole, le haricot de mouton et le foie sauté.

Mais j'avais montré à plusieurs de mes compagnons la lettre de cette cousine improvisée et je les invitai à ce repas auquel les deux inconnues prirent part sans le moindre embarras. Après le dessert, on emmena la mère parcourir les cellules de tous les étages, me laissant ainsi dialoguer à mon aise avec la fille.

Elles revinrent plusieurs fois, mais elles accusaient une tendance si marquée à s'installer dans mes lares qu'elles finirent par me porter sur les nerfs et que j'en arrivai à leur faire grise mine. Malheureusement, quand elles se présentaient, il m'était bien difficile de leur faire dire que j'étais sorti.

Qui avait évoqué pour moi cette apparition d'une jolie jeune fille dans la pénombre d'une geôle? à quel monde appartenait-elle et quelle main l'avait conduite jusque dans ma casemate? Je ne l'ai jamais su avec précision, mais j'ai toujours gardé à ce sujet des doutes qui auraient suffi pour me refroidir.

Je pouvais bien salir ma chambre, mais il m'eût été difficile de la balayer, et si je défaisais mon lit, le refaire était au-dessus de mes forces. On m'avait donc donné un « auxiliaire » qui, moyennant quinze francs par mois et les reliefs de nos repas, était heureux de procéder à tous les nettoyages.

Ce serviteur était un condamné de droit commun à qui l'administration de la prison avait probablement imposé une certaine surveillance, complétée par quelques rapports sur nos faits et gestes, projets et conversations. Cet espionnage nous inquiétait d'autant moins que nous n'avions rien à cacher et que, si nous avions conspiré, c'eût été à ciel ouvert.

Notre auxiliaire avait attrapé six mois de prison pour une vilaine affaire de mœurs, et supposant que mon titre de député me faisait tout-puissant, il m'avait supplié de lui rédiger une demande en grâce à l'impératrice avec une apostille de ma main.

J'eus quelque peine à lui faire comprendre que si je consentais à lui rédiger un brouillon qu'il recopierait et tenterait de faire arriver jusqu'à sa souveraine, ma recommandation auprès d'elle ne pourrait que faire rejeter sa requête. Alors, pour nous amuser d'abord, en second lieu pour lui faire payer un peu ses relations avec le greffe, nous nous attelâmes quatre ou cinq à une pétition inénarrable où il racontait à l'impératrice par quelle suite de sollicitations et d'entraînements il avait été amené à commettre l'acte honteux qu'il expiait si cruellement.

Il recopia dans toute l'innocence ou la perversité de son âme cette gravelure qu'il déposa toute cachetée entre les mains du directeur, avec cette suscription :

A Sa Majesté l'Impératrice.

Les lettres des prisonniers sont ouvertes et même paraphées par le cabinet noir administratif, sauf celles qu'ils adressent aux autorités, comme un ministre, un procureur général ou le chef de l'Etat.

L'impératrice rentrait dans cette catégorie, quoique nous ne fussions pas officiellement dans le royaume des femmes. La demande partit donc telle quelle et, à notre stupéfaction à tous, quinze jours plus tard la grâce était accordée.

Il y a tout lieu de croire que Mme Louis Bonaparte n'avait pas eu connaissance de cette pétition incongrue, mais que ses secrétaires avaient pris nos inconvenances pour de la candeur. Elles étaient d'ailleurs écrites dans un style fleuri qu'ils attribuèrent au pétitionnaire lui-même et qui, sans doute, les frappa chez un homme d'aussi mince condition, car il était, je crois, simple camelot.

Notre auxiliaire nous fit donc ses adieux et fut remplacé par un autre, un grand garçon, incapable de nous trahir et qui avait trois mois à faire pour une pile atroce administrée à un sergent de ville.

J'ai eu souvent à vérifier cette observation : le personnel des employés de prison, ayant avec la police des relations incessantes, est presque toujours beaucoup mieux renseigné que le gouvernement lui-même sur l'état politique du pays.

Je me souviens qu'à la citadelle de Ré où j'étais interné au moment de l'élection de Barodet, en 1873, le directeur du dépôt m'avait prédit deux jours auparavant que M. de Rémusat, le candidat officiel, serait battu d'environ cinquante mille voix, alors que les calculs de Thiers et de son entourage lui donnaient au moins trente mille voix de majorité.

Cette divergence tient évidemment à ce que les agents chargés de sonder l'opinion craignent de se faire mal noter de leurs chefs en fournissant des renseignements défavorables au régime établi, tandis qu'entre eux ils n'ont aucun motif de rien cacher.

Le directeur de Sainte-Pélagie, qui était le type du fonctionnaire froussard, prêt à crier tout ce qu'on voudrait pour conserver sa place, se rendait compte de la désaffection générale qui menaçait de mettre avant peu l'Empire en morceaux. Il nous ménageait donc visiblement, quitte à se rattraper plus tard si les Tuileries reprenaient le dessus.

A la suite de tant d'assauts, j'étais vraiment très souffrant. Je ne mangeais plus, faute d'exercice, et je m'anémiais à vue d'œil. Le gardien chef s'en était aperçu et avertit le directeur, qui vint dans ma chambre me supplier d'adresser au ministre de l'Intérieur une demande de transfèrement dans une maison de santé. Et comme la question d'avancement ne perd jamais ses droits, il me répétait innocemment :

— Voyez donc dans quelle situation je me trouverais si vous tombiez sérieusement malade ici !

Je le priai de me laisser tranquille. Je n'avais pas demandé à entrer à Sainte-Pélagie, mais je ne demanderais certainement pas à en sortir. Cependant, j'essayai de réagir en descendant un peu plus souvent dans la cour qui était, du reste, humide à vous glacer les os, mais où j'essayais de prendre des forces en jouant aux boules et aussi aux barres.

Je fis la partie avec Benoît Malon, qui est devenu le chef d'une école socialiste et qui alors, pauvre ouvrier vannier, passait son temps à lire Proudhon, Bastiat et tous les économistes en renom. J'y connus Duval, fusillé par Vinoy à la sortie du 4 avril 1871. Duval était petit, blond, les lèvres minces, un œil d'acier et une physionomie respirant la bravoure. Il était sérieux, méditatif, attentif, et me plaisait beaucoup.

Mais j'avais bien vite assez de ces distractions sans but et je remontais dans ma chambre. J'étais, par-dessus le marché, inquiet pour mon journal qu'Emile Ollivier avait promis à son maître de tuer sous les amendes, et non moins pour moi qui m'étais engagé commercialement dans la fondation de la *Marseillaise*, dont la faillite pouvait entraîner la mienne, ce qui impliquait pour moi une tare que, tout imméritée et injuste qu'elle fût, je n'aurais pas supportée.

Aussi, depuis cette passe difficile, ai-je évité avec un soin minutieux d'entrer jamais dans une combinaison où ma responsabilité pécuniaire pût être engagée dans une mesure quelconque. J'ai accepté d'être rédacteur en chef de l'*Intransigeant*, mais à titre exclusivement politique, ayant toujours mieux aimé passer à côté de la fortune que de risquer la liquidation judiciaire.

Le rideau qui se leva enfin sur la comédie du procès de Tours vint accidenter quelque peu la monotonie de notre existence claustrée. Millière, Paschal Grousset et moi étions cités comme témoins devant cette Haute Cour, composée de conseillers généraux à qui on avait promis tout ce qu'ils avaient demandé et qui allaient faire semblant de juger Pierre Bonaparte.

Je ne l'avais jamais vu et je ne crois pas qu'un

être humain ait jamais réussi à se montrer sous un aspect plus répulsif. Il portait sur des épaules épaisses et voûtées une tête de sanglier où deux moustaches relevées en croc figuraient les défenses. Il n'était pas Hollandais, celui-là, mais il n'en paraissait pas plus Français. Il expectorait en parlant une sorte de patois italien à peu près incompréhensible. Le front bas, abritant des yeux de fauve, il était comme les carnassiers, tout en mâchoire.

Les débats furent ce qu'ils devaient être avec la juridiction adoptée : coupés par les démentis de l'accusé qui injuriait les témoins avec d'autant plus d'impudence que le président, un certain Glandaz, et l'avocat impérial Grandperret l'encourageaient ignominieusement dans son attitude provocatrice.

Quand je parus entre deux gendarmes, moi qu'on traitait en criminel pour avoir protesté contre le crime, il se produisit un mouvement de sympathie, même dans cette salle faite d'avance à peu près tout entière et presque uniquement peuplée de policiers.

Par extraordinaire, Pierre Bonaparte se tint coi en ma présence, et quand je lui demandai pourquoi, au lieu de m'envoyer sa pseudo-provocation par la poste, il ne me l'avait pas fait remettre en mains propres par deux témoins, comme c'était d'usage immémorial ; pourquoi, en outre, ces témoins, indispensables dans toute rencontre, il ne les avait même pas désignés, il ne répondit absolument rien.

Grandperret, qui devait soutenir l'accusation, s'enfonça jusqu'au menton dans la boue du servilisme. L'accusé, pour lui, c'était Victor Noir, et comme celui-ci était en même temps l'assassiné, on devine quelle difficulté il aurait éprouvée à se défendre.

Je réintégrai avec une sorte de joie ma prison qui

me paraissait de beaucoup préférable à ce prétoire infect. J'en rapportais une violente impression de dégoût et un bouquet qu'une dame assise sur le même banc que moi avait eu la gracieuseté de m'offrir.

Mais ce n'était pas l'acquittement de ce cousin-là qui raffermissait l'autre. Ce dernier en était à préparer une consultation nationale au moyen d'un plébiscite, remède du plus dangereux empirisme, puisque appeler des gens en consultation, médecins ou électeurs, c'est déjà avouer qu'on se sent malade.

C'était en outre une nouvelle comédie dans le genre de celle de Tours, car supposons que l'Empire eût été en minorité, il est bien clair que Napoléon III n'en aurait pas moins conservé le trône. Aussi ce truc des « oui » ou des « non » déposés dans des urnes protégées par les gendarmes impériaux fut-il regardé, catalogué et classé comme un misérable escamotage.

Alors, comme sous tous les régimes acculés par leur faute à une chute ou à un coup de force, le piteux Ollivier prit le parti de fabriquer des complots. Il fit placer des bombes dans la cave d'un agent de la police secrète et naturellement les y découvrit. Après quoi on arrêta une quarantaine de républicains qualifiés de « meneurs » et on s'occupa de sauver la société, la société de Compiègne et des Tuileries bien entendu. L'autre, on s'en fichait pas mal.

Cette fois, ce fut à Blois, ville calme et catholique, que le scénario se déroula. Cet excellent Flourens, qui se jetait dans les bras du premier venu et qui dans tout inconnu qui s'adressait à lui flairait instantanément un justicier capable de nous débarrasser de l'empereur et de l'Empire, avait écouté des propositions ou tout au moins des discours qui suffirent à démontrer l'entente sans laquelle une conspiration n'est plus qu'un vain mot.

Les mouchards, dont un s'appelait Guérin, un autre Sapia, furent pour la vraisemblance englobés dans les poursuites où on fit entrer à la force du poignet des tas de gens qui ne se connaissaient pas. Flourens, au moment où on allait l'atteindre et l'arrêter, passa en Suisse. J'étais en prison, il était malaisé de prétendre que je m'étais rendu nuitamment à des conciliabules.

Les agents à peine secrets embauchés pour corser l'affaire avaient été mêlés aux accusés, sûrs qu'après la condamnation ils trouveraient une porte entrebâillée pour gagner la rue. Eux avouaient tout, et le président, un vieux crocodile nommé Zangiacomi, qui avait calfeutré les républicains sous Louis-Philippe, puis sous la République de 1848, et continuait à les pourchasser sous l'Empire, feignait d'écouter avec indignation les réponses de ses amis Guérin et Sapia.

Ce dernier, qui se disait Italien, confessait hautement sa participation au complot et ajoutait, en prenant des airs entendus, que les « Français ne savaient pas conspirer » et se faisaient toujours prendre, sans ajouter que c'était lui et ses complices qui les dénonçaient.

Je fus appelé en témoignage par plusieurs des accusés et de nouveau extrait de Sainte-Pélagie pour être dirigé sur Blois. Je remarquai que les juges ne montraient plus la belle assurance de la Haute Cour de Tours. On sentait à leur attitude quasi conciliante que l'édifice commençait à se tasser, en attendant l'effondrement suprême.

Les condamnations prononcées par le jury, qu'on avait choisi aussi réactionnaire que possible, furent distribuées au hasard. Guérin et Sapia furent frappés d'autant plus sévèrement qu'ils étaient libres le soir même. Cependant, comme ils avaient conspiré à forfait, ils réclamèrent bruyamment leur salaire, qu'on leur contestait, paraît-il, et, après la révolution du 4 Septembre, Guérin, resté sans engagement avec un stock de bombes sur les bras, n'hésita pas à intenter à ses embaucheurs un procès en dommages-intérêts pour rupture injustifiée de contrat.

Bien que Ferré, le futur membre de la Commune, eût insulté et bravé la cour dans des répliques ultra-injurieuses, le jury l'acquitta. En revanche, Gustave Flourens fut condamné par contumace aux travaux forcés à perpétuité, ce qui eût été terrible pour lui si le 4 Septembre n'avait pas fait aboutir sa dramatique aventure à une comédie qui, à cette heure encore, produirait au théâtre un effet prodigieux.

Il s'était réfugié en Suisse, à Genève. Après trois semaines de cette villégiature, la nostalgie le prend et il se décide à rentrer en France. Mais la guerre avait été déclarée pendant son absence et il était devenu impossible de passer la frontière sans y exhiber un passeport.

A Gex, il est interrogé et, comme dépourvu de tous papiers, finalement arrêté sous le nom de Dumont qu'il avait donné au commissaire de police. On le jette dans un cachot où, m'a-t-il raconté après sa libération, la chaleur était telle et l'air manquait au point qu'il en était réduit à se coucher à plat ventre et à respirer par-dessous la porte.

Un juge d'instruction lui demande d'où il vient. Il lui jette le nom d'un hôtel quelconque, hôtel du Mont-Blanc, je crois, et deux jours après, le même juge le convoque à son cabinet pour lui faire cette communication :

— Nous avons vérifié vos assertions. Un nommé Dumont est en effet descendu ces jours-ci à l'hôtel du Mont-Blanc, à Genève, et il en est parti sans payer, en emportant les draps, la pendule et les couvertures de sa chambre. Vous êtes donc inculpé de vol commis sans effraction dans une maison habitée.

Stupéfaction de Flourens dont les assertions de haute fantaisie se trouvaient, par la plus fâcheuse coïncidence, exactement vérifiées. Il ne lui restait qu'à accepter l'état civil du voleur de couvertures. Cependant le juge d'instruction, ayant fait demander au propriétaire de l'hôtel le signalement de ce chapardeur, avait appris qu'il était petit, brun et chauve. Or Flourens, très grand, très blond, portait une longue barbe rubescente qui cadrait aussi peu que possible avec le portrait du locataire signalé.

Pendant plus d'un mois, l'instructeur essaya de le mettre en contradiction avec lui-même, lui donnant à entendre qu'on ne doutait pas qu'il ne fût un espion prussien. Le directeur de la prison lui adjoignit même un compagnon de cellule dont la mission était de le « moutonner », c'est-à-dire de provoquer ses confidences.

Flourens, affectant de s'être laissé gagner, lui avoua qu'il était un contrebandier belge, recherché par la police française pour avoir tiré sur un gendarme qui le poursuivait. Mais, aucun gendarme n'ayant été l'objet d'une agression, le juge d'instruction comprit que son prisonnier s'affublait de méfaits imaginaires pour en cacher de réels, probablement très graves. Cependant, au bout de six semaines, il fallut se décider à régler le cas de ce mystérieux détenu.

— De votre propre aveu, lui dit le magistrat, vous n'avez aucun domicile. En attendant que nous soyons fixés sur votre personnalité, M. le procureur de la République vous renvoie en police correctionnelle pour vagabondage.

— Comment! le procureur de la République! fit Flourens très surpris. Vous voulez dire le procureur impérial.

— Non! répondit mélancoliquement le juge d'instruction. La République est proclamée depuis hier. Nous avons un gouvernement provisoire.

Flourens bondit sur sa chaise d'inculpé.

— Est-ce que, demanda-t-il, Henri Rochefort en fait partie?

— Oui, en voici la liste!

En y relevant mon nom, Flourens demanda à son juge très surpris une plume, de l'encre, du papier et m'adressa la dépêche ci-dessous, que je reçus à l'Hôtel-de-Ville, au milieu d'une délibération gouvernementale :

« Suis en prison à Gex. Prière de m'en faire sortir. Mille amitiés et vive la République!

« GUSTAVE FLOURENS. »

Le juge impérial tomba des nues, mais il doutait encore. Ce fut seulement quand il reçut ce télégramme, apporté par le sous-préfet de Gex en personne, qu'il comprit tout :

« *Sous-préfet de Gex,*

« Ordre de mettre immédiatement en liberté le citoyen Flourens.

« *Le membre du gouvernement de la Défense nationale,*

« HENRI ROCHEFORT. »

Alors Molière entra en scène et Flourens m'affirma avoir passé entre ces deux fonctionnaires le quart d'heure le plus gai de sa vie. Le sous-préfet lui affirma n'avoir jamais servi qu'à contre-cœur l'homme de Décembre, dont le despotisme le révoltait, et finalement invita le détenu de tout à l'heure à venir dîner chez lui où il serait heureux de le présenter à sa femme.

Quant au juge d'instruction, il prit Flourens dans un coin et lui glissa dans l'oreille :

— N'allez pas chez cet homme-là. Il est connu pour un bonapartiste militant. Venez plutôt chez moi, vous dînerez avec ma femme et mes enfants. Je n'ai jamais fait de politique. Vous le répéterez à M. Rochefort, n'est-ce pas?

Flourens déclina cette double invitation, n'ayant aucune envie de s'attabler chez un juge d'instruction qui l'avait si mal nourri dans son cachot, et prit le premier train en partance pour Paris où je le vis le lendemain et où il me fit, tout chaud, le récit de son aventure.

Le sous-préfet avait toujours été républicain ; le juge d'instruction avait toujours été républicain, et demain, si les d'Orléans revenaient, il se trouverait, comme par enchantement, que tous les juges d'instruction et tous les sous-préfets auraient toujours été orléanistes.

Mais nous n'en étions qu'au plébiscite, époque où ils étaient encore tous impérialistes. Le gouvernement s'était même fait maître-chanteur tout exprès pour moi. Quand mes articles n'atteignaient pas les derniers sommets de la provocation et de la violence, il autorisait ma famille et mes amis à venir me désennuyer dans ma cellule. Quand j'avais jeté par-dessus les moulins mon bonnet et l'Empire avec, j'étais mis en retenue, c'est-à-dire au secret, et n'avais plus pour me distraire et m'épancher que deux lézards verts enfermés dans une cage à barreaux serrés, et pour lesquels la « fouilleuse » de la prison m'envoyait tous les matins une provision de vers de terre qu'elle extrayait de ses pots de fleurs.

Victor Hugo, après mon incarcération, avait tenu à être un des premiers à m'adresser ses compliments par cette lettre qui parut dans le *Rappel* et qui témoigne de la vive sympathie qu'il me conservait :

« Hauteville-House, 10 février.

« Je vous ai écrit plusieurs fois. Je doute que mes lettres vous soient parvenues. Je fais celle-ci petite pour qu'elle arrive. Etant à l'image de l'Empire, elle passera, je l'espère.

« Vous voilà en prison. J'en félicite la Révolution.

« Votre popularité est immense comme votre talent et votre courage. Tout ce que je vous avais prédit se réalise. Vous êtes désormais une force de l'avenir.

« Je suis comme toujours profondément votre ami et je vous serre la main, cher proscrit, cher vainqueur.

« Victor Hugo. »

Mes fenêtres, donnant sur la rue, me permettaient de rendre aux passants les saluts qu'ils m'envoyaient, ce qui atténuait tant soit peu le secret auquel j'étais soumis par intermittence. Mais, afin de le rendre aussi rigoureux que possible, la police avait installé le long du mur de la prison des sergents de ville qui circulaient et surtout faisaient circuler.

Un jour, Raoul Rigault, s'étant arrêté sous mes barreaux pour me crier :

— Bonjour, Rochefort !

l'agent de planton lui intima l'ordre de continuer sa route, à quoi Rigault, que rien ne démontait, répondit un : « Vous, tâchez de me foutre la paix ! » qui abasourdit le policier au point que, croyant avoir affaire à quelque supérieur, il s'éloigna respectueusement, nous laissant continuer d'en haut et d'en bas la conversation commencée.

Quand il était interdit à mes enfants de venir m'embrasser, ils montaient au premier étage d'un petit restaurant situé de l'autre côté de la rue et m'envoyaient par la fenêtre des bonjours que je leur rendais. Mais mon fils Octave m'ayant crié sur un diapason un peu trop élevé :

— A demain, papa !

le manège fut découvert et la boutique du marchand de vin fermée sans rémission, bien que le pauvre diable fût parfaitement ignorant de notre télégraphie.

Mais ces persécutions ignobles, ajoutées à l'attentat dont le suffrage universel était l'objet en ma personne, me rendaient encore plus cher aux Parisiens. Les jardiniers du Jardin des Plantes, dont nous apercevions les toitures, m'envoyaient presque tous les jours des gerbes des fleurs les plus rares. Ma cellule était devenue une serre.

Ces marques sans cesse renouvelées de sympathie pour moi étaient autant de signes non équivoques d'antipathie pour l'Empire et l'empereur. Il ne s'y trompait pas, malgré les résultats de son épreuve plébiscitaire, et j'ai toujours été convaincu, j'ai même eu la preuve qu'il ne s'était résigné à la guerre que pour apporter dans ses projets de répression à outrance le poids de succès militaires qu'il ne croyait pas douteux.

Au 4 Septembre, en effet, on me fit parvenir de province un document découvert dans les papiers de je ne sais plus quel préfet et portant en tête ce titre suffisamment indicateur :

Liste des personnes à arrêter après la première victoire.

C'était donc surtout contre nous qu'on s'apprêtait à marcher. Nous en avions le sentiment au point qu'au début des hostilités nous fîmes acheter la livraison du *Tour du monde* contenant la description et l'histoire de la Nouvelle-Calédonie, sur laquelle nous pressentions devoir mettre un jour le cap. Et, coïncidence mémorable, c'étaient surtout Olivier Pain, devenu notre codétenu, Paschal Grousset et moi qui pâlissions sur cette étude de la topographie, de la flore et de la faune de cette île où nous allions être déportés tous les trois et d'où nous devions nous évader ensemble.

Seulement, ce n'était pas, comme nous nous y attendions alors, l'Empire qui nous y transporterait, mais bien la République pour laquelle nous souffrions à ce moment et allions souffrir bien davantage, en expiation du crime d'avoir, dans une large mesure, contribué à la fonder.

Je ne raconte que ce que j'ai vu et je n'assistais naturellement pas à la séance où Emile Ollivier nous initia aux légèretés de son cœur et battit la charge de ses gasconnades guerrières. Je n'entendis pas non plus le gros Lebœuf nous affirmer qu'il ne nous manquait pas un bouton de guêtre, ce qui ne voulait pas dire que nous ne manquions pas de souliers ou de canons.

A partir du jour où il devint urgent de chauffer l'enthousiasme, la *Marseillaise*, chant proscrit pendant tout l'Empire, devint l'hymne officiel. Des bandes de douteux blousards passaient sous les fenêtres de la prison, entrecoupant leurs refrains belliqueux des cris de : « Vive l'empereur ! »

Des troupes qui partaient pour la frontière, qu'elles trouvèrent déjà envahie, laissaient Paris sous la garde presque exclusive de la police, et la régence, représentée par l'Espagnole, après le départ du Hollandais pour l'armée, craignait toujours que le flot populaire ne pénétrât jusque dans l'intérieur de Sainte-Pélagie, après en avoir fait tomber les portes.

Aussi les alentours en étaient-ils garnis d'escouades qui grossissaient au fur et à mesure de la mauvaise qualité des nouvelles qui nous parvenaient des premiers combats. L'abominable Lagrange, l'homme de tous les complots louches et des assassinats nocturnes, dirigeait spécialement notre surveillance. Il arrivait en voiture, en descendait, plaçait ses hommes et leur faisait un cours de tactique défensive pour le cas où ils seraient attaqués par quelque bande furieuse.

Ce spectacle, dont nous ne perdions rien, puisque des fenêtres de ma chambre nous plongions dans la rue Lacépède, nous procurait des distractions assez gaies.

— Tiens ! nous écriions-nous en apercevant Lagrange et ses escouades, voilà les mouchards. Bonjour, messieurs les mouchards !

Et nous les interpellions sans pitié :

— Eh bien, c'est comme ça que vous marchez contre les Prussiens ? Ce n'est pas étonnant qu'ils soient entrés chez nous quand on voit ces couards battre la semelle dans les rues au lieu d'aller faire le coup de feu !

Lagrange nous montrait le poing, mais sans se risquer à user à notre égard de son pouvoir discrétionnaire. Il sentait évidemment que tout croulait et n'osait pas se signaler par quelque nouvel exploit, qu'en cas de désastre on lui eût fait payer un trop gros prix.

En même temps, des patriotes de gouvernement, qui faisaient également partie du service du même Lagrange, allaient ravager l'imprimerie de notre journal, dont ils brisaient les presses et envahissaient les bureaux. A la suite d'une perquisition où la maison entière fut mise à sac, tout l'argent de la caisse fut emporté avec le reste, si bien qu'après le 4 Septembre je fus obligé de reconstituer les dix mille francs de la souscription Victor Noir, chapardés avec le reste.

Cette pauvre *Marseillaise*, continuellement poursuivie, criblée d'amendes, de frais de toute nature et ruinée par les mauvaises payes, ne nous a d'ailleurs jamais rapporté un sou, et si l'Empire avait duré seulement un an encore je crois que nous serions tous morts de faim.

Arrêté le 9 février 1870, pour une condamnation à six mois de prison, j'avais accompli ma peine le 10 août et je m'attendais à sortir de Sainte-Pélagie, quand le directeur de la prison me fit appeler pour me répéter que je ne sortirais pas, le gouvernement ayant décidé que je serais retenu pour mes autres condamnations.

Je fis, en termes d'une violence rare, observer que

le Corps législatif n'avait autorisé mon arrestation que pour un acte déterminé, qui était mon article relatif à l'assassinat de Victor Noir ; que s'il avait entendu me faire purger mes condamnations antérieures il n'aurait pas attendu celle-là pour permettre mon incarcération ; qu'il y avait donc violation de contrat et séquestration arbitraire.

Le directeur, nommé Terraud, ne sut que répondre, mais il sut me garder. Ainsi, ce honteux Ollivier, non seulement m'avait fait épuiser ma peine jusqu'à la dernière minute, malgré ses promesses d'une amnistie devant suivre immédiatement le vote de la nouvelle loi sur la presse, mais, mon temps achevé, il prolongeait indéfiniment ma détention.

Le motif de cet abus de pouvoir touchait en réalité à la raison d'État. Nous étions battus partout. La révolution grondait dans Paris. Les jeunes recrues de Châlons, à qui on faisait faire l'exercice avec des bâtons, de peur qu'ils ne missent leurs fusils au service de l'insurrection, avaient bousculé leurs chefs et crié : « Vive la République ! » Ma présence dans les rues eût certainement développé l'agitation dans des proportions incalculables. Je fusse, même sans être consulté, même malgré moi, devenu le pivot d'un mouvement irrésistible. Bien que frappé à mort, le régime impérial désirait, comme tous les moribonds, prolonger son agonie. Or ma réapparition n'eût précédé que de bien peu son dernier soupir.

On se rappelle la dépêche mensongère lue solennellement au Corps législatif et annonçant que le régiment des cuirassiers blancs, dont Bismark était colonel, « venait d'être anéanti dans les grottes de Jeumont ». Ces grottes n'existaient pas et conséquemment aucun régiment de cuirassiers blancs ou rouges n'avait pu y être écrasé. Mais l'inepte majorité de la Chambre en était réduite à se repaître d'impostures.

Elle applaudit frénétiquement cette communication dont il eût été si facile d'établir la fausseté en consultant une carte d'état-major, et les concierges des édifices publics se hâtèrent d'allumer des rampes de gaz qu'il fallut éteindre une heure après.

Mais le tremblant Terraud, que nos revers et la culbute finale de l'édifice deux-décembriste menaçaient dans ses fonctions directoriales, accueillit avec une joie délirante cette pseudo-victoire dont il me fit part en m'invitant à m'en réjouir avec lui. Je n'aurais pas demandé mieux si j'avais eu confiance. Malheureusement, je n'avais pas confiance, et, en effet, il se vit obligé de décommander piteusement les lampions dont il méditait d'illuminer ses fenêtres pour la soirée.

Nos défaites ininterrompues n'avaient pas seulement révélé la supériorité numérique des Prussiens, elles avaient mis en un douloureux relief l'impéritie, l'ignorance, disons le mot : le gâtisme de la plupart de nos généraux. Quelques instants avant de se faire outrageusement brosser à Wœrth, Mac-Mahon s'écriait tout joyeux :

« Messieurs les Prussiens, je vous tiens ! »

Pour donner une faible idée de la tactique à laquelle le ramolli Napoléon demandait son salut, je crois utile de publier cette dépêche trouvée aux Tuileries, dans l'inventaire des papiers :

« *L'empereur au ministre de la guerre.*

« Courcelles, le 22 août, 4 heures.

« Reçu votre dépêche. Nous partons demain pour Montmédy. *Pour tromper l'ennemi, faire mettre* dans le journal que nous partons avec cent cinquante mille hommes pour Saint-Dizier. »

A-t-on idée de cette façon d'opérer et quelle ruse de guerre que cette insertion dans un journal de Paris d'une nouvelle destinée à tromper un ennemi qui nous livrait bataille en Lorraine ! Comme si le prince Frédéric-Charles allait puiser dans l'*Officiel* des informations sur les mouvements de notre armée ! Maréchaux, généraux, empereur, tous ces gens-là semblaient fraichement sortis de Sainte-Périne ou des Petits-Ménages.

Et, par-dessus le marché, Mme Eugénie, impératrice et régente, télégraphiait aussi son plan de campagne :

« *L'impératrice à la princesse Mathilde, à Saint-Gratien.*

« 7 août, 12 h. 35.

« J'ai de mauvaises nouvelles de l'empereur. L'armée est en retraite. Je rentre à Paris où je convoque le conseil des ministres.

« EUGÉNIE. »

Puis une autre à son mari où elle déclare que le général de Failly n'ayant pas été à la hauteur de sa tâche, il faut le remplacer par le général de Wimpfen. Et le bon gaga répondait :

« J'accepte Wimpfen à la place de Failly. »

Vous imaginez-vous Joséphine écrivant à Napoléon Ier :

« Je trouve qu'à Austerlitz Bernadotte a été insuffisant. Il faudrait le remplacer par Davout. »

Et Napoléon répondant :

« Puisque ça te fait plaisir, j'ai mis Davout à la place de Bernadotte ? »

Ces chefs de corps cherchant leurs troupes dans leurs garnisons comme des aiguilles dans des bottes de foin, ces mouvements tournants où nous étions toujours tournés, ce désordre inanalysable, si singulier chez un souverain qui répétait constamment : « L'ordre, j'en réponds ! » avaient étalé dans toute sa nudité l'inconsistance de ce château de cartes — de cartes biseautées — qui pendant dix-huit ans s'était intitulé l'Empire.

Une indignation compliquée de dégoût montait aux lèvres et au cerveau de tous. Louis Bonaparte, qui était parti pour l'armée, avait usé de prudence en y restant. S'il avait eu la témérité, qu'il n'eut pas, de rentrer dans Paris, il y aurait été déchiqueté sur place comme en Amérique un nègre qui vient de violer une femme blanche.

Les ministres, dont cette impératrice de féerie présidait si drôlement les conseils, essayaient encore de donner le change sur l'immensité de nos désastres. On continuait à chanter — par ordre — la *Marseillaise* dans les théâtres subventionnés et, à l'Opéra, le vieux Girardin, que j'ai retrouvé dans les papiers impériaux désigné pour la plus prochaine fournée de sénateurs, écoutait debout et la main sur son cœur l'hymne de Rouget de Lisle.

Des bandes de lazzaroni de basse police parcouraient toujours les rues en criant : « A Berlin ! » mais leurs rangs s'éclaircissaient tous les jours et leur paye se faisait plus maigre. Comme en argot de prison, ce « battage » ne prenait plus.

Les cris de : « A Berlin ! » étaient en outre souvent accueillis par ceux de : « Vive la République! » ce qui constituait pour nous une belle compensation. Les guichetiers de Sainte-Pélagie étaient devenus, de polis qu'ils avaient toujours été, obséquieux et rampants. Le directeur n'osait plus se montrer. Tous les secrets étaient levés et toutes les visites permises. Je crois que si nous avions eu l'idée d'établir un gouvernement provisoire dans la prison, personne ne s'y serait opposé.

Suspendu pendant deux mois, à la suite d'un jugement de la sixième chambre qui aurait bien voulu le supprimer tout à fait, notre journal venait de reparaître, mais la déclaration de guerre nous avait placés dans une situation singulièrement difficile. Le drapeau étant engagé, nos protestations eussent été qualifiées d'entente avec l'ennemi. Par contre, notre conscience nous interdisait d'encourager, fût-ce par un semblant d'approbation, une campagne sans cause et sans but, dirigée beaucoup moins contre les ennemis du dehors que contre les républicains du dedans.

Je pris donc une résolution radicale, celle de nous supprimer nous-mêmes. Et, pour qu'on ne m'accuse pas d'antidater mes prédictions, voici la lettre que, le 25 juillet 1870, j'adressai à la rédaction :

« Mes chers collaborateurs,

« Etant donné l'état de dictature militaire sous lequel nous vivons depuis la déclaration de guerre; si, en outre, on songe à la situation faite non seulement aux journaux républicains socialistes, mais encore à leurs rédacteurs, puisque, sans motif aucun, je viens d'être mis de nouveau au secret à Sainte-Pélagie, je crois que la *Marseillaise* ne peut continuer à accepter une lutte où il faudrait, pour échapper à une catastrophe judiciaire, remplacer l'expression de nos convictions par des récits de batailles qui nous répugnent et des nomenclatures de morts et de blessés.

« En conséquence, il me semble que, sous peine de déchoir, nous devons suspendre nous-mêmes la publication du journal qui a tout sacrifié à la cause du peuple.

« Cette suspension ne sera que momentanée. La *Marseillaise* de Rouget de Lisle est aujourd'hui bonapartiste et officielle. Nous reparaîtrons quand elle sera redevenue républicaine et séditieuse.

« N'est-ce pas votre avis?

« Je vous serre les mains à tous.

« HENRI ROCHEFORT. »

Les rédacteurs me répondirent unanimement :

« Oui! Cent fois oui!

« A nous aussi une pareille situation pesait. La *Marseillaise* doit à ceux dont elle représente les revendications de ne pas s'amoindrir.

« Nous n'avons plus le choix, tant que la guerre durera, qu'entre le silence et un demi-acquiescement.

« Mieux vaut le silence, qui nous laisse entiers et implacables.

« Quand vous jugerez l'heure venue, vous nous trouverez serrés autour de vous — comme au premier jour, — avec notre foi et notre dignité intactes.

« A vous de cœur. »

Et au bas de cette adresse les signatures de tous mes collaborateurs.

On ne me reprochera donc pas de m'être illusionné sur la valeur de l'armée impériale non plus que sur les conséquences probables de cette guerre criminelle. Les écrivains bonapartistes l'ont présentée comme extrêmement populaire et presque imposée par la nation. C'est de leur part le comble de la mauvaise foi. Elle fut le résultat d'une intrigue de cour, dont le principal inspirateur était le général Bourbaki, commandant de la garde impériale, et qui, en apprenant que l'affaire Hohenzollern était arrangée, s'était écrié en plein salon des Tuileries, devant l'impératrice :

— C'est dommage ! J'aurais été pourtant bien fier de faire entrer l'empereur à Berlin à la tête de la garde !

L'impératrice, sur ce mot, était allée réveiller son mari déjà couché. Elle le fit lever, rentrer au salon pour y reprendre la délibération, et la guerre, conjurée à minuit, était décidée à deux heures du matin.

Elle fut tout de suite impopulaire, au point qu'il fallut embaucher tous les policiers disponibles afin qu'ils étouffassent sous leurs cris de victoire et leurs chants guerriers les murmures qui s'élevèrent de toutes parts.

Il est important d'établir ainsi, avec preuves à l'appui, que l'Empire n'eut pas même l'entraînement national pour excuse à sa folle et désastreuse résolution. C'est malgré nous et malgré tous les Français doués de quelque bon sens qu'il la prit et qu'il l'exécuta.

Pendant que des bombes de fabrication gouvernementale étaient déposées dans des caves policières et que la Préfecture s'attelait au complot de Blois, la police passait sans y rien voir à côté de conspirateurs d'autant plus dangereux que ceux-là étaient sincères et prêts à tout. Blanqui et ses jeunes amis avaient compris quel énorme intérêt il y avait à brusquer les choses et à culbuter l'Empire afin de créer à Paris une situation révolutionnaire avant que la ville eût été investie par l'ennemi.

Il aurait été alors possible d'acheter des fusils, de fondre des canons et de nous approvisionner dans des conditions telles que nous fussions en état de soutenir un siège presque indéfini autrement qu'au milieu d'une population mourant de faim et exténuée de froid.

Dans l'après-midi du dimanche 14 août, vers quatre heures, un petit bataillon de soixante-dix à quatre-vingts blanquistes envahirent la caserne des pompiers du boulevard de la Villette pour y saisir les fusils remisés au râtelier.

Les insurgés ne purent s'emparer que de quatre fusils après avoir blessé le factionnaire et déchargé leurs revolvers sur les sergents de ville accourus, et dont l'un fut grièvement atteint.

On battit le rappel, les gardes nationaux prirent les armes et, complètement incapables de comprendre les motifs de ce mouvement patriotique, ils aidèrent les agents à arrêter plusieurs des assaillants et à « rétablir l'ordre ».

Un escadron de la garde de Paris arriva sur le lieu du combat et le coup se trouva manqué. Les feuilles ministérielles et même les prétendues feuilles libérales brodèrent immédiatement sur cette échauffourée, sans souci de quintupler le nombre des blessés et d'y ajouter quelques morts. Voici la narration du *Temps* :

Ils ont assailli les hommes de garde à coups de poignards et de revolvers ; le factionnaire a reçu un coup de poignard dans la poitrine. Un autre pompier a été grièvement blessé de trois balles, et quatre fusils du poste ont été enlevés. Les sergents de ville du dix-neuvième arrondissement, accourus aussitôt, ont également essuyé une décharge; l'un d'eux est tombé mort, trois autres ont été grièvement blessés ; les médecins désespèrent de la vie de deux d'entre eux.

Une petite fille de cinq ans a reçu dans le ventre une balle de revolver qui l'a tuée.

Le mensonge destiné à ameuter la population contre les révolutionnaires était flagrant. Un seul pompier et un seul sergent de ville avaient été sérieusement touchés et aucune petite fille de cinq ans n'avait reçu la moindre balle dans le ventre. Le *Temps* avait volontairement confondu avec le petit enfant tué rue Tiquetonne, dans la nuit du 4 décembre 1851, par les soudards du coup d'Etat.

Une cinquantaine d'arrestations ayant été opérées, la magistrature s'occupa d'instruire leur procès, toute déconfite d'avoir laissé s'organiser sous ses yeux une conspiration dont elle n'avait pas aperçu le plus petit fil.

Immédiatement, comme pour l'attentat de la rue Saint-Nicaise, que Bonaparte attribua à des Jacobins et qui était l'œuvre des royalistes, on présenta les agresseurs comme soudoyés par la Prusse. Le *Figaro* et le *Gaulois* ne perdirent pas un instant pour raconter à leurs lecteurs que « l'un des individus arrêtés était porteur d'un passeport anglais, mais parlait le français avec un accent allemand très caractérisé. Un autre — très jeune — était porteur de papiers d'origine badoise ».

Or, tous les conjurés étaient Français, Parisiens, disciples de Blanqui, qui lui-même professait le plus ardent patriotisme. Mais le premier soin des gouvernements a toujours été de déshonorer ses adversaires. J'ai retrouvé plus tard, dans les réquisitoires des procureurs des conseils de guerre versaillais, ces accusations d'accointances prussiennes.

Paris, depuis la déclaration de guerre, étant soumis à l'état de siège, c'est à la juridiction militaire que les auteurs de l'attentat furent déférés. Or, si les officiers, quels que soient les méfaits commis, ne se condamnent jamais entre eux, ils se font une joie d'envoyer au poteau d'exécution tous les civils qu'on leur donne à juger, surtout quand ces pékins sont des partisans déclarés de la République.

CHAPITRE X

DÉLIVRANCE. — VIVE PAPA ! — TROCHU. — LE BARON JÉRÔME DAVID. — UN SCÉNARIO. — ORTHOGRAPHE IMPÉRIALE. — MARSEILLE. — LA RÉPUBLIQUE. — LA PRÉFECTURE DE LA DORDOGNE. — CHEZ Mme MAGNIN. — MAJOR DE REMPART. — TOUS GRANDS-CROIX ! — JULES SIMON. — A SAINT-CLOUD. — LES CADRES DE TROCHU. — MES PROTÉGÉS. — SCHŒLCHER.

Le promoteur de cette attaque subite et si peu prévue était un jeune élève en pharmacie nommé Emile Eudes et dont Blanqui avait fait son lieutenant et son chef d'etat-major. Brave comme une épée, honnête, travailleur et homme de tous les sacrifices.

Arrêté le surlendemain de l'affaire, il comparut le 29 août devant le conseil de guerre, où son attitude intrépide lui concilia toutes les sympathies, excepté, bien entendu, celles des membres du tribunal militaire, trop heureux de faire payer à un Français ennemi de l'Empire les danses que leurs collègues recevaient sur les champs de bataille.

— J'ai vu Eudes, dit le sapeur Henriot, crier : Vive la République! et tenir en joue mon camarade Cailleaux.

Ce qui était grave aux yeux de ces juges bonapartistes, ce n'était pas tant d'avoir tenu en joue un pompier que d'avoir crié : « Vive la République! » Aussi, malgré les dépositions de plusieurs témoins d'opinions modérées, comme M. Balferdun, ancien chef de bureau au ministère des affaires étrangères, ancien député, qui fit de la loyauté et de la générosité naturelle de l'accusé le plus vif éloge, fut-il traité comme un malfaiteur par le commissaire impérial.

Le juge instructeur avait, du reste, nettement transformé Eudes en un agent de la Prusse. Et sait-on sur quelles informations et quels indices ce farceur basait sa conviction? On avait découvert dans la poche de l'accusé, parmi quelque menue monnaie, une pièce d'un franc portant du côté pile un aigle allemand!

Ce franc devint le principal argument de l'acte d'accusation. Les crétins qui l'avaient dressé auraient pu au moins reconnaître que ces vingt sous indiquaient qu'Emile Eudes trahissait son pays à un bon marché incroyable. Toutefois une chose rendait l'ironie encore plus amère : la pièce n'était même pas allemande, elle était autrichienne; mais, dans leur crasse ignorance, que l'ennemi allait nous faire payer si cher, ces sabreurs avaient confondu l'aigle d'Autriche avec l'aigle de Prusse.

Ce quiproquo grotesque n'avait rien de particulièrement surprenant de la part de militaires plus ordinairement occupés à manipuler les cartes à jouer qu'à étudier les cartes de géographie. Ce qui fut plus misérable, et ce dont Gambetta ne se releva jamais complètement dans mon esprit, c'est qu'il feignit de donner dans ce grossier panneau et du haut de la tribune du Corps législatif, laissa tomber, à l'adresse d'Emile Eudes, à ce moment sous le coup d'une condamnation capitale, des paroles sanglantes où il réclamait une sentence impitoyable contre les exécuteurs de ce complot où, disait-il « apparaissait manifestement la main de la Prusse ».

Quand les journaux nous apportèrent, à Sainte-Pélagie, cette invite aux bourreaux, notre indignation fut telle que j'écrivis immédiatement à Gambetta une lettre où elle éclatait tout entière et où je le rendais responsable du sang qui allait couler.

La réponse ne se fit pas attendre, en effet : les deux principaux accusés, Eudes et Brideau, furent condamnés à mort, à la date du 29 août.

Heureusement, par une inspiration géniale, M° Gatineau, avocat d'Eudes, comprit que, du train dont marchaient les événements, l'essentiel était de gagner le plus possible de jours et même d'heures. Il prit en faveur de son client la parole à dix heures du soir et la garda jusqu'à ce qu'il eût vu la pendule accrochée dans la salle du conseil marquer minuit dix minutes.

Il fit alors remarquer aux juges que les condamnés ayant trois jours francs pour se pourvoir en revision, la journée du 30 ne comptait pas, puisqu'il y manquait dix minutes pour qu'elle fût entière. Eudes et Brideau avaient donc jusqu'au 2 à minuit pour signer leur pourvoi. Comme une demi-journée au moins était indispensable pour l'examiner et que l'exécution ne pouvait avoir lieu que le matin, on atteignit ainsi le 4 septembre, c'est-à-dire le jour où le seul condamné qui pouvait être et qui fut en effet exécuté, c'était l'Empire.

Emile Eudes, que j'ai plus tard très intimement connu, mourut à la tribune même d'une réunion publique, de la maladie de cœur dont il souffrait, me laissant la tutelle de ses quatre braves et charmants enfants que j'aime comme s'ils étaient les miens. Il s'était, dès sa toute jeunesse, dévoué à la cause de la Révolution. Le reste ne comptait pas pour lui.

Il m'a communiqué les pensées qui l'avaient agité pendant ses trois jours de condamnation à mort. Le 4 au matin, il se préparait à s'entendre dire comme le duc d'Enghien :

— Faites appel à tout votre courage !

Quand un remue-ménage insolite dans la prison du Cherche-Midi, où il était détenu, lui fit dresser l'oreille. Etait-ce pour lui que tant de crosses de fusil résonnaient dans les couloirs ? Il l'ignorait totalement, car on lui avait tout caché des événements extérieurs.

Cependant la journée passa sans incident, car on aura peine à croire que le gouvernement provisoire n'avait pas songé à faire mettre en liberté les condamnés de l'affaire de la Villette. Arrivé moi-même assez tard à l'Hôtel-de-Ville, après l'envahissement de Sainte-Pélagie, je ne doutais pas qu'ils eussent été délivrés. Le 5 au matin seulement, on vint m'avertir que les prisonniers attendaient encore dans leurs cellules la levée de leur écrou.

Je donnai immédiatement l'ordre de leur ouvrir les portes ; j'adressai aussi au directeur du bagne de Toulon, où il venait d'être expédié, l'avis de mettre dehors le condamné Mégy. Et je fis sagement de régler tout de suite ces questions, car j'appris que mes collègues du gouvernement de la Défense avaient, en mon absence, délibéré sur ce point de savoir s'ils ne devaient pas continuer à considérer les auteurs de l'affaire de la Villette comme des condamnés de droit commun.

Dès le matin de ce jour où, Bonaparte étant prisonnier, nous allions cesser de l'être, la rue dans laquelle notre vue plongeait à travers nos barreaux s'emplit de toutes sortes de rumeurs. L'escouade de nos surveillants du dehors avait été doublée, mais les regards qu'ils lançaient vers nos fenêtres n'avaient plus rien de comminatoire. On les sentait tout prêts à lâcher leur empereur.

Vers midi seulement, un groupe assez nombreux de femmes du peuple s'assemblèrent dans la rue et me crièrent :

— Citoyen Rochefort, vous n'en avez plus pour longtemps à rester ici. Napoléon s'est rendu à Sedan ! L'Empire est par terre !

— Et, demandai-je, a-t-on proclamé la République ?

— Pas encore. L'Assemblée se réunit à deux heures.

— En ce cas, leur criai-je, allez chercher vos hommes et amenez-les ici pour qu'ils nous délivrent.

— C'est cela. Nous y allons, firent-elles.

Puis elles disparurent, mais il faut croire que leurs hommes étaient loin, car c'est seulement à deux heures et demie que nous entendîmes la porte de la prison s'ébranler sous des coups de madrier. Nous nous précipitâmes dans l'escalier, Olivier Pain, les autres détenus et moi, afin d'inviter le directeur à nous donner ses clefs. Il fut introuvable. Seul un des gardiens, petit blond à l'air décidé, se tenait, son trousseau de clefs à la ceinture, dans le couloir menant à la porte.

— Allons, ouvrez ! lui dis-je, vous voyez bien qu'il serait inutile de résister.

Mais, malgré les coups de poutre qui s'accentuaient au dehors, il se refusait à obéir. Alors Olivier Pain qui, je ne sais comment, s'était procuré une canne à épée, en tira la lame triangulaire et pointue et me dit avec un grand sang-froid :

— Faut-il le forcer à nous remettre ses clefs ?

La vue de cette aiguille à tricoter produisit un effet foudroyant sur le guichetier qui se mit à trembler si fort qu'il eut peine à détacher son trousseau du mousqueton où il pendait. Pain fit jouer la serrure, la porte s'ouvrit et une centaine d'amis se précipitèrent dans le couloir, m'enlevant dans leurs bras et me jetant dans une voiture découverte qui passait, et dont le cocher conduisait une dame qu'on pria d'en descendre pour m'y laisser monter.

Elle s'exécuta de bonne grâce, tout en m'adressant cette prière suprême :

— Passez-moi au moins mon parapluie que j'ai oublié dans la capote.

Je lui passai le parapluie et nous nous mîmes en marche sans savoir si nous nous dirigerions vers le Corps législatif ou l'Hôtel-de-Ville. La population grossissait à vue d'œil autour de nous. Bientôt notre escorte devint une armée. J'étais dans la victoria avec Pain, Paschal Grousset qui, sorti quelques semaines auparavant, était venu au-devant de nous, Arthur de Fonvielle, Charles Dacosta, de sorte que la voiture, chargée au delà de toute prévision, n'avançait plus qu'au pas.

En un instant, nous fûmes couverts de fleurs et j'apparus zébré d'écharpes et drapé de rubans rouges comme un mât de cocagne. On nous apprit que la séance de la Chambre venait d'être levée et que les députés de Paris délibéraient à l'Hôtel-de-Ville. Nous y tournâmes notre fiacre et, comme nous allions atteindre le pont, j'aperçus mon fils Octave soulevé dans les bras de notre auxiliaire, qui avait filé avec nous. Mon petit battait des mains de toutes ses forces et accentuait les cris de :

— Vive Rochefort !

par ceux de :

— Vive papa !

Nous avions ramassé tant de monde en route, que nous étions au bas mot cinquante mille quand nous débouchâmes sur la place de l'Hôtel-de-Ville. Les portes du monument étaient fermées, et, après être parvenu, à force de jouer des coudes, à fendre ce flot humain, je me sentis m'aplatir contre une grille dans laquelle chaque poussée m'enfonçait davantage.

Cette situation, qui devenait périlleuse, eut son intermède comique. Le vieil Etienne Arago, qui, ayant toujours aimé à rôder autour des révolutions, avait, en 1830, été je ne sais trop quoi, s'était fait nommer directeur des postes en 1848 et ne demandait qu'à s'improviser quelque chose à ce moment décisif, se promenait sur le trottoir en gesticulant, dans l'espoir sans doute d'attirer l'attention sur lui.

Il m'avait connu tout enfant chez mon père. Aussi, dès qu'il m'aperçut ainsi entouré, il se jeta précipitamment dans mes bras en s'écriant très haut :

— Vive la République ! Mon cher enfant, c'est le maire de Paris qui t'embrasse !

Et, se plaçant à côté de moi, il ne me quitta plus d'une semelle. La grille qui allait céder sous la pression fut enfin ouverte par le portier de l'Hôtel-de-Ville, mais la porte de l'escalier menant aux appartements avait été également verrouillée et, la masse de nos accompagnateurs s'étant engouffrée avec moi dans le corridor, je crus que je n'en sortirais pas.

Je n'en serais probablement pas sorti, en effet, si je ne m'étais résolu à casser un carreau dont on enleva tous les morceaux, ce qui me permit de passer à travers. Mais j'étais presque en lambeaux lorsque les huissiers m'introduisirent dans la salle des délibérations où le Gouvernement provisoire était déjà en séance.

Je ne me rendais qu'imparfaitement compte de ce que j'allais faire là, car sur la place même on venait de me remettre une liste des membres de la Défense nationale et mon nom n'y figurait pas. J'appris seulement, quelques minutes après mon arrivée au milieu d'eux, que les députés de Paris qui s'étaient improvisés et nommés eux-mêmes gouvernement, comme Etienne Arago venait de se nommer maire de Paris, avaient d'abord tenté de m'éliminer, mais dès qu'ils eurent commencé à lancer par les fenêtres des petits papiers contenant leurs noms, une clameur énorme s'était élevée :

— Et Rochefort? Nous voulons Rochefort! Lui aussi est député de Paris!

S'ils avaient seulement fait mine de résister à cette exigence, ils eussent été instantanément culbutés et il eût été possible qu'on me décernât la dictature, ce qui m'eût singulièrement gêné, n'ayant jamais eu l'âme dictatoriale.

Aussi, comprenant que le coup était manqué, mes futurs collègues se résignèrent à compléter leur liste par l'adjonction de mon nom et Jules Favre se consola de cette concession obligatoire par ce mot qui a été souvent reproduit :

— Mieux vaut encore l'avoir dedans que dehors.

J'entrais là dans les dispositions les plus patriotiquement conciliantes. J'avais combattu avec une telle violence le César du coup d'Etat que je tenais, la République étant proclamée, à ne pas paraître voué par nature et tempérament à l'opposition systématique. Je m'étudiais donc à apporter dans les discussions une urbanité et une modération qu'on n'attendait vraisemblablement pas de moi.

Je n'en compris pas moins tout de suite que j'étais tombé moins dans une junte révolutionnaire, prête à tout risquer pour libérer le sol envahi, que dans une conférence d'avocats. Le soir même de notre installation, Trochu, à qui nous avions offert la présidence du gouvernement comme au général chargé de la mission la plus urgente : celle de repousser l'ennemi, nous débita non pas même un discours, mais un sermon où il nous apprit, ce qui nous était bien égal, qu'étant Breton et catholique, il mettait toute sa confiance en Dieu.

La langue me démangeait de lui répondre que les Allemands, qui n'étaient ni catholiques ni Bretons, ne nous en trempaient pas moins des soupes; mais nous étions presque sous le canon de l'ennemi qui s'avançait à marches forcées. Une simple divergence de vues ébruitée dans Paris eût peut-être suffi pour y déchaîner la guerre civile. Je me tus et je restai, au lieu de lui dire :

— Vous êtes un idiot! et de m'en aller. Eus-je tort? Je l'ignore. En tout cas, quoi que j'eusse décidé, l'affaire ne pouvait plus mal finir, puisqu'elle s'est terminée par la capitulation, le démembrement et la ruine.

La patience que je m'étais imposée fut, le jour suivant, mise à une nouvelle et douloureuse épreuve. J'avais reçu le matin une dépêche de Garibaldi proposant au gouvernement de la Défense nationale son concours, son épée et ses deux fils. C'était pour nous un bonheur inespéré. Les hautes facultés militaires du grand libérateur, son nom illustre entre tous, nous apportaient non seulement une aide matérielle considérable, mais un soutien moral dont les conséquences étaient incalculables.

J'arrivai tout joyeux à la séance, ma dépêche à la main. Mais à peine en eus-je donné lecture que Trochu se leva furieux :

— Nous n'avons pas besoin d'étrangers pour nous défendre ! s'exclama-t-il. L'arrivée de Garibaldi ne peut que créer des scissions dans le commandement.

— Mais, fis-je observer, il faut pourtant tenir compte de l'énorme confiance qu'il inspirera aux troupes. C'est un atout capital dans notre jeu.

— Soit, dit alors impétueusement Trochu ; si c'est lui et non pas moi qui inspire confiance, il ne me reste qu'à donner ma démission.

Devant ce parti pris de régner seul, il fallut bien s'incliner. Mais cette sortie exaspérée m'indiqua suffisamment que le catholique et Breton Trochu préférait la défaite qui nous attendait sous sa direction, à la victoire possible avec un homme de la valeur, de la bravoure et de l'initiative de Garibaldi. Le président de la Défense nationale la sacrifiait en réalité à de misérables jalousies de métier.

Sans compter que la haine que professait le héros de l'indépendance italienne pour la papauté entrait pour beaucoup dans le refus de Trochu d'entrer en relations avec ce libre-penseur. Car, de tout temps, les dévots ont mis la religion au-dessus de la patrie.

Le 5 septembre, le gouvernement décida que j'irais examiner les papiers que l'impératrice n'avait pas eu, avant sa fuite, le temps de détruire. Gambetta m'accompagna dans cette visite sommaire. Nous trouvâmes les appartements impériaux tout bouleversés par la hâte d'un départ. Un sac de voyage oublié et rempli de bijoux appartenant à Mme Eugénie gisait sur un petit meuble dont le tiroir contenait une assez forte somme en or, quarante ou cinquante mille francs, je crois.

Le préfet de police fit parvenir le tout à l'ex-souveraine. J'aurais admis la restitution des bijoux, mais la somme en or appartenait d'autant plus évidemment à la nation que la belle Espagnole ne possédait pas un sou vaillant quand elle était entrée dans la couche impériale.

Les dépêches éparses un peu partout accusaient le désarroi dans lequel les locataires du palais avaient vécu pendant les derniers jours de l'agonie du régime. Le mobilier ruisselait d'ailleurs de mauvais goût, satiné et luisant comme dans les cabinets particuliers d'un restaurant fraîchement installé.

Les pendules, candélabres et bibelots d'ameublement portaient cette même empreinte commune et rastaquouère. Je ne découvris pas dans tout l'immeuble un seul objet ancien ou d'une valeur réelle. L'unique curiosité intéressante était un grand portrait de Joséphine assise dans le jardin de la Malmaison. Il était signé Prud'hon, mais n'était pas de la meilleure qualité de ce charmant maître.

J'allai tout de suite à un carton vert placé dans un casier au-dessus du bureau de travail de l'empereur et sur lequel il avait écrit de sa main : *A conserver*. Nous fûmes tous assez surpris en nous apercevant que la première pièce à la conservation de laquelle il tenait si particulièrement était une lettre de Joséphine au secrétaire de Barras et commençant par ces mots :

« Mon cher (j'ai oublié le nom du destinataire).

« Dites à Barras que je ne pourrai pas aller souper ce soir. Bonaparte revient cette nuit. »

C'était signé : « La Pagerie ».

Ainsi non seulement Joséphine reprenait son nom de demoiselle pour écrire à son amant, laissant de côté comme quantité négligeable le nom de son nouveau mari, mais elle mettait dans la confidence de ses amours adultérines la domesticité même du président du Directoire. C'était la prostitution dans toute sa nudité.

Aussi nous demandâmes-nous quelle espèce d'intérêt Louis Bonaparte avait pu avoir à garder avec tant de soin les preuves irréfutables du déshonneur de sa grand'mère. Et il ne prenait même pas la peine de les dissimuler. Le carton n'était fermé par aucune clef et les valets de chambre du château auraient eu toutes facilités pour s'en repaître.

Sous cette correspondance compromettante étaient classées diverses notes d'allocations à des hommes politiques quémandeurs. J'ai retenu celle-ci :

« Trente mille francs pour le renouvellement du mobilier de M. Jérôme David. »

Jérôme David était un des mamelucks impériaux les plus déterminés, vice-président du Corps législatif qu'il présida quelquefois en l'absence de Schneider. Il affectait un ton cassant que je le priai un jour de modifier à mon égard. Il se donnait en outre comme dévoué à l'empereur jusqu'à la mort et surtout jusqu'au renouvellement de son mobilier.

En échange de ces cadeaux qui se renouvelaient souvent aussi, au point d'atteindre des sommes ruineuses, le baron Jérôme David avait accepté la honteuse mission de surveiller ses collègues dont il notait les faits, gestes et conversations, qu'il transmettait ensuite à M. Conti. Cette action policière a d'ailleurs été exercée de tout temps dans les Assemblées par des députés sans scrupules. J'en connais plusieurs, et notamment un devenu plus tard ministre, qui touchaient pour faire ce métier les uns cinq cents, les autres mille francs par mois.

Il n'y a aucun doute que la Chambre actuelle comme le Sénat n'en contiennent plusieurs sur lesquels s'épanche la manne mystérieuse de la Préfecture. La lettre du baron Jérôme David est, en tout cas, extrêmement probante:

« Paris, 21 novembre 1869.

« Mon cher Conti,

« Voici la liste des députés qui ont paru à la salle des conférences pendant ces derniers temps:

« Sénéca, député de la Somme; Rolle, député de la Côte-d'Or; Keller, député du Haut-Rhin; Calmètes, député des Pyrénées-Orientales; Boduin, député du Nord; général d'Hautheville, député de l'Ardèche; Ferdinand David, député des Deux-Sèvres; Dollfus, député des Deux-Sèvres, *et cœtera.* »

Le rapport confidentiel signalait ainsi trente et un membres du Corps législatif et se terminait par cette fanfare:

« Je vous remercie de la lettre obligeante que vous avez bien voulu m'écrire de la part de l'empereur. Il n'est pas un seul de mes actes qui ne soit inspiré par la pensée de servir *utilement* Sa Majesté que j'aime de tout mon cœur.

« Recevez, etc.

« Baron Jérôme David. »

Puis ce *post-scriptum* corroborant l'adjectif « utilement » :

« Les députés ne reviendront à Paris que vers la fin de la semaine ; il est fort possible que, parmi ceux qui ont paru à la salle des conférences, il y en ait qui se soient absentés de nouveau.

« Bon J. D. »

Nous exhumâmes également un plan de roman écrit de la main même de l'empereur. C'était bête à faire pleurer. Voici la chose. Je copie textuellement :

« M. Benoît, honnête épicier de la rue de la Lune, était parti en 1847 pour l'Amérique. Après avoir voyagé dans les contrées qui s'étendent depuis l'Hudson jusqu'au Mississipi, il revint en France en avril 1868, ayant passé près de dix-neuf ans hors de son pays. Il avait recueilli les lointains échos de tout ce qui s'était passé en France depuis 1848, sans se rendre bien compte des changements survenus.

« Quelques réfugiés français lui avaient dit que la France gémissait sous le despotisme et qu'il allait revoir bien avilie et bien appauvrie la patrie qu'il avait quittée si florissante du temps de Louis-Philippe.

Notre ami Benoît arrive donc à Brest dans le paquebot transatlantique. Il arrive dans la rade, plein de préjugés, de regrets et d'appréhensions :

« — Quels sont donc ces vaisseaux tout noirs, si laids en comparaison des beaux vaisseaux à voile que j'avais laissés ? demande-t-il au premier marin qu'il rencontre.

« — Mais ce sont des vaisseaux cuirassés, l'invention de l'empereur. Revêtus de fer, ils sont à l'abri du boulet, et cette transformation a détruit jusqu'à un certain point la suprématie de l'Angleterre sur la mer. — C'est possible, mais je regrette nos vieux bâtiments avec leurs mâts et leurs voiles poétiques.

« Il voit, vers la mairie, la foule se porter aux élections. Etonnement du suffrage universel.

« Etonnement des chemins de fer qui sillonnent la France ; du télégraphe électrique.

« Arrivée à Paris. Embellissement. L'octroi porté aux fortifications.

« Il veut acheter des objets qui sont meilleur marché, grâce au traité de commerce. Le fer moitié moins cher, etc., etc.

« Il croit qu'il y a beaucoup d'écrivains en prison. Erreur.

« Point d'émeutes. Point de détenus politiques. Point d'exilés.

« Point de détentions préventives.

« Accélération des procès.

« La marque supprimée.

« La mort civile supprimée.

« La caisse pour la vieillesse.

« Les aziles (sic) de Vincennes.

« Les coalitions; police de roulage détruite; réglementations abolies; service militaire allégé; solde augmentée; médaille instituée; retraite augmentée. Réserve augmentant la force de l'armée. Fonds pour les prêtres infirmes. Contrainte par corps.

« Courtiers : un marchand qui envoyait un commis vendre ou acheter des marchandises était arrêté.

« Les conseils généraux. »

Là s'arrêtait cet échantillon du crétinisme impérial. C'était pour des élucubrations de cet ordre que la nation servait à l'élucubrateur vingt-cinq millions par an. Peut-on rien rêver de plus étourdissant que cet ahuri s'imaginant, en 1868, qu'un homme retour d'Amérique ne connaît ni les chemins de fer, ni les cuirassés, — invention de l'empereur !

C'est incroyable. Et cette remarque : « Pas d'écrivains en prison ! » quand je venais d'encaisser, pour ma part, cinq ou six années de détention et plus de cent mille francs d'amende !

Point d'émeutes, alors que toute la police n'était occupée qu'à les réprimer ! Et pas de détentions préventives, quand la femme Doize en subissait une tellement prolongée qu'elle finissait par s'avouer coupable de l'assassinat de son enfant dont elle n'était jamais accouchée.

Mais à la fin de son règne ce pauvre idiot semblait s'être hypnotisé lui-même. Il passait sa vie à se contempler dans son œuvre et en se voyant dans une glace il n'était pas loin de crier : « Vive l'empereur !... »

Ce plan de roman accusait tous les signes d'un ramollissement cérébral qui explique le dénouement de ce règne de Cirque-Olympique, depuis la déclaration de guerre jusqu'à Sedan.

Mais si Louis Bonaparte savait l'orthographe juste assez pour écrire *asile* par un *z*, son épouse nous a laissé de bien plus étranges spécimens d'écriture. D'une lettre composée par elle sur le Nil, à bord de l'*Impératrice*, à la date du 27 octobre 1869, j'extrais ces outrages à la grammaire :

« Amuse-toi. Je crois indispensable la distraction. Il faut se refaire un moral comme on se refait une constitution affaiblie, et une idée constante finie (*sic*) par user le cerveau le mieux organisé. J'en ai fait l'expérience, et de tout ce qui, dans ma vie, a terni les belles couleurs de mes illusions, je ne veux plus en entretenir le souvenir; ma vie est finie, mais je revis dans mon fils, et je crois que ce sont les vraies joies, celles qui traverseront son cœur pour venir au mien.

« En attendant je joui (*sic*) de mon voyage, des couchés (*resic*) du soleil, de cette nature sauvage cultivée sur les rives dans une largeur de cinquante mettres (*reresic*) et derrière le désert avec ses dunes et le tout éclairé par un soleil ardent.

« Au revoir, et crois à l'amitié de ta toute dévouée,

« EUGÉNIE. »

On voit que la littérature de la femme valait celle du mari. Cette nature sauvage, quoique cultivée, ne laisse pas d'indiquer chez l'impériale voyageuse de rares qualités descriptives. Toutefois, comme complément du style et de l'orthographe, il y avait l'écriture avec des pleins et des déliés dont eussent rougi les filles de Mme Manchaballe.

En quittant les Tuileries, j'aperçus, le long de la grille qui défend le palais du côté du Carrousel, Victorien Sardou, en garde national, qui me cria :

— Eh bien, nous la tenons, enfin, cette République !

Je ne pus m'empêcher de songer que le très spirituel auteur dramatique n'avait pas fait de trop gros efforts pour mettre la main dessus et que ce n'était pas dans les salons de Compiègne qu'il avait jamais eu de grandes chances de la rencontrer.

Raoul Rigault, qui s'était décrété lui-même chef du cabinet de Kératry, nommé préfet de police, m'apporta mon dossier, c'est-à-dire l'ensemble des rapports fabriqués par les policiers chargés de ma surveillance qu'ils se faisaient payer très cher, bien qu'ils missent à l'exercer une incomparable fantaisie.

Ce paquet de prétendus documents était volumineux au point que deux hommes suffisaient à peine à le soulever. Je m'amusai à le feuilleter pendant quelques heures; eh bien, je déclare n'y avoir pas relevé un renseignement, une information ou un récit qui ne fût un inepte et grossier mensonge.

Les agents des brigades des recherches, qui me font surtout l'effet de rechercher des estaminets pour y boire des bocks et y jouer aux dominos, ne s'étaient même pas donné la peine de questionner mes concierges. Il était de toute certitude qu'après avoir baguenaudé toute la journée, ils se mettaient le soir sur le coin d'une table de café à confectionner à mon sujet un roman aussi bête et aussi invraisemblable que celui dont Napoléon III avait oublié le plan dans les cartons des Tuileries

Et ce qu'on ne saurait trop admirer, c'est l'importance que leurs chefs semblaient accorder à ces bourdes. Je lus ceci, notamment, sur un papier daté de Bruxelles :

« Victor Hugo, Rochefort et Delescluze marchent sur Paris à la tête de cent mille hommes. »

Et encore ceci :

« Henri Rochefort et Charles Hugo sont ramassés tous les soirs ivres-morts dans les rues de Bruxelles. »

J'avais, paraît-il, loué dans Paris et aussi dans la banlieue de nombreux logements dont on indiquait les rues avec leurs numéros. Dans les uns, je faisais mes farces. Dans les autres, je conspirais. Il suffisait à un secrétaire du préfet de police de se rendre aux adresses signalées et d'y vérifier ainsi la véracité de ses limiers. Mais jamais, sans doute, personne à la Préfecture n'entreprit cette facile constatation, et une main inconnue se bornait à écrire au crayon rouge, en travers de ces fumisteries : *Informer M. Marseille*, ou : *M. Marseille a-t-il été averti ?*

Ce Marseille remplissait les fonctions de commissaire aux délégations judiciaires, dans lesquelles lui a succédé, sous la République, l'ancien agent de la police impériale Clément. Quoique ce tissu d'impostures m'eût surtout fait rire, j'envoyai chercher ledit Marseille, qui arriva tout inquiet, car ces êtres-là, ne sachant jamais si les gouvernements qu'ils servent ont des chances de durée, vivent et meurent dans la crainte de la révocation.

— Comment, lui dis-je, avez-vous pu accorder une minute d'attention à des niaiseries de ce calibre ? Si Victor Hugo, moi et Delescluze, qui d'ailleurs n'était pas à Bruxelles, avions voulu marcher sur Paris à la tête de cent mille hommes, nous aurions eu quelque peine à les nourrir en route, au cas où nous serions allés à pied, et si nous leur avions fait prendre le chemin de fer, nous en étions, à vingt-cinq francs par homme, pour deux millions cinq cent mille francs. Ces considérations auraient dû cependant vous ouvrir les yeux.

— Vous savez, monsieur, murmura-t-il, les individus que nous employons ne sont pas toujours très intelligents, ni très instruits...

— Il ne s'agit ici ni d'instruction ni d'intelligence, interrompis-je, mais de probité professionnelle. Des gens qui se font payer sur l'argent des contribuables pour forger ces histoires à dormir debout sont de simples malfaiteurs qui volent leurs appointements. Quant à vous, qui faisiez semblant d'accorder une créance quelconque à de pareils témoignages, vous êtes leur complice. Ce soir même, vous serez destitué.

Et je ne le destituai pas. Je crois même qu'il continua à servir le gouvernement républicain avec autant de zèle et d'habileté qu'il avait servi l'autre, et je ne serais pas surpris de retrouver un jour dans la suite de mon dossier que, pour m'évader de Nouméa, j'avais recruté cent autres mille hommes à la tête desquels je marchais de nouveau sur Paris.

A peine le gouvernement provisoire fut-il constitué que les compétitions commencèrent en vue de l'attribution des portefeuilles. Gambetta tenait à prendre l'intérieur et me demanda en aparté de vouloir bien voter pour lui quand ce ministère viendrait en discussion. C'était lui et moi qui, le soir même du 4 Septembre, avions nommé les nouveaux préfets, et puisqu'il les connaissait, il était trop juste qu'il les commandât. Cette révolution préfectorale avait même amené quelques quiproquos aussi gais que possible au milieu d'événements aussi tristes.

Par exemple, j'avais choisi pour le département de la Dordogne mon ami de jeunesse et de quartier Latin, le docteur Guilbert, qui s'était marié à Périgueux où il s'était installé, très respecté de tous et très aimé des pauvres qu'il soignait gratuitement.

Comme il importait d'éviter tout retour offensif de la bande impériale, dès le soir du 4 Septembre j'avais adressé à Guilbert une dépêche ainsi conçue :

« Vous êtes nommé préfet de la Dordogne. Amitiés.

« HENRI ROCHEFORT. »

Le préfet en exercice, nommé Ladreit de la Charrière, s'il m'en souvient, avait bien reçu notification de la proclamation de la République, et s'attendait à sa mise en disponibilité par retrait d'emploi. Toutefois il avait gardé dans sa poche le douloureux télégramme, résolu à ne le faire afficher que quand il n'y aurait plus à y revenir.

Mon ami Guilbert n'était donc au courant de rien, et, comme il me savait à Sainte-Pélagie depuis tantôt sept mois, sa femme et lui se demandèrent si la prison ne m'avait pas tapé sur le cerveau au point de me faire divaguer.

Cette opinion s'ancra d'autant plus dans son esprit qu'il était médecin aliéniste et que, dans cette branche de la science, on voit volontiers des aliénés partout.

Après quelques hésitations, il prit le parti d'aller trouver M. Ladreit de la Charrière pour l'interroger discrètement sur les nouvelles qui lui étaient sans doute parvenues.

Le préfet répondit vaguement, laissant entendre que la situation était en effet très grave, mais que les dernières informations étaient quelque peu contradictoires.

Alors Guilbert, n'y tenant plus, lui montra ma dépêche dont il le priait de lui expliquer le sens.

Le malheureux dégommé se vit alors forcé d'avouer que la République venait d'être proclamée à Paris ; qu'un gouvernement avait été institué et que j'en faisais partie.

— En ce cas, fit Guilbert qui ne l'aimait pas, car on aime rarement son préfet, surtout quand il est bonapartiste et qu'on est républicain, veuillez me permettre d'obéir au gouvernement, c'est-à-dire de prendre immédiatement possession de la préfecture.

Et il s'y installa, enchanté à la fois d'être préfet de son département et de constater que j'avais encore ma raison.

Gambetta eut l'intérieur et Ernest Picard prit les finances, qu'il repassa plus tard à Magnin, ancien député de la Côte-d'Or sous l'Empire et aujourd'hui gouverneur de la Banque de France. Moi, je ne pris rien.

On décida que les membres du gouvernement s'adjugeraient des traitements de ministres, c'est-à-dire cinq mille francs par mois. Je fis des efforts pour ramener nos émoluments à deux mille, puis trois mille, puis quatre mille francs. Aucun de mes chiffres ne fut accepté.

Mes collègues n'avaient aucune animosité contre moi, mais ma personnalité les gênait. Ils étaient physiquement beaucoup moins connus des foules qui, lorsqu'ils sortaient avec moi, me reconnaissaient toujours et me réservaient toutes les ovations. Toutes les délégations qui se succédaient à l'Hôtel-de-Ville me demandaient de préférence aux autres, et si j'allais visiter les forts, les soldats se débandaient pour se précipiter au-devant de moi.

Je n'ai aucune intention de prétendre que ma popularité eût excité la jalousie des membres du gouvernement. Il est néanmoins toujours embarrassant de voir toutes les mains se tendre vers un homme duquel on s'estime au moins l'égal, tandis que le public ne se préoccupe même pas de mettre un nom sur votre figure.

Qu'on le veuille ou non, entrer dans la politique, c'est monter sur les planches, et, au théâtre, l'acteur applaudi est aussi l'acteur envié.

Un peu avant qu'on ne se vît contraint de se mettre à la viande de cheval, j'étais invité à dîner chez Mme Magnin, à qui j'avais eu l'honneur d'être présenté. J'arrive à sept heures. Il faisait déjà nuit et, comme j'étais assis le dos tourné à la fenêtre, je vois entrer dans le salon une dame déjà d'un certain âge, de mise et d'allures un peu provinciales, à qui Mme Magnin me présente. C'était Mme Hippolyte Carnot, femme de mon ex-concurrent à la députation dans la première circonscription de Paris et mère de Sadi Carnot qui fut, un peu grâce à Clémenceau et à moi, élu président de la République et que l'Italien Caserio assassina.

Mme Hippolyte Carnot n'entendit pas mon nom et se mit tout de suite à me prendre à témoin de l'injustice du corps électoral qui, en préférant M. Rochefort à son mari, avait brisé la carrière politique de celui-ci, lequel eût été, à l'heure où elle parlait, membre du gouvernement de la Défense nationale. Et elle répétait avec une amertume croissante :

— M. Rochefort, un pamphlétaire ! Le voilà le

maître, et mon mari n'est rien! Que pensez-vous de cette iniquité, monsieur?

Mme Magnin, très gênée, essaya de détourner ce courant de récriminations, mais je lui fis signe de me garder mon incognito et je répondis à Mme Carnot:

— Que voulez-vous, madame? Ce qui caractérise le peuple, c'est l'ingratitude.

Et elle répétait:

— Mais qu'a-t-il donc fait, ce Rochefort, qu'a-t-il donc fait?

— Rien, disais-je. A peine quelques plaisanteries de mauvais goût sur les personnages des Tuileries.

Un quart d'heure durant, elle déblatéra d'autant plus librement contre moi que je l'encourageais par mon approbation. Puis elle partit et je crois qu'elle ne sut jamais quel était l'inconnu qui lui avait si complaisamment donné la réplique dans le salon de Mme Magnin.

Dans nos séances gouvernementales, nous étions un peu comme le jardinier qui, au lieu d'arroser, attend la pluie, ayant remarqué qu'elle finissait toujours par venir. Nous attendions les Prussiens et ne faisions rien pour les empêcher d'arriver. Trochu nous affirmait que Paris était « presque » imprenable, et c'était ce « presque » qui m'inquiétait.

En revanche, dès que l'ennemi fut sous nos murs, il nous déclara que tenter de se défendre était une « héroïque folie ». Aussi nos journées se passaient-elles en appositions de signatures au bas de décrets inutiles, quelquefois enfantins. Flourens, qui jouissait à Belleville d'une situation considérable et tenait dans sa main plusieurs milliers d'hommes déterminés, postulait, quoique simple chef de bataillon, pour le titre de colonel avec le droit d'en arborer les sept galons. Il y mettait un entêtement marqué et Trochu, malgré mes instances, hésitait à lui accorder ce grade qui allait donner à Flourens une autorité sur laquelle il eût été difficile d'exercer un contrôle.

Cependant il lui eût été pénible, il était même dangereux de le désobliger et nous trouvâmes ce joint : ressusciter une fonction militaire usitée autrefois dans les villes assiégées, celle de *major de rempart*, pour laquelle les sept galons étaient autorisés. La nomination parut à l'*Officiel* et Flourens fut enchanté.

Mais le comique de cette nomination s'accentua : le nouveau major de rempart se présenta un matin chez moi, et comme nous étions tous, sauf le général Trochu, en uniforme de chefs de bataillon, quoique nous n'en eussions aucun sous nos ordres. Flourens me dit d'un ton pénétré :

— Mon cher, il est impossible que vous ne portiez que quatre galons quand moi j'en ai sept. Je vous en prie, faites-en ajouter trois à vos manches.

J'étais encore couché, car il était à peine jour, mais jamais le dicton : « Il n'y a pas d'heures pour les braves », ne fut plus applicable qu'à Flourens qui, ne dormant guère, venait sonner à ma porte au milieu de la nuit, pour me faire part de l'incident le plus insignifiant.

Alors, sournoisement, voyant que je partais pour un nouveau somme, il me subtilisa ma tunique, la porta chez un tailleur pour gardes nationaux et pour majors de rempart et lui fit ajouter trois galons à chacun de mes bras. Quand je me levai, ma tunique était de nouveau à sa place et je l'endossai sans prendre garde à la haute fortune à laquelle j'étais arrivé pendant mon sommeil.

C'est seulement à l'Hôtel-de-Ville, où je m'étais rendu en hâte, qu'Eugène Pelletan, mon collègue, me fit remarquer ma brusque élévation dans la hiérarchie militaire et que je reconnus la main de Flourens dans ce rapide avancement.

Nous discutâmes aussi sur la Légion d'honneur dont Garnier-Pagès avait proposé la veille, à déjeuner, de nous nommer tous grands-croix. Si je n'avais pas presque sauté sur la table à cette proposition, pan! ça y était, ce qui, quelques mois plus tard, eût obligé le gouvernement de Versailles à composer de maréchaux de France le conseil de guerre qui devait me juger.

Ils m'eussent d'ailleurs, en souvenir de Napoléon III qui leur avait donné leurs bâtons, condamné à mort, sans aucun doute, à l'unanimité. Mon peu d'amour pour la quincaillerie m'a donc probablement préservé du peloton d'exécution.

Je fus avec ce pauvre vieux Garnier-Pagès d'une dureté extrême. « Le moment est trop douloureux pour que nous nous déguisions en chienlits », dis-je grossièrement.

Devant une opposition aussi accentuée, le projet tomba dans l'eau, mais on voit par quels minces débats nous préludions aux horreurs du siège et aux tristesses de la capitulation.

Je m'étais armé de patience. J'étais, je le jure ici, prêt à tout sacrifier, même ma popularité qui reçut en effet pas mal d'éclaboussures, pour éviter que la guerre des rues n'éclatât dans Paris sous le canon de la Prusse. Mais vraiment Trochu mettait parfois ma résignation à de trop rudes épreuves. Il nous laissait parler, nous renseignant à peine et par monosyllabes sur la marche de l'ennemi, et semblait, pendant tout le temps que duraient nos conseils, concentrer son esprit sur quelque pensée obsédante.

Cette pensée, c'était la recherche du discours qu'il allait nous servir au moment où, les ordres du jour étant épuisés et nous aussi, nous nous disposions à gagner nos lits. Il se levait alors sur ses petites jambes, surmontées d'un crâne disproportionné qui lui donnait l'air de danser dans le ballet des grosses têtes des *Sept Châteaux du Diable*, et partait pour une harangue philosophico-politique qui tournait insensiblement au prêche et ne se serait jamais terminée si nous n'avions pris le parti de filer à l'anglaise les uns après les autres, comme dans le *Monde où l'on s'ennuie*.

Il n'y avait pas besoin de gratter beaucoup le soldat pour trouver le moine. Il abusait avec une cruauté coupable de sa facilité d'élocution qui lui permettait, pendant des heures, la plus insupportable incontinence de paroles. Dans les premiers jours ou plutôt les premiers soirs, car c'était généralement vers minuit que son accès le prenait, nous y mettions quelque complaisance ; mais quoi! à toutes les séances, ce bavardage qui recommençait pour se continuer sans merci, c'était à dormir debout, tout en nous empêchant de dormir couchés.

Tous les autres, Jules Simon qui, je dois le dire, me témoignait à peu près seul quelque sympathie et plus tard contribua certainement à me soustraire à la fusillade, Jules Favre, Gambetta, Arago, parlaient quand ils avaient quelque chose à dire. Trochu, lui, attendait qu'aucune question ne fût plus sur le tapis pour nous dégoiser ses palabres. Comme général en chef il était très endormi, mais comme orateur, il était surtout endormant.

Jules Favre, qui présidait en l'absence de Trochu, résumait les débats dans un langage étudié, se surveillant toujours comme s'il avait peur de s'abandonner à des écarts de parole. Il n'avait aucune bonhomie et cherchait dans ses moindres observations la phrase à effet. C'était tout à fait l'homme qui devait quelques semaines plus tard lancer dans l'entrevue de Ferrières cet ultimatum retentissant : « Pas un pouce de notre territoire. Pas une pierre de nos forteresses », et qui, à la signature de la paix de Bordeaux, abandonnait toutes les forteresses et tous les territoires exigés par l'Allemagne.

Les fanfaronnades de Jules Favre étaient sœurs de celles de Ducrot qui devait revenir « mort ou victorieux » et qui rentrait dans Paris vaincu, mais vivant.

Le matin du 12 septembre, le préfet de police Kératry nous demanda qu'on annonçât à la population que l'ennemi était en vue. Les palais de Saint-Cloud et de Meudon ainsi menacés, il était important d'en sauver le plus grand nombre possible d'objets précieux. Je fus délégué à ce sauvetage et je partis pour Saint-Cloud avec mon petit Octave que j'avais emmené pour lui faire prendre l'air dans les jardins et dans le parc réservé.

L'ex-château impérial jouissait de son reste, car, à quelques jours de là, il n'existait plus. L'impératrice, à qui notre argent ne coûtait guère, venait d'en faire renouveler le mobilier qui n'était pas encore complet, de sorte que chaises et fauteuils dansaient au hasard dans les salons, comme si les Prussiens y avaient déjà passé.

Nous fûmes reçus, mon garçon et moi, par l'ex-régisseur du palais qui se mit à mon entière disposition et fit promener Octave sur un petit chemin de fer construit tout exprès dans le parc pour le prince impérial. Mon fils était tout fier de se pavaner ainsi dans les voitures de l'héritier d'un trône qui, à ce moment, il est vrai, ne valait pas grand'chose. Il me disait, plein de désinvolture :

— Hein ? Si le petit prince savait que le fils de Rochefort se promène comme ça dans son wagon, c'est lui qui serait furieux !

Le régisseur, dont je n'ai pas retenu le nom, avait vu et fréquenté Napoléon III et Mme son épouse dans le laisser-aller de la campagne et souvent accompagné l'empereur dans ses excursions. Je dois à la vérité de déclarer qu'il avait gardé de lui un très bon souvenir. Il l'avait trouvé d'une extrême bienveillance envers tout le monde, n'ayant jamais l'air de donner un ordre et se montrant on ne peut plus facile à vivre.

La sollicitude envers les inférieurs et l'humeur égale dans la vie intime n'impliquent évidemment pas un grand sacrifice de la part d'un souverain qui, pour faire le bien, n'a qu'à puiser dans la caisse des autres. Mais je ne reproduis là que les impressions d'un employé qui, pourtant, m'a paru sincère, car il avait de l'ex-impératrice une opinion beaucoup moins favorable.

Elle lui avait toujours semblé acariâtre, exigeante, autocrate et même mal embouchée. Un jour, me raconta-t-il, elle revenait du concert et avait pris place avec l'empereur dans une sorte de nacelle en osier, embryon d'ascenseur qui devait les enlever jusqu'à leurs appartements.

Sur un des côtés de la cage s'ouvrait une petite porte par où on y entrait. Or, en la refermant, le régisseur eut la maladresse, on ne peut plus pardonnable, de prendre dans l'interstice un pan de la jupe de l'impératrice, dont la crinoline s'évasait comme les paniers d'autrefois.

Bien qu'il n'y eût pas là de quoi fouetter un chat, la dame s'emporta contre le malheureux régisseur en injures d'une incroyable grossièreté, lui reprochant de lui avoir perdu une robe « qu'elle portait pour la première fois », reproche qui n'avait aucun sens puisqu'elle en mettait tous les jours une neuve.

Ce fut au point que l'empereur, interloqué, lui disait tout bas :

— Tais-toi donc ! tais-toi donc !

Je n'invente rien et, si l'ancien régisseur du palais lit jamais ces lignes, il confirmera certainement ce récit.

Je cherchai ce qui, au point de vue artistique, méritait d'être préservé des boulets et je ne trouvai guère que deux statues d'une valeur relative : la *Sapho* de Pradier et l'original de la *Nuit*, de Pollet, dont on a rencontré à nombre de devantures la reproduction en stéarine.

Je fis devant moi charger ces deux marbres sur des camions qui les transportèrent à Paris où on leur a fait une place soit au Louvre, soit au Luxembourg.

Au château de Meudon, donné comme habitation au prince Napoléon, je ne vis que deux grands paysages avec figures peintes, par Hubert-Robert, et que je donnai l'ordre de décrocher pour les emballer à destination de Paris. Puis, comme le jour tombait, je repartis et je n'ai jamais su ce qu'étaient devenus ces deux Hubert-Robert.

Ce pouvoir dictatorial que nous nous étions octroyé paraissait à plusieurs d'entre nous aussi lourd qu'illégal. Le seul moyen de le légitimer dans une certaine mesure était d'y associer des représentants de la ville de Paris librement choisis par la population. Malgré des objections émanant principalement de Jules Favre, qui craignait une résurrection de l'ancienne commune de Pache et de Chaumette, les élections municipales furent fixées définitivement au 2 octobre.

Tout le monde comptait sur l'exécution de cette promesse. Le 2 octobre arriva et les élections municipales ne se firent pas, sous prétexte que, la lutte étant engagée, toute agitation intérieure devenait dangereuse en présence de l'ennemi.

C'était accumuler inutilement sur nos têtes toutes les responsabilités. En réalité, les opposants à la convocation des électeurs étaient ceux qui, comme Trochu et Jules Favre, tenaient à exercer la puissance suprême sans la partager avec personne.

Si l'engagement pris avait été strictement et loyalement respecté, la révolution du 18 Mars n'avait plus de raison d'être ; les horreurs et les massacres du second siège nous eussent été évités ; la vie de trente-cinq mille républicains parisiens eût été épargnée, près de vingt mille autres n'eussent pas été distribués dans les maisons centrales de France, les bagnes ou les silos de la Nouvelle-Calédonie, et il ne se serait pas creusé entre les diverses classes de la société un fossé de sang et de haine d'où sont sortis, quelques années plus tard, tant d'attentats et de révoltes.

N'oublions pas que les premiers anarchistes s'intitulaient eux-mêmes *les fils des fusillés* et que le père d'Emile Henry était un condamné des conseils de guerre versaillais.

L'ajournement des élections jusqu'à la fin du siège

créait donc un péril qui ne fit que grossir et amena finalement l'insurrection du 31 octobre, prélude de l'autre. Je m'exténuai en observations auxquelles, je dois le dire, s'associa Jules Ferry. Nous proposâmes même un vote préalable, sorte de *referendum* par « oui » ou par « non » par lequel les Parisiens se prononceraient sur l'opportunité des élections. Tous nos efforts échouèrent devant ce besoin d'autocratie sans contrôle qui possède la plupart des hommes politiques.

Ils passent leur vie à combattre l'absolutisme et ils ne pensent qu'à l'exercer dès que l'occasion s'en présente.

On avait d'abord résolu d'envoyer le vieux Crémieux en province et de lui adjoindre quelques anciens députés au Corps législatif retournés dans leurs départements. Puis, pressentant que l'Hôtel-de-Ville allait devenir la cour du roi Pétaud, Gambetta demanda à aller organiser la défense en dehors de Paris, laissant Trochu se débrouiller avec la garde nationale qui voulait marcher à l'ennemi et dont le général en chef se défiait, prétendant que la nomination des officiers par voie d'élection « désorganiserait les cadres ».

Car, au moment où tout était sens dessus dessous et où nous nagions en pleine situation révolutionnaire, Trochu s'inquiétait énormément de ne pas désorganiser les cadres. Je devinai dans cette opposition à l'utilisation des forces populaires l'antipathie instinctive du soldat pour le civil. Je crois que si cette même garde nationale était parvenue à délivrer Paris, l'armée de Sedan ne le lui aurait jamais pardonné.

J'ai eu à ce sujet, en Nouvelle-Calédonie, les confidences on ne peut plus topiques d'un pauvre garçon dont le rôle pendant la Commune s'était borné à monter quelques gardes devant la Banque de France. Au conseil de guerre où il avait été traîné, aucune déposition ne s'était produite contre lui et il s'attendait à être acquitté, lorsque le président s'aperçut qu'il lui manquait deux doigts à la main gauche.

— Comment avez-vous perdu vos deux doigts ? lui demanda-t-il ; sur une barricade ?

— Non, répondit l'accusé ; j'ai été blessé au plateau d'Avron par une balle prussienne.

— Ah ! ricana le colonel, vous étiez encore de ceux qui s'imaginaient que les Parisiens pouvaient sauver la France ! C'est à mourir de rire.

Et immédiatement il le condamna à la déportation perpétuelle dans une enceinte fortifiée où je l'ai retrouvé.

Le matin du 7 octobre, j'assistai au départ de Gambetta en ballon. Il y monta dans une pelisse aussi chaude que possible, le froid, qui devait être si atroce pendant cet inoubliable hiver, commençant à pincer dur. Il ignorait d'ailleurs à quelle hauteur on s'élèverait, car il fallait se tenir à une certaine distance de terre, afin d'éviter les balles ou les obus.

Il emportait des instructions qu'il ne suivit guère, en quoi il eut parfaitement raison, la résistance qu'il allait essayer d'organiser devant être soumise à quantité d'aléas impossibles à prévoir.

Quelques-uns de mes collègues, peut-être pour se débarrasser de moi, me demandèrent si je ne désirerais pas l'accompagner ; mais je leur fis observer que j'étais surtout l'élu de Paris et que, dans l'intérêt de tout le monde et même du gouvernement dont je faisais partie, il me paraissait important que je n'abandonnasse pas la ville.

Ils se rangèrent à mon avis et firent bien, car je ne crains pas d'avancer qu'au 31 octobre, lors du premier envahissement de l'Hôtel-de-Ville par des groupes qui réclamaient les élections municipales, ma présence au milieu des membres de la Défense, qu'on commençait à appeler : « la défection nationale », les protégea contre des violences qu'ils auraient eu, sans moi, quelque peine à éviter.

En effet, les patriotes en arrivaient à trépigner d'impatience. De temps en temps, pour amuser le tapis, Trochu ordonnait une sortie qui se terminait par une retraite en bon ordre et par la mort de deux ou trois mille malheureux dont on regardait tristement passer les cadavres.

Puis on recommençait à échanger des vues sur des enfantillages, Trochu se plaignant des empiètements de Flourens qui avait décidément mis de côté son titre de major de rempart pour adopter celui de colonel ; Jules Favre réclamant contre le général Cluseret des poursuites que j'eus grand'peine à empêcher et l'arrestation de Vésinier qui fut, malgré mes observations, votée par le conseil.

Vésinier, révolutionnaire difficile à vivre, avait, dans une réunion publique, proposé l'invasion des magasins de M. Godillot qu'il accusait d'avoir fourni à nos soldats des souliers dans la semelle desquels il entrait moins de veau que de carton. Cette protestation avait été considérée comme une excitation au pillage ; mais, bien que j'eusse moi-même quelques raisons de me plaindre de Vésinier, je m'opposai énergiquement à toute mesure brutale qui ne pouvait qu'échauffer les esprits déjà irrités et défiants.

On rejeta mes observations et Jules Favre écrivit au procureur général Leblond pour lui enjoindre de faire procéder sans délai à l'arrestation du dangereux clubiste, puis il fit remettre la lettre à M. Cambon qui lui servait de secrétaire et qui, si ce n'est son frère, occupe aujourd'hui les hautes fonctions de gouverneur général de l'Algérie.

M. Cambon n'était pas dans la pièce qui lui était réservée à côté de la chambre du conseil, et la lettre fut déposée sur son bureau. Je sortis un instant comme pour aller répondre à une délégation qui me demandait et, en passant, je me saisis de la lettre que je mis dans ma poche.

Huit jours se passèrent sans qu'il fût question de l'incarcération de Vésinier qui continuait à fréquenter librement les meetings. Très surpris de cette non-exécution de leurs ordres, mes collègues et moi-même convoquâmes le procureur général qui, minutieusement interrogé, se défendit d'avoir reçu une lettre relative à Vésinier.

M. Cambon affirma n'avoir été chargé d'en transmettre aucune et on finit par deviner, ou à peu près, que je l'avais subtilisée. Mais il devenait impossible d'évoquer de nouveau un délit sur lequel toute une semaine avait passé, et Vésinier reprit le cours de ses occupations politiques.

Nous nous étions adjoint Dorian, ancien député de l'opposition et grand propriétaire d'aciéries, qui s'offrit pour la fabrication de canons dont nous manquions et la transformation en chassepots des fusils à tabatière. On lui confia tout de suite le ministère des travaux publics et il mit au service de la défense de Paris une telle activité et un si admirable dévouement qu'il acquit en quelques jours toute la popularité que Trochu était en train de perdre.

Je fus moi-même nommé président d'une commission dite des « barricades » et instituée pour construire des blockhaus susceptibles d'arrêter la marche des Prussiens au cas où ils essaieraient de pénétrer dans Paris. Les différents membres de la commission, dont Schœlcher, ancien proscrit de Décembre, et ami de Victor Hugo, fut élu vice-président, avaient chacun son secteur à mettre en état de défense. Je m'adjugeai le Point-du-Jour, où je fis placer des sacs à terre et creuser des trous d'où sortaient des piquets pointus infranchissables pour les chevaux.

Hélas! la capitulation, qui devenait de plus en plus inévitable, allait rendre toutes ces précautions on ne peut plus inutiles, l'ennemi, une fois maître de la capitale, se réservant de choisir la porte par laquelle il entrerait.

Ces vagues fonctions me procurèrent du moins la faculté de soustraire quelques-uns de mes amis aux cruautés du siège en les réquisitionnant comme officiers d'ordonnance, car j'avais le grade de général, lequel cadrait si peu avec mon horreur instinctive du militarisme.

J'arrachai ainsi aux factions par les nuits glacées Olivier Pain, Paschal Grousset, Charles Dacosta et aussi Ernest Blum, qui fut un des secrétaires de la commission.

Cependant, même dans les situations désespérées, les compétitions trouvent moyen de se faire jour. Schœlcher, qui était mon ancien, qui avait lutté contre le coup d'Etat et, en 1848, en qualité de secrétaire général du ministère de la marine, avait contresigné et fait signifier aux gouverneurs coloniaux le décret d'émancipation des nègres, paraissait énormément souffrir de la subordination apparente, car elle n'était en rien effective, que ma présidence lui imposait.

En vain je ne cessais de lui témoigner toute la

déférence que lui méritait une carrière toute d'honneur et de droiture, il rejetait toutes les pilules que je me donnais la peine de lui dorer. Les regards qu'il me lançait étaient même si particulièrement ombrageux que je me résignai un jour à lui expliquer qu'un membre du gouvernement ne pouvait guère accepter le rôle d'inférieur vis-à-vis d'un simple chef de légion, mais que ma présidence dans cette commission, d'ailleurs illusoire, appartenait au titre, non au personnage.

Il eut l'air de se rendre à ma démonstration, mais il ne s'y rendit pas. Sa vie concentrée et presque solitaire de vieux garçon l'avait du reste ancré dans des habitudes d'une originalité côtoyant la manie. Avec ses redingotes serrées à la taille, boutonnées jusqu'au menton et des étroites manches desquelles sortaient des poignets de chemise en dentelle tuyautée, il n'appartenait à aucune classification sociale. Il avait en outre toutes les exigences de l'égoïsme au point de ne pouvoir supporter la présence des enfants, même chez Victor Hugo, où ils étaient les maîtres de la maison, si bien que Jeanne, toute petite, me disait un jour :

— Il est sévère, M. Schœlcher ; comprends-tu que, quand il est là, il ne veut pas que nous dînions à table ?

Quant à moi, je lui inspirais une inquiétude qu'il ne cherchait même pas à dissimuler. L'exemple que je vais en citer est quasiment fantastique.

C'était après la Commune. Je venais d'être condamné à la déportation perpétuelle et j'attendais mon embarquement pour la Nouvelle-Calédonie dans les casemates du fort Boyard, espèce de mastodonte en pierre édifié sur une roche entre l'île d'Aix et l'île de Ré.

J'avais, entre autres, pour codétenus une dizaine de noirs et de Caraïbes de la Martinique condamnés pour l'insurrection qui y avait éclaté en 1870 à la suite des persécutions et des mauvais traitements que les blancs infligeaient aux indigènes. Car ce qui se passe à cet égard en Algérie se pratique dans toutes nos autres colonies.

Ces malheureux Martiniquois, qui gelaient chez nous et finirent par y succomber les uns après les autres, étaient venus me supplier d'écrire à mon ancien collègue de l'Assemblée de Bordeaux et de la commission des barricades, qui était leur député, et qu'ils appelaient, dans leur langage volontiers hyperbolique, « le roi des Mers ».

Ils me demandaient d'intercéder pour eux auprès de cet homme puissant afin qu'il sollicitât leur grâce ou au moins une commutation de leur terrible peine. Je m'empressai d'adresser à Schœlcher une lettre très chaude en leur faveur, à laquelle j'en avais joint une autre signée d'un des condamnés les plus instruits, nommé Fédelas, qui narrait leur odyssée et plaidait non coupable.

Au bout de quelques jours arriva non pour moi, mais pour Fédelas, la réponse de Schœlcher qui contenait des promesses peu accentuées d'intervention et qui se terminait par ce *post-scriptum* que j'ai lu de mes yeux sans oser les en croire :

« Désormais, adressez-vous directement à moi au lieu de prendre M. Rochefort comme intermédiaire. J'ai, en effet, quelque sujet de supposer qu'il a jeté ses vues sur mon siège de la Martinique et que son intention, aux élections prochaines, est de se présenter à ma place. »

Or j'étais atteint pour le restant de mes jours d'une

peine qui allait m'envoyer à six mille cinq cents lieues de France, chez des anthropophages, pour y mourir de chaleur, d'anémie, de manque de nourriture ou de chagrin, dénouement auquel seule une évasion heureuse mais improbable devait me soustraire.

S'imaginer que j'affectais de m'intéresser ainsi à mes noirs compagnons de captivité afin de lui enlever un jour son siège de député de la Martinique, c'était de la part de Schœlcher pousser presque jusqu'aux extrêmes limites de la folie le délire de la persécution électorale. Après l'amnistie de 1880, étant rentré en France, je rencontrai un soir chez Victor Hugo ce même Schœlcher qui me battit très froid, comme ayant l'air de me dire :

— Oui, tu aurais bien voulu me couper mon mandat sous le pied, mais j'ai su déjouer toutes tes intrigues.

Moi qui n'ai jamais réussi à rester plus de deux mois dans une Assemblée délibérante sans démissionner, me voit-on briguant les suffrages des habitants de la Martinique et risquant dix-huit jours de mer pour aller rendre compte de mon mandat à mes électeurs ?

CHAPITRE XI

L'arrestation de Flourens. — La Légion d'honneur. — Irresponsabilité bizarre. — L'Hôtel-de-ville envahi. — A Belleville. — Clément Thomas. — Le dictateur de Tours et les dictateurs de Paris. — Les Prussiens dans la banlieue. — Une lettre de Cham. — Le grec Flourens. — Le siège.

De temps à autre, pour remettre un peu de cœur au ventre de la population qui n'avait plus de pain à y introduire, Trochu faisait annoncer un succès qui durait juste le temps de tourner en défaite. Ainsi nous avions repris le Bourget sur les Prussiens et j'avais été invité à aller y déjeuner. Je m'y rendais sans défiance, au trot d'un magnifique cheval que son propriétaire avait placé sous ma protection pour le sauver de l'abattoir et de la boucherie, quand, à mon arrivée, je fus assailli par des feux de peloton qui m'indiquèrent que la marmite était renversée.

C'était l'ennemi qui avait rerepris le soir le terrain que nous lui avions repris le matin. Un jeune mobile reçut à côté de moi une balle dans la main droite et comme il essayait de marcher en soutenant de la main gauche son bras blessé, je le fis monter dans ma voiture et le conduisis à l'ambulance du Conservatoire, tenue par des comédiennes de nos principaux théâtres qui me parurent heureuses de jouer le rôle de sœurs de charité.

Au bout d'un mois, ce jeune soldat que j'avais ramassé tout pâle, tout défait et souillé de boue avec les cheveux dans les yeux, sortit guéri et vint me remercier du secours qu'il me devait. Je fus on ne peut plus surpris de voir entrer un garçon très élégant et distingué, s'exprimant en termes choisis et ne ressemblant en rien au malheureux éclopé recueilli sur la route quatre semaines auparavant.

Cette transfiguration infirma pour moi une fois de plus ces jugements anticipés et téméraires que le public aime à porter sur les accusés auxquels il trouve invariablement des têtes de scélérats et dont la mauvaise mine est presque toujours le résultat de leur manque de soins, de nourriture, de linge, de savon et de barbier. Le même homme qu'on ne voudrait pas rencontrer au coin d'un bois, on le trouverait, s'il était débarbouillé, charmant dans un salon.

A l'instar du prévôt Flesselles qui, le jour de la prise de la Bastille, se vantait d'amuser les Parisiens par des discours et des promesses, le général Trochu, qui essayait de les calmer par des ordres du jour, menaçait de très mal finir. On le blaguait dans les réunions publiques, lui et son plan qu'il annonçait grotesquement avoir déposé chez un notaire dont il donnait le nom sans toutefois communiquer le plan que, pour ma part, je n'ai jamais connu.

Et, par-dessus ces fanfaronnades, planait la fameuse « sortie torrentielle » qu'il annonçait toujours pour un lendemain qui n'arrivait jamais. Alors, comme tout dictateur dont l'épiderme est sensible et dont le pouvoir est sans contrôle, il n'eut pas la force morale de supporter ces plaisanteries qui n'étaient malheureusement que trop justifiées. Le préfet de police Kératry ayant proposé de gouverner à la hussarde en faisant fermer les clubs et arrêter Flourens, Blanqui et Millière, Trochu appuya ces exécutions, sans même se demander si elles étaient praticables.

— Essayez donc d'arrêter Flourens et Blanqui, dis-je, vous verrez ce qui se passera demain dans Paris !

Malgré mon avis, l'arrestation de Flourens fut décrétée à l'unanimité sauf une voix, la mienne naturellement. Contre l'arrestation de Blanqui, nous nous trouvâmes deux, Emmanuel Arago et moi.

Seulement ce que j'avais prédit se réalisa à la lettre : personne ne se chargea de déchaîner la guerre civile en mettant la main sur les deux inculpés qui continuèrent contre Trochu et le gouvernement leurs attaques à fond de train.

Le lendemain, Trochu reprocha amèrement à Kératry d'avoir proposé l'arrestation d'opposants quand les moyens matériels de s'assurer de leurs personnes manquaient complètement.

Kératry répondit qu'un préfet de police n'est pas de force à aller mettre lui-même la main au collet des inculpés et que ses agents s'étaient tous refusés à monter sur les hauteurs de Belleville où Flourens, qui y commandait, n'aurait fait d'eux qu'une bouchée. Il avait songé à s'emparer par ruse du célèbre agitateur en le faisant appeler, sous un prétexte quelconque, par le général Tamisier, à ce moment commandant de la garde nationale.

Je lui fis observer que c'eût été là une trahison et un coup de Jarnac auxquels je ne m'associerais jamais, pas plus du reste qu'à aucune de ces dangereuses mesures de rigueur qu'on est obligé d'abandonner aussitôt après les avoir prises et qui ne servent qu'à démontrer la faiblesse réelle d'un gouvernement.

Kératry, froissé des récriminations de Trochu, donna séance tenante sa démission de préfet de police et quitta la salle en nous prédisant le plus triste avenir, ce qui d'ailleurs n'était pas difficile à pronostiquer.

Je ne sais plus lequel d'entre nous proposa de lui donner comme successeur Edmond Adam, que je ne connaissais pas alors, non plus que Mme Edmond Adam, et avec qui je me liai depuis d'une étroite amitié doublée d'une vive reconnaissance.

A cette époque, c'est-à-dire vers le 12 octobre, la question des subsistances devenait déjà fort troublante. On en était à tuer trois cents chevaux par jour et, pour donner l'exemple, nous nous nourrissions, à l'Hôtel-de-Ville, presque exclusivement aux boucheries hippophagiques. Quoique, devant ma répugnance, on me servît les meilleurs morceaux, et notamment du filet de la bête, mon estomac se soulevait à la seule vue d'une de ces grillades et j'aimais encore mieux manger mon pain tout sec — tant qu'on eut du pain.

On discuta un projet de suppression de la croix de la Légion d'honneur. Nous étions tous d'avis que ce morceau d'étoffe rouge, qu'on utilise à la fois à récompenser les hauts faits et à pêcher les grenouilles, jurait absolument avec les institutions républicaines. Mais nous reconnaissions aussi que cette tache sur la boutonnière avait encore pour beaucoup de gens un prestige considérable. Enlever à l'armée cette récompense c'était décourager beaucoup de soldats et d'officiers qui cependant avaient pour se rattraper l'espoir de l'avancement.

Les mobiles engagés pour la durée de la guerre

n'avaient rien, eux, que la perspective de quelque éclat d'obus. Leur retirer, par la suppression de la croix, le seul souvenir qui pût leur rester de ce siège trop mémorable, eût été un peu cruel. Nous nous décidâmes donc à maintenir au moins momentanément cette distinction honorifique, avec cette restriction que, afin d'en éviter l'abus, les motifs qui l'avaient fait accorder seraient mentionnés à l'*Officiel*.

Nous la proclamions en outre exceptionnelle en stipulant qu'elle ne serait donnée que pendant le siège.

Elle fut donnée beaucoup pendant, et après le siège encore davantage. Elle resta aussi courue que jamais, à ce point que des personnages haut placés en ouvrirent boutique et que la croix d'honneur fut renforcée par les palmes académiques, la rosette d'officier de l'Instruction publique et le ruban du Mérite agricole, sans préjudice des nouveaux ordres à créer pour célébrer d'autres mérites.

Sous prétexte de fausses ou, plus exactement, de mauvaises nouvelles, Ernest Picard demandait la suppression pure et simple de tous les journaux, qu'on ne lui accorda pas, bien entendu, et qui eût été le plus sûr moyen d'exaspérer l'inquiétude générale.

On le voit, tirés à hue et à dia, nous flottions constamment entre l'énergie à outrance et l'extrême faiblesse. Nous nous sentions condamnés à ce piétinement sur place qui eût été certainement conjuré par l'activité et l'intelligence stratégique dont était doué Garibaldi. Mais Trochu, par haine cléricale autant que par jalousie de métier, avait refusé ce puissant secours et il se voyait obligé de soutenir seul le poids de la situation militaire. Aussi se contentait-il de se confier à la Providence, ce qui est la ressource des incapables et des paresseux.

La conviction à laquelle j'étais arrivé peu à peu que cette soi-disant organisation de la défense de Paris n'était qu'une mise en scène, une tragi-comédie dont le dénouement était une capitulation d'autant plus inévitable qu'on ne cherchait même pas à l'éviter, achevait de me rendre insupportable mon séjour à l'Hôtel-de-Ville. Une démarche aussi maladroite que ridicule allait porter au comble le découragement qui m'envahissait.

Jules Favre étant resté deux jours sans paraître à nos séances, je demandai, sans malice aucune, la cause de cette absence.

— Il est un peu malade, me répondit Ernest Picard.

Le lendemain, il siégea au conseil, et j'appris alors qu'il revenait de Ferrières où il avait eu avec Bismarck une entrevue dont le secret avait été gardé pour moi seul. Mes collègues avaient pensé que je la désapprouverais en termes énergiques, et ils avaient trouvé loyal et surtout commode de me la cacher.

De sorte que j'étais, comme membre du gouvernement, responsable d'un acte que je ne connaissais pas et qui ne m'en engageait pas moins vis-à-vis du pays. Je ne voulus pas faire d'esclandre, pour épargner à ceux qui m'avaient ainsi trahi un châtiment populaire qu'il n'eût tenu qu'à moi de rendre terrible; mais dès ce moment l'idée de sortir d'un milieu aussi compromettant s'imposa irrésistiblement à mon esprit.

Je m'en ouvris à Victor Hugo qui me dit textuellement :

— Vous avez raison. Ne restez pas plus longtemps avec ces gens-là, qui trompent tout le monde, vous compris.

La population n'avait plus, en effet, de confiance qu'en Dorian, dont la loyauté et le patriotisme l'avaient conquise. Trochu, lui, rejetait sur nous son impuissance et s'aigrissait à vue d'œil, nous reprochant d'avoir fait « plus de politique que de défense ». A quoi nous lui répondions que la défense le regardait exclusivement et que, si elle n'avançait pas, il n'avait à s'en prendre qu'à lui-même.

Déjà à ce moment, c'est-à-dire vers le 26 octobre, nous avions reçu de la Délégation de Tours des avis inquiétants sur les dispositions du maréchal Bazaine. Il s'agissait d'un plan de restauration bonapartiste pour lequel des négociations étaient déjà entamées entre l'impératrice réfugiée à Londres, Bazaine qui commandait à Metz et le prince Frédéric-Charles qui assiégeait la ville.

On a ignoré longtemps et beaucoup ignorent encore que Bourbaki, lequel feignit plus tard un suicide expiateur, fut l'agent principal de Bazaine et l'intermédiaire entre l'Espagnole de Chislehurst et le maréchal. Avec la complicité du prince prussien, Bourbaki sortit de Metz costumé en infirmier, et eut ensuite toutes facilités pour nouer, à l'aide d'affidés, la conspiration qui devait ramener Louis Bonaparte aux Tuileries.

La capitulation de Metz, qui immobilisait l'armée de secours destinée à couvrir Paris, fut donc un acte exclusivement politique et qui, d'ailleurs, ne pouvait être autre chose, Bazaine n'ayant aucun intérêt à se rendre, si ce n'est pour assurer la réussite d'un projet longtemps prémédité en vue de l'anéantissement immédiat de la République.

Il fallait que ces professionnels du militarisme fussent réellement fous pour supposer que Napoléon III, déjà si fortement battu en brèche avant la guerre, allait ainsi remonter sur le trône après la défaite, en compagnie de madame son épouse à laquelle tous nos désastres étaient imputables.

Mais c'est le propre des Ramollot de caserne de s'imaginer qu'il est toujours possible de substituer un sabre à l'opinion publique et que le dernier mot est aux baïonnettes. Si le conseil de guerre devant lequel Bazaine comparut pour la forme avait eu conscience de son devoir, il aurait fait asseoir à côté du traître son complice Bourbaki dont la trahison n'était pas inférieure à la sienne.

Ces rumeurs vagues de négociations avec l'ennemi nous arrivaient sans que nous eussions les moyens de les contrôler, quand une révélation que me fit Trochu, sur le coup d'une heure du matin, à l'issue du conseil, précipita les événements.

— Je suis inquiet, me dit-il. Je crois savoir que le général Boyer, aide de camp de Bazaine, est sorti de Metz pour aller conférer avec le commandant de l'armée allemande. Ce ne peut être que pour la reddition de la place.

Cette confidence me glaça. L'armée de Metz prisonnière de guerre, c'était Paris devenu indéfendable. Cependant il était possible que la démarche du général Boyer eût un autre objet que la capitulation, et je descendais dans un grand trouble l'escalier de l'Hôtel-de-Ville quand je rencontrai Flourens qui montait me chercher.

Je lui fis part des craintes que Trochu m'avait communiquées et, facile à emballer comme il l'était, le doute, dans son esprit, tourna bien vite en certitude. En me quittant, il alla trouver Félix Pyat au journal *le Combat* et le mit au courant de notre conversation.

Pyat, sans plus discuter que Flourens, décora son journal d'une bande avec ces mots :

REDDITION DE METZ

ajoutant, ce qui était absolument inexact, que le gouvernement avait reçu la nouvelle de la capitulation, mais s'était, selon son habitude, empressé de la cacher à la population de Paris.

A vrai dire, c'est seulement le lendemain du jour où parut l'article du *Combat* que la capitulation fut signée entre Bazaine et le prince Frédéric-Charles. Les craintes que Trochu m'avait exprimées s'étaient réalisées, mais il était excessif de lui reprocher de n'avoir pas annoncé un fait de guerre la veille du jour où il s'était produit.

Les explications les plus plausibles échouèrent du reste devant l'exaspération publique et ce fut précisément de ce dont il était le moins coupable que le gouvernement fut le plus durement accusé.

Le 29 octobre au soir, j'avais rédigé chez Victor Hugo même ma lettre de démission de membre de la Défense nationale, et Ernest Blum s'était chargé de la remettre à mes ex-collègues. Je n'y formulais pas les motifs de ma retraite, comprenant qu'ils les devineraient suffisamment.

Je supposais que l'*Officiel* du lendemain 30 reproduirait ma lettre et je me disposais à expliquer au public pourquoi ma loyauté m'interdisait de siéger dans les conseils d'un gouvernement qui, après avoir formellement promis les élections municipales pour le 2 octobre, les ajournait indéfiniment.

Mais, redoutant sans doute quelque émotion provoquée par mon départ, on le tint secret sans en faire aucune mention à l'*Officiel*, et c'était pour exiger qu'on y insérât ma résolution que, le 31 octobre, je me trouvai fortuitement, vers dix heures du matin, à l'Hôtel-de-Ville, au moment où des groupes très surexcités commencèrent à l'envahir en réclamant à la fois les élections municipales et un récit sincère de la reddition de Metz.

Mon droit eût été incontestablement de tirer ma révérence aux membres du conseil, qui, quelques jours auparavant, m'avaient menti effrontément à propos de l'entrevue de Jules Favre à Ferrières. Mais, par un reste de générosité que je ne leur devais certainement pas, je me décidai, les voyant si interloqués, à aller au-devant des envahisseurs.

Trochu, le plus décontenancé de tous, arpentait le fond de la salle des séances, et s'il était doué, comme je le crois, du courage militaire, paraissait manquer totalement du courage civil.

Avant de me présenter pour recevoir le premier choc, j'exigeai qu'on m'autorisât formellement à promettre au nom du gouvernement les élections municipales, qui auraient lieu dans les huit jours. Personne n'y fit opposition. Il était donc bien convenu que j'allais engager là ma parole et celle de tous mes anciens collègues.

Schœlcher était au milieu de nous. Quoique fort grincheux, il était très brave et, dès qu'il prévoyait un danger, il se portait au-devant. Il m'offrit donc de m'accompagner pour attester ce que j'allais dire et au besoin pour me protéger.

En pénétrant dans les salons précédant la chambre du conseil, je me vis tout de suite entouré d'une foule considérable, suivie d'une autre qui ne l'était pas moins. Afin de me faire entendre par le plus possible d'assistants, je me hissai sur une table et, au milieu d'interruptions dont quelques-unes n'étaient pas toujours flatteuses ni amicales, je m'acquittai de la mission dont j'étais chargé.

Mais les élections municipales n'étaient qu'une des causes du mouvement, moins politique en somme que patriotique. A diverses reprises, mes paroles étaient couvertes par les cris de : « A bas Bazaine! » et aussi : « A bas Trochu! » que, dans sa défiance contre les généraux, le peuple mêlait à la capitulation de Metz, bien qu'il n'y fût pour rien.

Tout à coup, un des envahisseurs, montant sur une chaise, m'empoigna vigoureusement par le milieu du corps et m'emporta en me disant :

— Citoyen Rochefort, j'apprends qu'on se bat à Belleville. Vous seul pouvez empêcher de grands malheurs. Il faut que vous vous rendiez tout de suite là-bas pour vous entendre avec le citoyen Flourens.

Et il m'entraîna de force, me faisant, avec une dizaine de ses amis, escorte jusqu'à une voiture où je me précipitai dans une mortelle inquiétude.

Je sillonnai Belleville d'un bout à l'autre. J'appris que Flourens venait de s'y montrer à la tête de ses bataillons, — car il en avait plusieurs, mais je n'y relevai pas trace d'émeutes ni de barricades.

J'ai même supposé et je suppose encore que des amis inconnus avaient inventé ce dérivatif pour m'obliger à sortir de l'Hôtel-de-Ville dont ils prévoyaient pour l'après-midi l'investissement total. Quand je redescendis des hauteurs bellevilloises, en effet, le gouvernement était cerné et il m'était devenu impossible de pénétrer jusqu'à lui.

Je n'y reparus jamais, étant d'ailleurs démissionnaire de l'avant-veille et n'ayant pas la moindre envie de reprendre ce fardeau du pouvoir que tant de gens aiment à porter tout en le déclarant trop lourd. Quant à moi, devant la mollesse gouvernementale et la comédie de défense où les actes étaient toujours les mêmes, je ne trouvais ce fardeau ni léger ni lourd ; je le trouvais inutile et je m'en débarrassais.

Mes ex-collègues, qui persistèrent à ne pas publier ma démission, avaient par ma bouche promis les élections municipales et par celle de Trochu l'abandon de tout projet de poursuites contre Flourens, Blanqui, Millière, vainqueurs d'une soirée et avec lesquels un accord était intervenu.

Or, les élections furent encore ajournées et le lendemain même Edmond Adam reçut des ordres d'arrestation qu'il se refusa on ne peut plus énergiquement à exécuter.

— Vous avez signé un contrat, il ne vous est pas permis de laisser protester votre signature, dit-il. En ce qui me concerne, je ne m'associerai sous aucun prétexte à cette violation des engagements. Je donne ma démission de préfet de police.

Mais les basochiens du gouvernement ne voulurent pas en démordre. Ils lancèrent des tas de mandats d'amener qui restèrent inexécutés, étant inexécutables, puis, dans la conscience de leur impopularité désormais irrémédiable, ils remirent les élections municipales à des calendes indéterminées, sous prétexte qu'ils se verraient, à peine de déchéance, forcés de s'y présenter et qu'ils ne seraient probablement pas élus.

Et, malgré cet aveu de désaffection générale, ils se cramponnaient plus obstinément à un pouvoir qu'ils avaient usurpé et qu'il ne leur était à la rigueur permis de conserver qu'à la condition d'être en parfaite et amicale communion avec Paris.

Edmond Adam avait, dans sa loyauté républicaine, dit en déposant sa démission sur la table du conseil :

— Du moment où la réaction l'emporte, je m'en vais.

Le général Tamisier le suivit dans sa retraite et Jules Simon voulait absolument partir avec eux. C'est sur les instances réitérées de ses collègues effrayés de leur isolement qu'il consentit à rester.

Moi, je ne revis plus aucun d'eux et, tout en restant président de la commission des barricades, je m'engageai comme simple soldat d'artillerie, bien que je n'eusse absolument rien d'un canonnier.

Deux ou trois fois je me rendis, pour y faire l'exercice, au square Notre-Dame, où parquait mon régiment dont justement Schœlcher était colonel. Et il n'en était que plus douloureusement affecté de voir qu'une fois mon service militaire terminé, d'inférieur que je lui étais comme trainglot, je lui redevenais instantanément supérieur comme occupant la présidence d'un comité dont il n'était que vice-président.

En outre, tous mes camarades d'écouvillon se faisaient un plaisir de me mâcher ma besogne. A ce point que ma présence jetait dans les manœuvres un trouble profond, tous les artilleurs abandonnant leurs pièces pour venir à la mienne.

Alors Schœlcher navré se décida à me prier de me

considérer comme hors cadre et de ne me présenter désormais qu'en visiteur au terre-plein de Notre-Dame. J'acceptai ce rôle de canonnier amateur et je m'abstins désormais de toute démonstration militaire.

Le général Tamisier eut pour successeur Clément Thomas que la fusillade attendait à cinq mois de là. Immédiatement il prit vis-à-vis de la population parisienne une attitude agressive et même brutale qui fut pour beaucoup dans l'espèce de lynchage où il périt. J'eus un jour affaire à lui pour lui conduire une députation de gardes nationaux à qui il ne manquait pour se battre que des fusils. Il fut à peine poli, même avec moi devant qui on n'avait guère l'habitude d'affecter ce ton dégagé.

Il était de haute taille, de forte corpulence, avec des cheveux rouges en train de blanchir. Très brave et très solide au feu, il avait, sous Louis-Philippe, soulevé, pendant les affaires d'avril, la garnison de Lunéville, ce qui lui valut, je crois, une première condamnation à mort qui ne fut pas exécutée. Il fut moins heureux avec la seconde.

En somme, son abord était antipathique et il dut certainement en grande partie son mauvais sort à la répulsion qu'il inspirait. J'appris même plus tard, par un des communards qui avaient assisté à son exécution, que, sans ses bravades et ses défis, lui et le général Lecomte auraient certainement eu la vie sauve.

La réaction triomphait, comme l'avait prédit Edmond Adam. Trochu, le frère prêcheur, en était arrivé à placer dans une proclamation restée célèbre, la ville de Paris sous la protection de sainte Geneviève, comme plus tard les égorgeurs cléricaux vouèrent la France au Sacré-Cœur de Jésus. Le pauvre général avait déjà envoyé clandestinement son affiche à l'Imprimerie nationale, lorsque, le brouillon en étant tombé sous les yeux de Jules Favre, celui-ci envoya immédiatement son garçon de bureau arrêter le tirage, déclarant à Trochu que, s'il livrait cette insanité au public, le gouvernement tout entier donnerait bruyamment sa démission.

Alavoine, un de mes camarades de proscription, et qui fut maître imprimeur à Genève, était alors typographe à l'Imprimerie nationale. Il put soustraire à la destruction un exemplaire de la proclamation Trochu et il m'en a fait cadeau en exil. Je la communiquai après l'amnistie de 1880 au comte d'Hérisson, qui l'a insérée dans son *Journal d'un officier d'ordonnance*. Mais je suis sûr que Trochu fut désolé qu'on eût ainsi privé le pays de ce morceau d'éloquence sacrée.

A côté de la cacophonie politique au milieu de laquelle des arrestations étaient ordonnées contre les principaux auteurs du mouvement du 31 octobre, puis suspendues, puis réordonnées, puis désavouées de nouveau, un fait grave, au courant duquel le public n'a jamais été mis, eût suffi à paralyser la défense, si l'incapacité du commandant en chef ne l'eût déjà fatalement condamnée et réduite à rien.

Des conflits éclatèrent entre la délégation de province, à la tête de laquelle était Gambetta, et les dictateurs de l'Hôtel-de-Ville. Ils ne pardonnaient pas au dictateur de Tours de s'affranchir de leur tutelle au point de leur adresser — par pigeons — des dépêches presque menaçantes. Trochu, spécialement, était indigné qu'un pékin se permît d'apprécier avec ce sans-gêne ses talents militaires.

Gambetta réorganisait les postes et télégraphes, réorganisait l'Algérie ou plus exactement la désorganisait et la ruinait à jamais avec ce monstrueux décret de Crémieux qui, en octroyant la naturalisation française aux juifs indigènes, mettait entre leurs mains toute la fortune du pays.

Gambetta, israélite d'origine, a toujours témoigné ses sympathies aux anciens coreligionnaires de sa famille et avait conservé d'assez étroites relations avec le vieux Crémieux qu'il avait fréquenté tout jeune. On sait d'ailleurs que, lorsqu'il devint le chef occulte de la République, il s'entoura spécialement d'Hébreux comme les Reinach, les Raynal, et tout cet état-major qui a formé le parti opportuniste, lequel a d'ailleurs existé de tout temps et n'a jamais été que la réunion des appétits.

Il n'y a donc pas de doute que ce funeste décret, auquel nous devons l'anéantissement de notre colonie, a été combiné entre lui et Crémieux, qui d'ailleurs n'aurait pu, sans l'assentiment et la collaboration de son chef, lui donner force de loi.

Mais à ce moment il passa presque inaperçu, le gouvernement de Paris n'en ayant pas compris l'importance ni deviné les dangers. Ce qui le fit tressauter, c'est l'emprunt Morgan contracté à Londres par la délégation de Tours sans l'assentiment de personne. Jules Favre voulait protester par une affiche apposée sur les murs de Paris contre les empiétements politiques, militaires et financiers que se permettait un sous-gouvernement, simple émanation du pouvoir central.

Seulement le discrédit des fantoches autocrates qui promenaient leur nullité et leur impuissance à travers la capitale était devenu si universel, qu'une proclamation signée d'eux contre Gambetta n'aurait eu d'autre effet que de le rehausser dans l'opinion.

A ce moment, sans la vantardise compliquée d'impéritie et de faiblesse qui constituait le caractère de l'infortuné Trochu, il était possible de sauver la Lorraine et deux milliards, c'est-à-dire de réduire nos sacrifices de moitié. Seulement, pour couper ainsi la poire en deux, nous aurions eu besoin d'un commandant en chef qui s'adressât loyalement au bon sens public au lieu de s'adresser à sainte Geneviève. Voici exactement où nous en étions à la date du 4 novembre 1870 :

Jules Favre, qui était déjà allé à Ferrières jouer, devant Bismarck, la comédie des larmes, d'autant plus imprudemment que ces gémissements d'avocat avaient révélé à l'ennemi le secret de nos misères, avait eu une entrevue à Sèvres avec Thiers qui revenait de parcourir l'Europe et les départements français et avait pu juger ainsi et des dispositions des puissances étrangères à notre égard et de la situation militaire en province.

Dans les récentes conversations que l'ancien ministre de Louis-Philippe avait eues avec Bismarck, celui-ci lui avait nettement mis le marché à la main :

« A l'heure actuelle — c'est-à-dire au commencement de novembre — les exigences de la Prusse sont : la cession de l'Alsace et une indemnité de trois milliards. »

Et Bismarck qui, sûr de la victoire, ne se donnait même pas la peine de cacher son jeu, avait ajouté :

— Dès que nous aurons pris Paris, nous revendiquerons l'Alsace et la Lorraine, plus cinq milliards d'indemnité.

Eh bien ! sur cette communication faite par Thiers à Jules Favre en présence du général Ducrot, le devoir de Trochu était de dépouiller toute fanfaronnade, d'autant qu'il estimait impraticable le débloquement de Paris, et, ouvrant son cœur aux assiégés, de leur dire nettement, au risque de les faire grincer des dents :

— Voici ce qui nous attend : trois milliards à donner tout de suite ou cinq à verser demain. La perte de l'Alsace toute seule ou celle de la Lorraine avec. J'ai toujours considéré comme une héroïque folie la défense de la capitale, sans vivres, sans canons et sans munitions. Une folie, même quand elle est héroïque, ne peut pas durer éternellement. Si vous refusez de traiter, je résigne mon commandement et je vous laisse la responsabilité des catastrophes à venir.

Cette attitude et ce langage eussent peut-être été qualifiés de couardise, mais ils eussent été sincères et dénués de tout artifice. Trochu aima mieux répéter le mot de Kléber : « On ne répond à de telles insolences que par des victoires ! » avec cette différence essentielle qu'il n'y répondit que par des défaites. Sur le récit de Jules Favre, il se leva et prononça ces paroles mélodramatiques :

— Les représentants d'une grande nation ne sauraient accepter son déshonneur. On doit au pays et à la République sinon de triompher, du moins de succomber glorieusement après avoir vaillamment combattu.

Et il déclarait inacceptables les conditions de la paix que l'Assemblée de Bordeaux accepta peu de temps après dans des conditions tout aussi humiliantes et deux fois plus onéreuses.

Emmanuel Arago corroborait ce refus en protestant de sa résolution de sacrifier sa vie sur l'autel du patriotisme.

— Ce n'est pas seulement pour le présent qu'il

faut savoir mourir, s'écriait-il ; c'est pour préparer l'avenir à nos enfants.

Emmanuel Arago ne mourut pas. D'autres moururent, mais pas lui, et quand l'Assemblée nationale élue en 1871 signa la paix avec abandon de cinq milliards et de deux provinces, je ne sache pas qu'il ait fait au démembrement territorial et financier de la France une opposition très caractérisée.

Il sut même si peu mourir qu'il a été nommé ambassadeur à Berne, où il n'a été remplacé qu'à cause de son grand âge.

Ce fut donc encore une fois le triomphe du cabotinage. Il eût été, à mon avis, à la fois beaucoup plus loyal et beaucoup plus courageux d'annoncer officiellement qu'on renonçait à défendre Paris, attendu qu'on s'était aperçu qu'il n'était décidément pas défendable.

Cependant, puisqu'on continuait à affecter d'y organiser la défense, il était indispensable de risquer quelque manifestation contre l'ennemi. Trochu décida qu'il allait, sans doute en vertu de son plan, tenter de traverser la Marne d'abord, les lignes prussiennes ensuite. Et il rédigea une espèce de testament instituant comme légataire universel de ses pouvoirs militaires, pour le cas où il serait tué, le général Leflô, ministre de la guerre. Ducrot héritait du commandement en chef des armées de Paris et de la Loire, et si Ducrot, n'étant pas victorieux, était mort comme il le promettait solennellement, il serait remplacé dans tous ses commandements par le général d'Exéa.

Chacun y alla de sa petite proclamation aux Parisiens. Mais voilà que la crue de la rivière remit en discussion les opérations projetées. Une attaque des

Prussiens dans la presqu'île de Gennevilliers força nos troupes à abandonner les positions prises, et, après quelques simulacres, Trochu et Ducrot repassèrent la Marne et rentrèrent dans Paris battus, mais pas morts.

Tout ce qui résulta de cette tentative fut un déchaînement de colère de Jules Favre, toujours prêt à la coercition et qui, pour mettre fin aux polémiques soulevées par les continuels échecs de nos troupes, proposa tranquillement la suppression de tous les journaux jusqu'à la fin du siège.

Il fallut que Jules Simon et Arago offrissent leur démission pour que ce projet carnavalesque ne fût pas converti en décret. Comme si c'était en supprimant les journaux qu'on eût supprimé les défaites.

Le maréchal de Moltke, après la reprise d'Orléans par les Prussiens, adressa au gouvernement de Paris une lettre proposant l'envoi d'un officier français chargé de constater l'état des choses. Trochu s'y refusa, déclarant qu'il n'y avait qu'à jeter au panier l'offre du maréchal allemand et continuer à se battre.

Cependant le froid était devenu insoutenable. J'étais allé au plateau d'Avron où les bataillons qui y campaient à quelques centaines de mètres des Prussiens passaient à grelotter les journées et les nuits. Quelques soldats, avec une insouciance que toutes mes objurgations ne purent vaincre, s'élancèrent sur le revers du plateau pour y cueillir à mon intention des choux de Bruxelles dont ils firent un volumineux tas qu'ils portèrent ensuite dans ma voiture.

Ils avaient été dérangés dans leur récolte par trois ou quatre coups de feu partis d'un mur crénelé derrière lequel l'ennemi s'abritait, et je tremblais à la perspective de quelque balle allant frapper l'un d'eux.

J'aurais dû les soutenir dans leur résistance et leur ténacité, mais je ne pouvais m'empêcher de leur répéter :

— Malheureux ! comment pouvez-vous rester ici par une température pareille?

Olivier Pain, qui m'avait accompagné, me glissa ces mots dans l'oreille :

— Vous avez une drôle de façon de les encourager !

Mais la vue de tant de souffrances, que je pressentais si inutiles, m'arrachait plus de cris de pitié que de sentences héroïques.

Mes fonctions de chef de la commission des barricades impliquaient pour moi le devoir d'aller dans les quartiers bombardés tirer de leurs caves les gens qui s'y étaient réfugiés, et de les installer dans des baraquements construits sur l'esplanade des Invalides pour y servir d'ambulances.

J'étais donc fréquemment réquisitionné par des familles dont la situation n'était plus tenable, leurs fournisseurs eux-mêmes n'osant s'aventurer dans leurs parages. Je me rendis, une après-midi, rue Pascal, près de l'hôpital de Lourcine, dans un petit logement du rez-de-chaussée où un obus venait d'entrer par la fenêtre. Les locataires étaient heureusement sortis et le mobilier seul avait été réduit en un véritable monceau d'allumettes au milieu desquelles il m'était impossible de reconnaître ce qui avait été ou une chaise, ou une table, ou une commode.

Le chat de la maison aussi avait été atteint, et le malheureux, sur lequel avait probablement roulé l'obus, était aplati et allongé dans de telles proportions qu'il tenait toute la longueur de la chambre, par un effet d'amincissement qui avait réduit ses os et sa peau à l'état de feuille de papier.

Je supposais que de son vivant ce chat avait été énorme. Une voisine qui pleurait sur son cadavre on ne peut plus défiguré m'affirma qu'il était tout petit.

Hors barrières, les ravages du bombardement se faisaient plus sinistrement sentir. On me signala l'angoisse des habitants d'Auteuil à qui il était, sous peine de mort, interdit de sortir de chez eux, et il devenait urgent de ramener dans Paris les imprudents qui s'étaient laissé bloquer dans leurs maisons.

J'organisai une tournée à Auteuil où des figures décomposées apparaissaient aux soupiraux des caves, mais les plus effrayés avaient peine à se décider à quitter leur logement sans en emporter leurs chers et encombrants souvenirs. Il m'était cependant difficile de me faire entrepreneur de déménagements. Mais les gens sont ainsi construits que, dans un incendie ou un bombardement, ils aiment mieux s'exposer à une mort quasi certaine que d'abandonner aux flammes ou aux éclats d'obus le portrait de leur grand'mère ou le brevet de chevalier du Mérite agricole décerné à leur cousin.

Et, pour comble de désarroi, les suspicions, depuis la capitulation de Metz, pleuvaient en proportion des trahisons signalées. N'eus-je pas à recevoir un jour, au ministère des travaux publics où se tenaient les séances de la commission des barricades, une députation de citoyens venant m'annoncer qu'ils venaient d'opérer l'arrestation d'un Allemand qui levait des plans de Paris et qui, conduit sous bonne escorte au commissariat de police, avait osé se recommander de moi! Ils m'apportaient une lettre de lui, me laissant le soin d'indiquer le traitement à infliger à ce misérable. La lettre était conçue en ces termes :

« Mon cher ami,

« J'ai été fait prisonnier par le commissaire de police du huitième arrondissement qui veut absolument me fusiller tout de suite dans son bureau, comme espion prussien, sous prétexte que j'ai l'accent anglais.

« Vous seriez bien aimable de faire dire à ce fonctionnaire que je n'ai jamais aimé à travailler pour le roi de Prusse.

« Votre Silvio Pellico,

« CHAM ».

— Vous êtes donc fous? dis-je à mes visiteurs. Mais votre prisonnier est un de mes amis, dessinateur célèbre au *Charivari*, et aussi bon Français que vous et moi.

— Cependant, fit observer l'un d'eux, « Cham », c'est un nom allemand.

— Pardon, fis-je, c'est un nom biblique. Cham est un des fils de Noé, et à son époque la Prusse n'existait pas.

On dut relâcher mon ancien collaborateur ; mais je crus remarquer que la députation ne s'y décidait qu'à regret, m'accusant sinon de complicité, au moins de coupable faiblesse.

Cham, qui vint me voir, me conta comment on l'avait saisi à la gorge au moment où il prenait, au crayon, le croquis d'une femme qui passait, habillée en garde national, avec une giberne et un képi. Il avait été poussé dans le commissariat, et comme un passant qui l'avait reconnu avait dit à haute voix :

— Mais c'est Cham!

la foule s'était écriée en chœur :

— Cham ! plus de doute, c'est un Allemand !

Et le commissaire, auquel il répondait en riant, avait conclu d'un air tragique :

— Vos bravades ne vous sauveront pas. Si vous avez quelques dernières dispositions à prendre, hâtez-vous. Tout à l'heure, peut-être, il serait trop tard.

Cham avait eu alors l'idée de prononcer mon nom et de demander une plume et du papier pour m'écrire. On peut constater par le ton de sa lettre que l'aventure ne l'avait pas ému outre mesure.

Quoique je ne fisse plus partie du gouvernement, qui s'était toujours refusé à publier ma démission, j'étais tenu au courant de tout ce qui s'y passait par Dorian, alors ministre des travaux publics, et par ses secrétaires. Malgré la violente protestation d'Edmond Adam, de Jules Simon et d'Eugène Pelletan, toutes les promesses faites le 31 octobre avaient été déloyalement déchirées. Non seulement il n'y eut pas d'élections municipales, mais on commença des poursuites contre les instigateurs du mouvement, dont plusieurs furent arrêtés.

Flourens, Millière, Blanqui furent décrétés de prise de corps. Seulement ils n'étaient que très approximativement recherchés et je me rappelle être allé trouver dans son cabinet même Dorian en compagnie de Millière qui, pour tout déguisement, se cachait sous des lunettes bleues et que Dorian feignait de ne pas reconnaître.

Flourens, lui, avait adopté un costume encore plus singulier pour échapper aux investigations policières. Il se promenait dans Paris vêtu d'un uniforme de

Palikare qu'il avait rapporté de Crète où il était allé jadis combattre contre les Turcs.

Il m'a même raconté cette campagne semi-comique où, traqué dans les montagnes avec sa petite troupe, il se nourrissait de millet qu'il mangeait soit cru, soit, dans les jours de régal, cuit à l'eau, sans sel ni beurre.

— Vous n'aviez pas peur de vous transformer en petit oiseau? lui demandai-je.

Un soir donc, comme j'allais dîner chez Victor Hugo, je me rencontrai dans l'escalier du pavillon de Rohan avec un Grec chamarré d'or, un kangyar à la ceinture et les jambes à peu près nues, quoiqu'il fît très froid.

C'était Flourens qui allait dîner aussi chez l'auteur des *Orientales*.

Il était convaincu que, sous cette défroque, son incognito était absolument impénétrable.

Il n'en fut pas moins arrêté le 6 décembre dans la journée, à Créteil, mais quelques jours après des groupes allèrent le délivrer sans que cette mise en liberté fût l'objet d'aucune récrimination gouvernementale.

Trochu gardait sur son célèbre plan, dont on a tant parlé sans que personne l'ait jamais connu, un silence qui finit par inquiéter jusqu'à ses collègues de la Défense nationale. Le peuple demandait :

— Où nous mène-t-on ?

Et Jules Favre demanda au général en chef :

— Où nous menez-vous ?

Il refusa de répondre et, comme toujours, le conseil se déclara satisfait. Mais si la population parisienne consentait à mourir de faim, elle tenait à ce que ce fût pour quelque chose. Quand Masséna retenait cent mille Autrichiens devant Gênes où l'armée française en était réduite à se nourrir de chevaux morts et de chiens crevés, elle préparait la victoire de Marengo qui fut si près d'être une défaite.

Mais quoi ! souffrir toutes les horreurs du froid, de l'inanition et de la mitraille pour finir dans une capitulation que tout le monde savait conclue d'avance ! Mieux valait cent fois, même pour notre honneur et l'avenir de notre pays, accepter les propositions de de Moltke qui accordait un armistice pendant lequel on tenterait de négocier.

Malheureusement, Trochu, tout en avouant hautement, trop hautement même, notre impuissance, persistait, vis-à-vis de l'ennemi chaque jour plus invincible, dans une attitude hautaine qui aggravait nos misères sans espoir de nous en faire sortir.

Je ne nie pas que la chute de Paris, survenant peu de jours après celle de Metz, n'eût peut-être paru aux yeux des patriotes le résultat d'un plan de trahison générale concerté entre les généraux qu'on accusait à peu près tous de sentiments bonapartistes ou tout au moins hostiles à la République, le clérical Trochu compris. Mais le devoir d'un commandant en chef est de juger une situation militaire sans prendre avis de l'opinion publique.

Il lui était interdit de faire peser sur la France et sur la capitale son incapacité, dont il avait conscience, puisqu'il convenait que chaque jour augmentait les prétentions du vainqueur.

Tout ce à quoi il refusait de se soumettre à ce moment-là, il s'y soumit un mois plus tard, passant piteusement la main à un autre après avoir placardé sur les murs : *Le Gouverneur de Paris ne capitulera pas*, escobarderie misérable, puisqu'il se contentait de capituler sous un autre nom.

D'ailleurs, pendant toute la durée de ce siège lugubre, sa constante préoccupation paraissait être d'esquiver les responsabilités qu'il avait au début assumées si crânement. Il se refusait à partager le commandement soit avec Garibaldi, soit avec tout autre. Puis, quand on le lui eût laissé à lui tout seul, il ne sut qu'en faire.

Le thermomètre descendait toutes les nuits à quinze et dix-huit degrés au-dessous de zéro. Le pain diminuait dans des proportions telles que le gouvernement se décida à le rationner. Ce fut le commencement de la grande famine. Les rats devinrent comestibles et les cuissots de chiens, plats de luxe. Les enfants mouraient de froid et de privations dans les bras de leurs mères. C'est tout au plus si on ne servit pas aux affamés de Paris des bébés en daube ou en fricassée.

On essaya de mélanger l'avoine au blé dans la mouture. Nous mangions les chevaux : il ne nous restait qu'à manger leur avoine ; mais cette prolongation de vivres dura peu. Des empiriques proposèrent de composer du pain avec des os de morts et le peuple crut naïvement que le gouvernement allait s'approvisionner dans les catacombes.

Malheureusement, si la viande, les légumes et le pain se faisaient rares, le vin, l'eau-de-vie et l'alcool sous toutes ses formes, même les plus frelatées, abondaient dans Paris. Les combattants utilisaient digestifs et apéritifs pour tromper leur faim et réchauffer leurs estomacs. Un verre de petit bleu tenait lieu de déjeuner ; un champoreau, de dîner. Des spécialistes ont établi que, depuis le siège jusqu'à l'heure où j'écris, le débit de l'absinthe et des poisons similaires a pris des développements tels que l'alcoolisme en est arrivé à s'étendre sur tout le pays comme un chancre phagédénique, menaçant de détériorer non seulement nos santés, mais notre race.

De temps en temps, Trochu faisait annoncer que les nouvelles de la province étaient bonnes, bien qu'on n'en eût pas, quinze dépêches envoyées par Gambetta ayant été perdues. Mais si les fautes militaires étaient, à force de s'accumuler, devenues irréparables, les maladresses diplomatiques se succédaient avec une rapidité vertigineuse.

Jules Favre n'en manquait pas une. Au refus d'acceptation de l'armistice proposé par de Moltke succéda le rejet de la proposition faite à la France d'assister à la conférence de Londres. Cet étonnant ministre des affaires étrangères, avant de prendre le bateau pour Douvres, avait posé comme conditions préalables l'intégrité du territoire français et l'armistice avec ravitaillement.

Un ministre défend devant l'Europe l'intégrité du territoire de sa patrie, mais l'exiger *à priori* et se la faire garantir par les grandes puissances, en présence d'un vainqueur qui tenait une capitale dans sa main, c'était vouloir se faire blackbouler de gaieté de cœur, à un moment où nos cœurs n'étaient guère à la gaieté.

En outre, comme il était probable que la Prusse, près de saisir sa proie, allait consentir à un ravitaillement dont le résultat pour elle eût été de l'éterniser devant Paris !

Mais Jules Favre avait fait un programme de sa phrase à effet: « Pas un pouce de notre territoire, pas une pierre de nos forteresses », et son amour-propre lui liait les bras. Il n'en était pas moins déplorable d'accepter ainsi notre étranglement sans pouvoir prendre personne à témoin de la cruauté de l'ennemi installé sur notre sol.

C'était l'avis de Gambetta et aussi d'Ernest Picard. Mais Trochu, qui décourageait tout le monde quand on voulait se battre, poussait au combat dès qu'on paraissait vouloir y renoncer, et alors que Jules Favre, enfin convaincu, se disposait à partir pour Londres, Trochu s'écriait :

— Les Prussiens ne peuvent tenir maintenant plus d'un mois. Luttons encore !

Et Jules Favre ne partit pas.

Gambetta avait déjà, pour les besoins de la défense en province, obtenu cent millions de la Banque de France. Il en demanda cent autres, ce qui n'était certes pas trop pour organiser des armées, mais ce qui parut beaucoup à un gouvernement qui dépensait énormément tant pour la paie de la garde nationale que pour la transformation des fusils.

Tout d'ailleurs nous craquait sous les pieds. On avait songé à tuer une partie des chevaux de la cavalerie pour les saler, ce qui eût permis de les mettre en réserve et de parer à un affamement complet. Mais on apprit que la viande de cheval n'était à peu près mangeable qu'au bout d'un mois de salaison. C'était une ressource qui s'en allait, car, si ventre affamé n'a pas d'oreilles, il n'a pas non plus un mois de patience.

Et plus de gaz dans les rues. Le soir, dans les quartiers excentriques où j'étais tenu de me rendre, le ciel n'était éclairé que par la lueur des bombes.

Rue de Tournon, comme j'entrais dans une maison, déjà atteinte, une bonne me dit :

— Monsieur, venez donc voir dans le salon. Il vient d'y tomber un pain de sucre par la cheminée.

C'était un obus qui avait roulé sans éclater, ramassant en route tout le plâtre des murs qu'il frôlait.

On descendit le pain de sucre dans la rue avec toutes sortes de précautions.

On avait coupé, dans le bois de Boulogne, la partie des arbres donnant sur Paris, afin d'empêcher l'ennemi de s'y dissimuler ; ces abatis avaient servi au moins à chauffer quelques jours la population qui manquait de combustible. Bientôt il devint indispensable de jeter par terre les arbres des promenades, pour remplacer le charbon de terre, depuis longtemps consommé et consumé.

Puis, en vertu de cet adage que, lorsqu'il n'y a plus de foin au ratelier, les chevaux se battent, mes anciens collègues, en présence de la misère et aussi de l'agitation publiques, s'aperçurent de ce dont je m'étais aperçu avant eux : à savoir que Trochu les bernait, à moins qu'il ne se bernât lui-même. Le 25 décembre, alors qu'on ramassait aux avant-postes des hommes morts de froid, une discussion d'une violence inusitée éclata autour de la table gouvernementale.

L'insuffisance du gouverneur, général en chef, fut mise sur le tapis et Ernest Picard alla jusqu'à soutenir que si, au point de vue politique, Trochu, président du gouvernement de la Défense nationale, avait le droit de donner des ordres au ministre de la guerre, comme chef militaire, c'était à ce dernier qu'il était tenu d'obéir.

La question était controversable. Un homme ne possédant guère la faculté de se dédoubler, il était difficile d'admettre que, supérieur du général Leflô dans l'enceinte de l'Hôtel-de-Ville, il devînt son inférieur dans la rue. Mais le désappointement était tel qu'on ne songeait plus qu'aux moyens de se débarrasser de la nullité qui remplaçait les résolutions par des bavardages.

Ce fut un ordre du jour d'une ambiguïté calculée qui déchaîna l'orage. Jules Favre demanda qu'on en finît avec les réticences et qu'on mît enfin la population au courant de la situation désespérée contre laquelle on luttait ou plutôt on faisait semblant de lutter.

C'était à très bref délai la suspension totale des opérations militaires. Cette retraite en trop bon ordre était susceptible d'amener une insurrection, ce dont s'effrayèrent les pseudo-défenseurs de Paris, mais alors il fallait une commission qui contrôlât les opérations ou plus exactement le manque d'opérations de Trochu, ce qui équivalait à le mettre en tutelle. Ainsi, pour avoir refusé, par une vanité que les événements justifiaient si peu, de partager le commandement avec l'illustre Garibaldi, le Breton bon catholique et mauvais soldat qui s'était témérairement chargé de nos destinées, allait se voir soumis à une espèce de conseil de guerre permanent dont le pouvoir eût dominé le sien.

En un mot, on lui eût retiré la haute main sur les affaires militaires pour la confier à d'autres : Jules Favre demandait que ce fût au gouvernement lui-même.

Et comme un des membres présents s'écriait :

— Mais c'est la révocation du général Trochu que vous proposez là !

Jules Favre répondit :

— Parfaitement!

Il est certain qu'il était impossible d'avoir montré moins de coup d'œil et une tactique plus enfantine que dans cette attaque du Bourget, où nous avions laissé beaucoup d'hommes, lancés sans renseignements ni éclaireurs sur une position formidablement défendue.

Jules Favre expliqua que s'il avait été le maître ou si ses conseils avaient prévalu, il aurait bien plutôt risqué une marche et une attaque sur Versailles, où l'on avait chance de faire prisonniers Bismarck et même le vieux roi de Prusse qui s'y était installé depuis peu.

C'était là un coup audacieux que Garibaldi n'eût pas hésité à tenter et qui, s'il eût réussi, rétablissait admirablement nos affaires. Trochu n'y songea même pas. Il faut croire que ce n'était pas la façon de combattre de sainte Geneviève.

Ses airs mystérieux et entendus d'homme qui roule dans sa tête un vaste plan qui n'en sortait jamais, pas plus que de chez le notaire où il l'avait soi-disant déposé, avaient peu à peu énervé toutes les patiences. Mais le militarisme n'a jamais admis le contrôle des citoyens et le général Schmitz, le chef d'état-major, qui assistait au conseil où il suppléait son général en chef, protesta contre cette suspicion dont le seul défaut pourtant était de se manifester si tard.

Ernest Picard fut cruel. Il rendit hommage au talent de parole dont était doué le général au point qu'il en abusait. Mais ce dont nous avions besoin était justement un homme d'action et d'initiative. Trochu avait ce qu'on ne lui demandait pas et n'avait pas ce qu'on lui demandait. Il était peut-être fait pour devenir avocat général, mais il était certainement moins général qu'avocat.

Ernest Picard était un gros homme plein de finesse en même temps que de scepticisme, pratiquant presque cyniquement le j'menfichisme. Quand il prit les finances, ayant su que mon beau-frère était chef ou sous-chef de bureau à son ministère, je ne sais pas bien, il m'offrit de le nommer tout de suite sous-directeur. Mais, en somnambule extra-lucide, je lui répondis :

— Je vous en prie, laissez-le où il est. D'abord je ne voudrais pas être accusé de népotisme. En second lieu, j'ignore ce que l'avenir me réserve, et ma protection avouée pourrait, à un moment donné, lui être plutôt nuisible.

On voit que je me faisais peu d'illusion sur la durée de ma toute-puissance et que je lisais déjà dans ma destinée les choses désagréables que les événements ne tardèrent pas à y inscrire.

Ernest Picard représentait dans son expression supérieure le type du bourgeois politique. Libéral sans l'être et républicain tout en restant orléaniste, il était parfaitement résolu à s'accommoder de toutes les situations. Il se connaissait d'ailleurs, ayant beaucoup d'esprit, et ne reculait guère devant l'aveu de ses défauts. Je me souviens d'une promenade avec lui jusqu'au secteur du *Point-du-Jour*, dans une voiture des Tuileries, car les équipages de la maison impériale avaient été mis à notre disposition.

En revenant à l'Hôtel-de-Ville, je glissai cinq francs dans la main du cocher qui nous avait trimballés deux heures durant. Picard me fit une scène atroce.

— Mais vous êtes fou ! répétait-il. Dix sous, c'était

bien assez. Vous allez rendre ces gens-là insupportables.

Et il ajouta sans aucune fausse honte :

— Du reste, je ne vous comprends pas. J'ai déjà remarqué avec quelle facilité vous jetiez l'argent par la fenêtre. Ah! bien, nous ne nous ressemblons guère : je ne peux pas me décider à tirer deux sous de ma poche.

Je dois reconnaître que, quand je devins le prisonnier des politiciens dont j'avais été le collègue, Ernest Picard ne témoigna contre moi aucune animosité. Les plus acharnés à ma perte et les plus prompts aux calomnies furent Jules Favre, Arago et Trochu.

Celui-ci qui, en fin de compte, ne fut pas révoqué, se révoqua bientôt lui-même. Il finit, dans un rapport militaire, par confesser que la tâche qu'il avait entreprise était au-dessus de ses forces. Puis, comprenant qu'après tant d'espérances compromises il n'y avait plus pour lui que des huées à recueillir, il offrit de se retirer après avoir remis le commandement à un plus capable ou à un plus heureux.

Il avait promis des victoires à la population enfiévrée : il ne lui avait apporté que des désastres. Son rôle était terminé.

Il y avait cependant un dénouement qui l'eût sauvé tout au moins du ridicule : c'était la mort. Tous les généraux avaient solennellement promis de s'y réfugier en cas de défaite définitive, et c'étaient, dans les sorties périodiques organisées et ordonnées par le commandant en chef, les simples gardes nationaux des bataillons de marche qui se faisaient tuer.

Après le peintre Henri Regnault, après l'acteur

Seveste, après tant d'autres, il semblait que ce fût le tour de Trochu. Il ne paraît pas y avoir songé.

Il s'en tira par un interminable discours-testament où, à l'encontre de Danton qui aurait voulu laisser ses jambes à Couthon et sa virilité à Robespierre, il ne léguait son épée à personne. Il dit qu'il avait assez de donner au public des « représentations militaires », aveu déshonorant par lequel il se classait lui-même parmi les directeurs de cirque.

Puis, en « messager noir », il compara le découragement des troupes de Paris avec la disposition des troupes de province et, refusant de risquer toute l'armée dans une seule bataille, il insista pour qu'on lui choisît un successeur.

Clément Thomas lui adressa alors un reproche auquel, malgré toute sa loquacité, il ne répondit pas : celui de s'être systématiquement opposé tant à l'armement qu'à l'utilisation de la garde nationale, qui ne demandait qu'à marcher, qui avait laissé des morts dans toutes les rencontres, mais que, par esprit de militarisme et de secte, on avait toujours tenue à l'écart.

L'armée régulière, qui avait capitulé souvent sans coup férir, riait de ces bourgeois qui prétendaient s'opposer à une nouvelle capitulation. Cet antagonisme entre les officiers sortis de Saint-Cyr et les soldats recrutés dans les faubourgs avait été encouragé par les sarcasmes du général en chef lui-même. Il avait mieux aimé succomber avec les militaires que de voir Paris débloqué par l'élément civil.

Rien n'était plus vrai, comme je le faisais remarquer en rapportant la condamnation à la déportation perpétuelle d'un pauvre fédéré blessé en 1870 par les Prussiens et que le conseil de guerre punissait de vouloir faire mieux que les professionnels.

Il y avait aussi, dans cet abandon des intérêts et de l'honneur du pays, cette répulsion instinctive, inconsciente peut-être, de tout dévot pour la République. Trochu, Breton bretonnant, dont la première parole au gouvernement, dans ces circonstances terribles, avait été une affirmation de sa croyance en Dieu, n'acceptait le régime républicain que comme intérimaire. Il ne le trahissait pas. Il se contentait d'en attendre un autre.

Jules Favre semblait de tous le plus déchaîné contre Trochu. Il aidait de son mieux à le dépopulariser et ne manquait guère de rapporter au conseil tous les propos qui circulaient dans la foule, la garde nationale et l'armée sur ses erreurs de tactique et ses décourageantes proclamations. Je soupçonnai toujours quelque peu l'avocat d'avoir aspiré à la succession du général dans la présidence du gouvernement.

L'ambition de Jules Favre était excessive au point qu'il ne perdait jamais une occasion de se mettre en avant. Passer de la vice-présidence à la présidence de la Défense nationale, c'était préparer le terrain pour la présidence de la République. Il y songeait certainement, essayant de démolir, non seulement Trochu, lequel, d'ailleurs, se démolissait tout seul, mais Thiers dont il blâmait les démarches et à qui il reprochait ses cachotteries.

Il pressentait dans l'ancien ministre de Louis-Philippe, à peu près passé à la République, un concurrent redoutable et il travaillait déjà à l'éliminer.

Ainsi il réclamait instamment une action militaire au général Trochu qui répondait que d'une part la garde nationale était impuissante; que d'autre part l'armée, réduite à soixante-dix mille hommes, était exténuée, ayant eu douze cents hommes gelés en quelques jours, et il finissait par sa sempiternelle proclamation qu'il allait adresser à l'armée en même temps qu'à la population et qui ressemblait moins à un cri de guerre ou de désespoir qu'à une homé e.

Il est certain que le dégoût de la guerre et même la panique étaient dans tous les rangs. J'étais allé un jour à la porte de Vincennes, très au delà de laquelle un combat était engagé, et comme j'y arrivais je vis venir à moi trois ou quatre cents soldats affolés, qui couraient à toutes jambes pour rentrer dans Paris. Le général de Chabaud-Latour, qui commandait le secteur, se porta au-devant d'eux, mais ses exhortations ne les arrêtèrent pas une minute. Alors il vint à moi et me dit d'une voix suppliante :

— Parlez-leur, monsieur Rochefort. Peut-être vous écouteront-ils mieux que moi.

Je leur parlai, en effet, leur faisant honte de leur fuite, les invectivant presque, et je parvins à les faire retourner de quelques mètres sur leurs pas; mais je doute qu'ils soient allés rejoindre leurs régiments. Leurs régiments les auraient plutôt rejoints.

On convoqua un conseil de guerre composé d'amiraux et de généraux qu'on aurait pu prendre pour les aumôniers des dernières prières. Ne voulant pas s'accuser eux-mêmes, ils accusèrent Gambetta dont les détestables conseils stratégiques avaient soi-disant fait échouer les dernières sorties qui, tentées par la basse Seine et non par la Marne, auraient eu beaucoup plus de chances de réussir.

C'était toujours ce qu'on ne faisait pas qui avait chance de réussir. Par contre, ce qu'on faisait ne réussissait jamais.

Ducrot, qu'on appelait, après son échec de la presqu'île de Gennevilliers, le général « des ponts trop courts », fit de nos moyens de défense le plus sombre tableau. A quoi bon essayer une trouée sans l'espoir d'une réunion avec une armée de secours ? Troupes défiantes, presque débandées et désespérant absolument du succès, tel était le bilan.

Le gouvernement, par la bouche de Jules Favre qui brûlait de se signaler par quelque chose, fût-ce par une défaite, avait proposé de mettre tous ses œufs dans le même panier et de lancer d'un seul coup deux cent mille hommes sur les lignes ennemies.

— Deux cent mille hommes, dit Ducrot, ce serait superbe, s'ils étaient solides ; mais, dès les premiers obus, la moitié d'entre eux ficherait le camp, et au bout de cinq minutes le reste suivrait.

On voit que si les soldats n'avaient guère confiance dans les généraux, les généraux ne comptaient pas davantage sur les soldats. Tous avaient donc envie d'en finir, fût-ce par la capitulation ; mais les membres de la Défense nationale ajournaient, par peur de l'émeute, toute apparence de concession. Ils redoutaient encore moins les canons prussiens que les fusils français.

Cependant ce que nous pouvions attendre était pire encore que ce que nous avions déjà subi. Bien qu'un certain nombre d'obus fussent déjà tombés dans quelques-uns des faubourgs de Paris, le bombardement n'était pas en réalité régulièrement et méthodiquement commencé. C'est seulement le 5 janvier 1871 que, pressé par l'impatience de ses troupes, le maréchal de Moltke se décida à pointer son artillerie sur nos monuments.

Belleville reçut les premiers coups de cette effroyable mitraille. Les généraux, formés en conseil de guerre presque permanent, en étaient réduits à délibérer sous cette averse qu'ils n'essayaient de combattre que par des discours et des considérations sur l'art de la guerre.

Vinoy soutint qu'il eût été plus habile de former deux armées au lieu d'une, ce qui eût permis d'attaquer l'ennemi par deux points opposés.

Ducrot aimait mieux autre chose et Trochu, comme toujours, accusa Gambetta d'avoir contrecarré ses mouvements en lui faisant annoncer qu'une armée de cent cinquante mille hommes se portait sur Paris par Montargis et Fontainebleau où la jonction de nos troupes pourrait s'opérer.

Il paraissait surtout préoccupé de se justifier de son échec de la Marne, qu'il attribuait au défaut de munitions.

Le général de Bellemare mettait nos derniers désastres sur le compte de la démoralisation de la mobile et de la garde nationale qui aspiraient à la paix. Le général Noël ne croyait pas davantage au percement possible des masses prussiennes, et tous, comme conclusion, déclaraient qu'il était maintenant trop tard pour rien entreprendre d'efficace.

C'était le : « Frère, il faut mourir », comme au couvent des Chartreux, dont le frère Trochu semblait le supérieur. Et toujours revenait ce refrain :

— Nous ne pouvons cependant pas succomber avec trois cent mille hommes, sans combattre !

Puisque ces trois cent mille hommes, les chefs qui les commandaient se proclamaient eux-mêmes incapables de les utiliser, il eût été de leur devoir de les confier à d'autres qui en auraient fait un usage quelconque. Mais quoi ! préparer à des émules des succès et la gloire éventuelle de débloquer Paris ! Il eût fallu bien mal connaître ce qu'on appelle « l'esprit militaire », pour s'imaginer qu'un seul de ces guerriers pût avoir le courage d'une telle abnégation.

Ils étaient parfaitement décidés à ne rien faire. Mais ils l'étaient surtout à s'opposer énergiquement à ce que des camarades, qui seraient immédiatement devenus des rivaux, tentassent quoi que ce soit.

On retrouvait là, malgré quatre mois des plus douloureux déboires et des plus navrantes leçons, le même sentiment de forfanterie misérable qui avait fait rejeter bien loin par Trochu l'offre de secours que nous apportait si généreusement Garibaldi.

Quant à moi, je suis resté convaincu que si ce héros, qui avait accompli tant de choses avec une poignée d'hommes, en avait eu trois cent mille dans la main, nos destinées eussent été profondément modifiées. Le seul grave reproche que je me sois bien souvent adressé, c'est, après la réponse de Trochu au télégramme que m'avait adressé Garibaldi dès le lendemain de la révolution de Septembre, de n'avoir pas posé à mes collègues du gouvernement cet ultimatum irréductible :

— Ou Garibaldi sera placé à la tête des troupes populaires, c'est-à-dire la mobile et la garde nationale, ou je me retire immédiatement, en me réservant d'expliquer à la population parisienne les causes de ma retraite.

Je n'apporte dans ce tableau de tant de difficultés naissantes aucune outrecuidance, mais les survivants du gouvernement de la Défense nationale le savent aussi bien que moi : à ce moment, j'étais le maître et ma présence au milieu d'eux était presque leur unique garantie. A la nouvelle de ma démission, surtout motivée par le rejet des offres précieuses que m'avait adressées le chef de l'expédition des Mille, tous les opposants eussent été balayés et remplacés par une junte révolutionnaire, laquelle, du reste, n'aurait été ni moins ni plus usurpatrice que celle dont je faisais partie et qui s'était nommée elle-même.

Je regrettai vivement plus tard de n'avoir pas cédé à l'envie d'envoyer tout promener. J'avais reculé devant les conséquences d'un éclat à l'heure où l'union paraissait notre seule planche de salut. Hélas! c'était l'union dans l'inertie et l'impuissance! On n'évita pas la capitulation et on n'évita pas davantage la guerre civile.

On était, il faut le reconnaître, en présence de deux courants, l'un venant de l'armée, l'autre de la population parisienne. Clément Thomas, en sa qualité de général en chef de la garde nationale, opina pour qu'on se décidât à la faire entrer en ligne. Les gradés du militarisme la condamnaient systématiquement. Il eût été au moins loyal, disait-il, de la mettre sérieusement à l'épreuve.

Puis Trochu, avec sa faconde intarissable et avocassière, résuma emphatiquement le débat qui, naturellement, n'avait abouti qu'à une nouvelle perte de temps.

— Quand nous approcherons de la crise finale, larmoyait-il; quand des désordres peut-être difficiles à réprimer auront éclaté, nous suivrons l'avis du général Clément Thomas. *J'ai dit que je ne capitulerais pas. Je ne capitulerai pas.* Je vous proposerai à l'heure suprême une dernière entreprise qui se transformera peut-être en désastre, mais qui peut-être aussi aura des résultats inattendus. Nous ne sommes pas encore au moment de discuter cette dernière tentative.

Ou ces paroles sonores n'avaient aucun sens ou elles indiquaient chez le gouverneur de Paris la résolution formelle de se faire tuer dans une sortie à l'insuccès probable de laquelle il ne se sentait pas la force de survivre. Tous les délibérants présents au conseil de guerre y virent de la part du général en chef un pacte avec la mort, puisqu'il n'avait pu en faire un avec la victoire.

Ils comptaient sans les ressources de l'esprit clérical. Ce que Trochu entendait par ces mots énigmatiques : « J'ai dit que je ne capitulerais pas, je ne capitulerai pas », c'était son intention déjà arrêtée de faire nommer un autre général qui capitulerait à sa place. Jamais la restriction mentale n'avait joué un rôle politique et militaire aussi considérable.

CHAPITRE XII

Le plan de Jules Favre. — Inventeurs. — Clément Thomas. — Le pain du siège. — Un marchand de gibier. — Favre et Trochu. — « Suprême effort ». — Démission ou révocation. — Etat de siège. — Le négociateur Jules Favre. — Un procès-verbal. — Bismarck et Garibaldi.

Après avoir repoussé les élections aussi bien municipales que législatives tant qu'il se supposait en état de surmonter la crise, le gouvernement discutait maintenant l'opportunité de la réunion des électeurs, ce qui lui eût permis de laisser aux élus la responsabilité de la chute de Paris. Trochu, têtu comme un Breton, se cramponnait toujours au pouvoir, à moins qu'il ne craignît qu'un scrutin ne dévoilât toute l'étendue de son impopularité, et il s'opposa aux élections, soit pour toute la France, soit pour Paris seulement.

Et, comme on insistait autour de lui, il feignit de se laisser arracher un grand secret, qui était celui d'une entreprise considérable, dont il allait, puisqu'on l'y forçait, révéler au conseil tous les détails. Mais la moindre indiscrétion étant de nature à tout compromettre, il priait instamment ses collègues de n'en souffler mot à âme qui vive.

Devant le danger d'une imprudence involontaire, tous l'invitèrent à rentrer sa confidence et à l'envoyer rejoindre, chez son notaire, le plan qu'il y avait soi-disant déposé. C'était ce que demandait Trochu qu'on eût probablement beaucoup embarrassé si on l'avait autorisé à mettre à nu le mystère de sa « grande entreprise ».

Le seul but de cette communication *in extremis* était l'ajournement indéfini des élections qui, finit par avouer Trochu, amèneraient presque fatalement la Commune.

— Or, fit-il remarquer avec insistance, je ne suis républicain qu'à la condition d'être libre, fût-ce d'aller à la messe, et je suis convaincu que les élections communales amèneraient au pouvoir des énergumènes.

Aller à la messe et la crainte de ne plus pouvoir y aller, telle était l'unique préoccupation de ce soldat du pape. Il avait entre ses mains le salut de toute une armée et il pensait d'abord au sien.

Jules Favre, qui avait son plan dans la tête et non chez un notaire, battait presque systématiquement en brèche toutes les opinions exprimées par Trochu, en même temps qu'il dénonçait à la suspicion générale Thiers qu'il accusait, vaguement encore, de travailler à la restauration de la branche cadette.

Constamment en rapport avec les maires, Jules Favre préparait sa dictature ou tout au moins sa présidence en allant délibérer avec eux sans l'autorisation d'aucun de ses collègues. C'est ainsi que, le 5 janvier, il arriva à la séance demandant, au nom du peuple, l'adjonction au gouvernement d'un conseil de guerre où les généraux n'occuperaient qu'un certain nombre de sièges et où l'élément civil serait représenté. L'élément civil, c'était lui. Il annonçait que cette décision avait été prise à l'unanimité dans une réunion des maires où on avait discuté sur les moyens d'atténuer les horreurs du bombardement.

Car, jusqu'au 5 janvier, les obus lancés contre les forts et sur les maisons de Neuilly ou d'Auteuil n'étaient guère tombés qu'accidentellement dans Paris. Mais, à partir de cette date, le bombardement devint méthodique, régulier et ininterrompu. Alors les Parisiens se débattirent les pieds dans la neige et la tête sous une pluie de feu.

Je ne pense pas que les bombardeurs pointassent intentionnellement leurs batteries sur les hôpitaux. Ceux-ci n'en étaient pas moins presque toujours atteints de préférence. Un établissement d'enfants malades laissa passer à travers son toit un obus qui tua cinq de ces pauvres petits. Des jeunes filles allant aux provisions, des femmes en station aux portes des boulangeries tombaient éventrées sur la chaussée.

Quant aux hommes, ils n'avaient pas besoin de se rendre aux remparts pour y chercher la mort. Elle venait les trouver à domicile, dans leur famille ou à leur atelier. Comme dans les ports d'où partent pour l'Islande les bateaux de pêche, on ne frôlait plus que des gens en deuil. Et, complication et redoublement de mon supplice, ceux qui me rencontraient dans les rues me narraient en pleurant leurs douleurs ou leurs misères, comme si j'avais dû et pu leur pétrir du pain et préserver leurs enfants des boulets.

D'ailleurs, les uns par insouciance et curiosité, les autres par bravade faisaient la partie d'aller le soir dans les quartiers les plus exposés voir tomber les bombes, comme ils seraient allés à un feu d'artifice. Tout à coup il en éclatait une au milieu d'un groupe où elle faisait le vide, laissant sur son passage des bras et des jambes dont on avait ensuite toutes les peines du monde à reconstituer les propriétaires.

Personnellement, en ma qualité de président de la commission des barricades, j'étais victime d'un genre spécial de persécution : celle des inventeurs. Il n'y avait pas de jour où sept ou huit Archimèdes ne vinssent me proposer des procédés de toute infaillibilité pour détruire en un tour de main l'armée assiégeante. Celui-ci avait retrouvé le feu grégeois. Personne n'a jamais su au juste en quoi consistait cet engin destructeur, en admettant qu'il ait jamais joué un rôle dans les guerres mythologiques, mais ceux dont je refusais d'expérimenter sur les Prussiens le nouveau feu grégeois n'étaient pas loin de m'appeler traître et même vendu.

Celui-là avait construit une machine à vapeur qui, lancée à une vitesse irrésistible à travers les rangs ennemis, y causait d'incalculables ravages. J'avais beau m'exténuer à tâcher de lui faire comprendre que l'ennemi se rangerait de cette locomotive comme les voyageurs se rangent de celles qu'ils voient venir de loin; qu'en outre il suffirait de se tenir sur une hauteur pour rendre complètement inoffensive cette prétendue machine infernale, je me heurtais à des raisonnements auxquels il ne manquait que la raison, ce qui suffisait à les rendre indiscutables.

J'eus aussi à examiner des forts mobiles et transportables comme autant de chouberskys. Malheureusement, plus ils possédaient la mobilité, moins on pouvait compter sur leur solidité, si bien que l'artillerie adverse les eût démolis et même faits prisonniers en même temps que les pointeurs qui les desservaient.

Je fus également en butte à un certain nombre d'hommes-volants qui m'offraient d'aller planer au-dessus des lignes prussiennes, sur lesquelles ils répandraient des cataractes de dynamite enfermée dans des bouteilles qui, en se brisant sur leurs casques, feraient sauter tous ceux qui avaient eu l'imprudence d'adopter cette coiffure trop résistante.

Je répondais que l'idée était merveilleuse, à la condition expresse qu'elle fût exécutable, et qu'elle ne l'était pas, attendu que l'art de se diriger dans les airs était resté jusqu'à présent la propriété exclusive des oiseaux; que les appareils qu'on me présentait devaient donc être expérimentés publiquement avant d'être pris un seul instant au sérieux.

Une seule découverte me frappa par la précision et la netteté de la démonstration qui l'accompagnait. Elle m'était apportée par un jeune ingénieur alsacien dont j'ai malheureusement oublié le nom. Peut-être est-il mort, peut-être renonça-t-il à sa combinaison en la voyant rester incomprise. Le fait est que je ne le vis guère que deux fois et que je n'entendis plus parler de lui.

Voici ce qu'il avait imaginé : d'énormes câbles du diamètre de ceux qui relient l'Europe à l'Amérique et qui, au lieu d'être immergés dans l'Océan, seraient enfouis dans la terre au moyen d'une tranchée d'environ un mètre et demi de profondeur.

Ces formidables cordons sanitaires seraient disposés à l'embouchure de toutes les issues par où une armée ennemie pourrait pénétrer sur notre sol : par exemple, à la sortie du défilé des Vosges ou le long de la frontière belge. A chaque bout, ces câbles seraient en communication avec de puissantes machines développant une force motrice considérable.

Au moment où les troupes d'invasion seraient signalées, un formidable courant, passant à travers ces serpents d'airain, suffirait à électriser le sol dans une certaine zone, de façon à immobiliser aussi bien l'infanterie que l'artillerie et la cavalerie.

Il m'affirmait avoir réussi, dans cet ordre d'idées, des expériences qui l'avaient convaincu. Et, en effet, je me rappelle avoir lu à Londres dans les journaux français, pendant mon dernier exil, un fait divers qui corroborait tout à fait l'invention de mon jeune ingénieur : les chevaux d'un omnibus s'étaient tout à coup arrêtés sans que le conducteur parvînt à leur faire faire un pas de plus. Informations prises, ce phénomène tenait à la rupture d'un fil souterrain qui, changeant de voie, était venu déverser son électricité dans le sol du boulevard des Italiens à un point déterminé.

Du moment où un simple fil, actionné par une force évidemment très relative, a développé un magnétisme assez fort pour immobiliser les chevaux d'un omnibus, il semble qu'il n'y aurait rien d'impossible à ce qu'un courant incomparablement plus puissant paralysât toute une armée.

Je n'ai aucune prétention à résoudre des questions scientifiques, mais le souvenir de la proposition du jeune Alsacien m'a souvent travaillé et, comme il est en somme assez facile d'en tenter l'épreuve, je suis surpris que des hommes du métier n'y aient pas déjà songé.

Je fis observer à l'inventeur que, même si l'efficacité de son système de défense était démontrée, l'heure de l'appliquer était malheureusement passée et nous en restâmes là ; mais, de tous les songes auxquels je fus en proie, celui-là m'a semblé le seul qui ne fût pas complètement creux.

Les mélanges extraordinaires auxquels avait, comme préfet de la Seine, présidé Jules Ferry pour la confection de l'immangeable pavé qui prit le nom de « pain du siège », contribuèrent à lui créer une impopularité qui le suivit plus tard dans la carrière ministérielle et dont il ne se débarrassa jamais.

En dehors de ses opinions politiques fort chancelantes et indéterminées, mais inclinant plutôt vers le centre gauche, Jules Ferry était une nature sèche et grincheuse, instinctivement portée aux mesures répressives. Malgré l'avis de plusieurs membres de la Défense, il insista toujours pour l'arrestation et la mise en jugement des chefs du mouvement du 31 octobre.

Tout son ensemble respirait la bourgeoisie ambitieuse et cupide, et ses favoris en côtelettes lui donnaient l'air de quelque avoué de province. Il avait, dès ses débuts, poursuivi le projet d'un beau mariage où il trouverait son compte aux deux points de vue de la fortune et de la politique. Une dame fort riche, dans le salon de laquelle j'étais reçu, me conta que, lorsqu'elle était jeune fille, il avait obstinément tourné autour d'elle et qu'il avait fallu l'éconduire presque brutalement pour en finir avec ses assiduités.

C'est seulement vers les dernières années de sa carrière parlementaire qu'il réalisa ce rêve longtemps pourchassé. Mais s'il avait soigneusement et méthodiquement arrangé sa vie, les événements se chargèrent de la déranger.

Jules Favre avait ménagé entre les maires et le gouverneur de Paris une entrevue où celui-ci promit tout ce qu'on lui demanda, et notamment la fameuse sortie torrentielle qui faisait le fond de toutes ses conversations. Il se plaçait toujours, dans ses harangues, en face de la postérité qui lui reprocherait ceci, mais qui lui tiendrait compte de cela ; à quoi Jules Simon agacé l'interrompit un jour par cette réflexion :

— A cette heure, ce n'est pas la postérité qui doit nous préoccuper, c'est le rationnement.

Trochu démasqua alors le plan d'attaque. Il s'agissait de marcher sur Versailles. Mais pour arriver jusqu'à la chambre à coucher où Guillaume Ier étendait ses vieux membres, il eût fallu une autre initiative que celle dont était doué ce soldat-capucin.

En effet, sous prétexte de bonnes nouvelles reçues de province et annonçant la victoire de Bapaume, remportée par Faidherbe, Trochu ajourna la sortie annoncée, dont l'insuccès détruirait l'heureuse impression communiquée à la population par les récents faits d'armes.

On resta donc dans ce mortel *statu quo* sans même envoyer Jules Favre à la conférence de Londres où il était attendu. Il est vrai que Bismarck, pour le laisser sortir de Paris, exigeait la demande officielle d'un sauf-conduit, ce qui à tant de désastres ajoutait une grave humiliation. Le gouvernement s'y refusa donc, considérant que, d'ailleurs, laisser vide au milieu des plénipotentiaires le fauteuil de la France présentait un côté théâtral dont notre dignité pouvait bénéficier.

Mais ces nuances ne paraissent pas avoir été beaucoup appréciées par les conférenciers. La réunion de Londres eut lieu. Des intrigues cléricales et monarchiques s'y nouèrent et nous n'eûmes personne pour les surprendre et les déjouer.

Au surplus, tout porte à croire que Jules Favre avait ses raisons pour s'abstenir de quitter Paris. Il se voyait acteur dans un drame dont il méditait peut-être d'escompter à son profit le dénouement et il savait qu'en politique surtout les absents ont tort.

Il trouva un dérivatif dans une querelle assez violente qu'il chercha à Trochu, lui reprochant amèrement d'avoir désespéré de la défense dès le lendemain du 4 Septembre, de n'avoir crû ni au patriotisme de la garde nationale ni à la solidité de la mobile et de n'avoir jamais donné que des représentations guerrières sans livrer une seule véritable bataille.

Trochu fut piteux. Il confessa son erreur relative à la résistance de Paris qu'il n'aurait jamais supposée devoir durer aussi longtemps. Puis, se trompant encore plus gravement sur le reste, il n'accordait maintenant sa confiance qu'au « brave Bourbaki » dont le mouvement lui semblait d'un stratégiste consommé.

On appréciera la perspicacité du pauvre Trochu, en se rappelant qu'à ce moment même ledit Bourbaki faisait passer la frontière suisse à une armée exténuée de froid et de faim, au point que les hommes, n'ayant même pas la ressource de manger les feuilles des arbres qui, en cette saison, n'en avaient pas, en mâchaient l'écorce pour tromper leur inanition, et que les chevaux rongeaient les timons des fourgons d'artillerie avant de tomber morts sur les routes.

Lors de mon séjour à Genève, après mon évasion de la Nouvelle-Calédonie, j'entendais souvent les voituriers fouetter leurs rosses en leur criant :

— Eh ! va donc, Bourbaki !

Bourbaki étant devenu, dans le canton, synonyme de cheval éreinté et incapable de tenir sur ses jambes.

Mme Fazy, belle-sœur de James Fazy, qui fut quatorze ans président du Conseil d'Etat de Genève, m'a narré des épisodes navrants de cette entrée des troupes françaises en Suisse. Sans souliers, presque tous sans vêtements, les hommes se répandirent dans les villages comme des troupeaux de loups affamés ou des nuées de spectres. Mᵐᵉ Fazy avait gardé de ce spectacle un souvenir terrifiant.

Les Genevois secoururent avec un grand dévouement nos pauvres troupiers, leur descendant des vivres et leur confectionnant des soupes chaudes, dont la distribution se faisait en pleine rue et sur les places, tant ces infortunés étaient hors d'état d'attendre seulement un quart d'heure de plus.

Mᵐᵉ Fazy se rappelait qu'ayant donné à un lignard hâve et dépenaillé un bol de soupe aux choux, elle vit un officier non moins affamé s'approcher du soldat et lui prendre son bol en lui disant :

— Celui-là est pour moi ; tu attendras qu'on t'en apporte un autre !

Alors le soldat, se jetant sur lui, le saisit à la gorge et lui cria sans aucun respect pour ses épaulettes :

— Rends-moi mon bol de soupe ou je t'étrangle ! Tu sais, nous ne sommes plus ici en France. Tu n'es plus mon supérieur et je n'ai pas d'ordres à recevoir de toi.

Et, comme le soldat était plus fort que l'officier, celui-ci rendit le bol et attendit son tour.

Cet exemple prouve surabondamment que l'obéissance passive est une convention militaire acceptée seulement par ceux qui l'imposent, non par ceux qui la subissent, et que, quand l'occasion s'offre à ces derniers de s'en affranchir sans danger de conseil de guerre, ils la laissent rarement échapper.

La rencontre entre Augereau et Napoléon après

l'abdication, et où le premier insulta grossièrement le second, lui reprochant sans ménagement aucun son despotisme, son ambition furieuse et la destruction de la République, est un exemple du même ordre. On ne se soumet jamais que sous bénéfice d'inventaire et le plus grand général du monde a presque toujours un ennemi dans son lieutenant en apparence le plus dévoué.

Eh bien ! c'est en ce Bourbaki, l'auteur immédiat de la guerre qu'il avait obstinément conseillée à Napoléon III d'abord, ensuite à l'impératrice, que Trochu plaçait toute sa confiance, à l'exclusion de Faidherbe et de Chanzy dont il critiquait hautement les manœuvres. Puis, tout en reconnaissant que les troupes régulières, épuisées par la longueur et la rigueur de ce siège atroce, n'étaient plus capables d'un effort sérieux, il se refusait à leur substituer la garde nationale qui, moins éprouvée puisqu'elle n'avait presque pas donné, aurait pu entrer en ligne avec quelque chance.

Le général Clément Thomas, qui la commandait, fut appelé à émettre son opinion sur la possibilité de l'employer. Sa déclaration, qui transpira dans le public, fut en même temps son arrêt de mort. La garde nationale, qu'il avait mission de défendre puisqu'il en était le chef, et dont il aurait dû passer le commandement à un autre s'il la jugeait indigne de lui, ne lui pardonna pas d'avoir essayé de la déshonorer publiquement, et lorsque, au 18 Mars, elle devint maîtresse de Paris, elle fit de son ancien général sa première victime.

Clément Thomas, en plein conseil, abonda presque cyniquement dans le sens des observations de Trochu. Il qualifia de « charlatanisme » la prétendue ardeur des gardes nationaux, affirmant que, le jour où on les exposerait dans un combat un peu sérieux, ce serait une débandade générale. Assertion mensongère et calomnieuse, car, par le nombre de ceux qui s'étaient déjà fait tuer dans plusieurs rencontres, on pouvait juger de la bravoure et de la solidité des autres.

Mais, ancien sous-officier de cavalerie, Clément Thomas partageait à l'égard des civils les imbéciles préjugés de la plupart des militaires. Jules Favre, qui soignait fort sa popularité, protesta contre les injures gratuites distribuées ainsi à des citoyens français par les deux généraux qui en avaient la charge et réclama une action immédiate que le conseil, dit-il, avait qualité pour exiger, le gouverneur de Paris n'étant que membre de la Défense au même titre que les autres, quoiqu'il en fût le président.

On s'usait ainsi en petites et incessantes querelles, au lieu de se dépenser pour les grands intérêts du pays. Par exemple, la présence d'un représentant de la France, de Jules Favre spécialement, à la conférence de Londres, avait une importance capitale. Bismarck le comprenait si bien qu'il avait retenu pendant quinze jours la lettre de convocation qui invitait notre gouvernement à s'y rendre. Cette seule considération était de nature à nous déterminer à y aller.

Mais ce fut précisément ce qui fit rejeter le projet. On crut de notre dignité de répondre par le dédain et l'abstention à ce procédé prussien. Le chancelier ne demandait pas autre chose et put, là-bas, manipuler à son aise, sans contradiction ni lutte, notre démembrement et notre déshonneur.

Cette résolution de rester en dehors du mouvement européen constitua une des fautes les plus irréparables qu'eussent encore commises les hommes de l'Hôtel-de-Ville. Ils laissèrent ainsi le champ libre à nos ennemis qui mirent naturellement une hâte extrême à en profiter.

Ce qui, par malheur, décidait ainsi le gouvernement à crâner, c'étaient les illusions renaissantes et quotidiennes dont Trochu, se sentant à peu près perdu, s'obstinait à l'entretenir. Cet illusionniste affectait d'attendre imperturbablement le résultat du mouvement de Bourbaki qui, probablement pour échapper aux conséquences de sa trahison de Metz et de ses négociations criminelles avec l'agent Régnier, s'était hypothétiquement brûlé la cervelle après avoir confié au général Clinchant les débris de son armée en déroute.

Mais comme, tout en entretenant les illusions des autres, Trochu ne s'en faisait aucune, il fallait, annonçait-il, pour qu'il fût en état de tirer avantage de ce fameux mouvement, qu'une dictature absolue fût remise entre ses mains. Le seul moyen de prolonger la résistance jusqu'à la grande victoire que devait remporter Bourbaki, c'était de déférer au conseil de guerre les calomniateurs qui incriminaient les généraux d'impéritie ou de traîtrise, et surtout, car toutes les dictatures se ressemblent, de supprimer les réunions publiques et la liberté de la presse.

Empêcher les Parisiens de parler et les journaux de paraître était sa façon à lui de battre les armées prussiennes. Ce n'était pourtant pas de la faute des journalistes si Ducrot avait jeté sur la Marne des ponts trop courts.

La proposition lancée par Trochu était si intempestivement ridicule qu'elle ne trouva que lui pour la défendre. Elle fournit simplement à ses collègues l'occasion de lui rappeler que la presse lui avait fait longtemps crédit et que c'était devant la démonstration évidente de son incapacité ou de son mauvais vouloir à défendre Paris qu'elle avait commencé à user de son droit de critique.

Il se récria sur l'impossibilité d'agir dans laquelle on le maintenait; il avait constamment les mains liées : ce qui lui fit répondre par Ernest Picard qu'il avait surtout les mains jointes. On en était ainsi peu à peu arrivé à des récriminations personnelles qui prenaient tous les jours plus de place dans la discussion, Trochu reprochant injustement à ses collègues leurs opinions révolutionnaires et ses collègues lui reprochant justement son cléricalisme.

A côté de la faiblesse dont il témoignait vis-à-vis de l'ennemi, le gouvernement faisait preuve à l'égard de la population d'un autoritarisme et d'un sans-gêne qui parfois irritaient profondément celle-ci. Sous couleur de constater si on ne dissimulait pas du blé, il envoyait perquisitionner chez des particuliers dont le domicile était bouleversé et que cette suspicion désignait dangereusement à l'animosité de leur quartier. On sait qu'en France rien n'est dangereux comme d'être qualifié d'accapareur. De là à porter sa tête au bout d'une pique, il n'y a qu'un pas.

D'autant que ces espèces de cambriolages opérés sur des dénonciations vagues, qui n'étaient souvent que des vengeances, n'amenaient aucune découverte sérieuse; mais le gouvernement sentait le besoin de faire du zèle, et si quelques-uns lui en savaient gré, ceux qui en étaient victimes ne le lui pardonnaient pas.

Magnin exigeait la réquisition des farines avec autorisation, pour chaque ménage, d'en conserver cinq kilogrammes, ce qui, pour peu qu'il fût composé de six ou sept personnes, revenait à sustenter un loup en lui jetant une fraise dans la gueule.

D'ailleurs, pour réquisitionner équitablement, il eût été indispensable d'envoyer des collecteurs opérer des fouilles à tous les étages de toutes les maisons de Paris, et si le possesseur de vingt ou trente kilos de farine avait refusé de les livrer, il aurait donc fallu les lui enlever de force, au risque de provoquer une émeute où les agents du fisc auraient eu probablement le dessous.

Tous les jours on proposait ainsi de nouvelles mesures dont pas une seule ne s'exécutait, et nous continuions tous à crier la faim sans qu'il fût possible de prévoir au moyen de quelle manne nous parviendrions à calmer la révolte de nos estomacs.

Nos chimistes les plus distingués cherchaient constamment un aliment nouveau à introduire dans la confection du pain afin d'en augmenter le volume. On y avait d'abord fait entrer de l'orge, de l'avoine, du vermicelle. On finit par y mêler de l'amidon, ce qui pouvait nous empeser l'œsophage, mais non le remplir.

Si encore ces souffrances nous avaient acheminés vers une solution!... Mais le secret de nos moindres tentatives militaires était révélé aux Prussiens qui prenaient immédiatement leurs précautions pour nous recevoir. C'était des ambulances que partait cet espionnage qui nous paralysait. Ainsi à Drancy, au moment où nos troupes se réunissaient pour une attaque évidemment connue de l'ennemi, celui-ci prit les devants et fit subir à un de nos corps d'armée des pertes désastreuses. Les Prussiens étaient renseignés sur tous nos mouvements et nous ne l'étions sur aucun des leurs. On comprend si la partie était égale!

Il résultait des calculs officiels les plus méticuleux qu'au 15 janvier 1871 Paris n'avait plus que pour quinze jours de vivres, et quels vivres! Le prix des aliments devenait de plus en plus fantastique. Un litre de haricots ou un boisseau de pommes de terre offert à une dame constituait un cadeau princier.

Seul ou à peu près seul, un marchand de gibier nommé Piètrement, qui logeait au bas de la rue Montmartre, près des Halles, se faisait clandestinement adresser de la campagne par des braconniers des lièvres et des perdreaux qu'on lui payait au poids de l'or. Un jour, j'avais invité à dîner, si on pouvait appeler ça dîner, Dorian et sa famille qui me recevaient souvent à leur table. J'allai demander à Piètrement s'il n'avait pas pour moi quelque chose, n'importe quoi, qui pût corser un peu le repas. Il venait de recevoir une oie d'assez belle prestance. Il m'en demandait cent vingt francs — parce que c'était moi — et je fus trop heureux de les lui verser.

Et quand par hasard on trouvait une bête tant soit peu comestible à se mettre sous la dent, on manquait de charbon pour la faire cuire. Par contre, jamais hiver n'avait été plus persistant dans un froid plus intense. Il avait commencé au 15 octobre et sévissait encore au 15 janvier sans pitié ni merci, dans des conditions exceptionnelles de rigueur. Les gens marchaient dans les rues comme cassés en deux par la bise et les rafales. Toutes les misères humaines semblaient s'être donné rendez-vous sur notre dos.

Pour suprême cataclysme, le bombardement redoublait de fureur, au point que nous ne savions jamais si, hommes, femmes et monuments, nous n'allions pas être tous réduits en un seul monceau de cendres. Comme du Napoléon de l'*Expiation*, on pouvait dire de Paris:

Qu'il était comme un arbre en proie à la cognée :
Sur ce géant, grandeur jusqu'alors épargnée,
Le malheur, bûcheron sinistre, était monté.
Et lui, chêne vivant par la hache insulté,
Tressaillant sous le spectre aux lugubres revanches,
Il regardait tomber autour de lui ses branches.

Trochu, qui s'occupait moins d'améliorer la situation que de chercher des mots à effet pour la caractériser, ne proposait plus des « sorties ». Il les appelait des « coups de désespoir », ce qui n'indiquait que trop à quel point l'état des choses était désespéré. Bien qu'il les dissimulât à l'armée et à la garde nationale, il ne cachait pas au conseil ses craintes de voir, après quelque déroute, la ville envahie et prise d'assaut par les troupes prussiennes.

C'eût été alors toute une population livrée aux exaspérations d'une soldatesque qu'une résistance un peu accentuée déchaînerait sur nous. Cette hypothèse était en effet à approfondir et Jules Favre, qui avait fait blanc de son épée, ou plutôt de sa langue, commençait à avouer que, la lutte ayant été poussée au delà des plus extrêmes limites, il serait peut-être temps de préparer la population à la reddition de la place.

C'est alors qu'eut lieu une scène inénarrable entre Favre et Trochu et que Dorian m'a contée : Favre reprochant amèrement à Trochu d'avoir donné aux Parisiens l'assurance qu'il ne capitulerait pas, Trochu reprochant à Favre de leur avoir promis de ne céder ni un pouce de notre territoire ni une pierre de nos forteresses. Dorian m'assurait qu'il avait éprouvé un sentiment de douleur mêlé d'envie de rire en les entendant se jeter ainsi réciproquement leurs fanfaronnades à la tête.

Quant au peuple, il avait su parfaitement faire à

chacun sa part et n'accordait pas plus de confiance aux déclarations de celui-ci que de celui-là. Et, constatation humiliante, nous avions la presque certitude que le gouvernement prussien ne consentirait pas à traiter avec celui de la Défense nationale qu'il considérait comme insurrectionnel et non autorisé à discuter des conditions de paix et d'une indemnité de guerre.

C'était au refus de Jules Favre de se rendre à la conférence de Londres, où une place lui était réservée, que nous devions attribuer ce nouveau camouflet. S'il s'y était présenté comme représentant de la France, il avait de grandes chances de faire reconnaître par les grandes puissances la République dont il était alors le vice-président. En se plaçant volontairement en dehors du concert européen, il avouait la situation révolutionnaire que les événements lui avaient créée et faisait de ses collègues et de lui autant de Mazaniello sans autorité légale comme sans mandat.

Ce dédain affiché par l'ennemi à leur égard offrait de plus le terrible danger de leur ôter toute qualité pour proposer et signer une capitulation dans laquelle il ne leur était pas permis de stipuler pour les habitants la moindre garantie de sécurité.

Jules Favre fit observer, dans les termes amers qu'il ne ménageait pas à Trochu, que c'était dans le but d'écarter ce grave péril qu'il avait si souvent réclamé l'élection soit de députés parisiens, soit l'adjonction des maires à la Défense nationale. Il eût été alors difficile à l'ennemi d'arguer de l'usurpation commise par les membres du gouvernement pour repousser leurs ouvertures.

Il ajoutait que le gouverneur de Paris s'était obstinément refusé à ce partage du pouvoir dont aujourd'hui il était hors d'état de supporter le poids et que les Prussiens eux-mêmes lui contestaient.

A ces observations, difficilement réfutables, Trochu, toujours fluctuant et tortueux, répondit qu'en effet il ne s'opposait pas à l'adjonction des maires; toutefois, pour certaines questions seulement, comme celles du ravitaillement et de la « capitulation ».

C'était eux qu'il aurait volontiers chargés de justifier sa parole à double entente :

— Le gouverneur de Paris ne capitulera pas.

Clément Thomas qui était brutal, désobligeant et même grossier, mais intrépide, proposa un dénouement qui fit reculer d'horreur les plus résolus et Trochu tout le premier lequel, bien que revenant continuellement sur la possibilité de sa mort, paraissait assez peu disposé à aller au-devant d'elle. Le général en chef de la garde nationale conseilla une franchise complète vis-à-vis de la capitale à qui on faisait depuis longtemps voir des étoiles en plein midi. La communication suivante s'imposait :

« Nous n'avons plus ni vivres ni munitions. Une sortie en masse n'offrait plus aucune chance de réussite. L'heure de se rendre était venue... »

Peut-être, ajoutait-il, ce cinquième acte auquel on avait eu, par manque de courage civique, le tort de ne pas préparer les Parisiens, allait-il les jeter dans une rage folle; peut-être celle-ci se traduirait-elle par l'égorgement instantané de tous les membres du gouvernement de la capitulation nationale, mais ce serait pour eux une mort très acceptable.

Je crois inutile de faire remarquer qu'ils ne l'acceptèrent pas. Ils se bornèrent à se renvoyer la balle, Jules Ferry regrettant que son collègue Jules Favre ne fût pas allé renforcer de sa haute autorité le gouvernement de province, Jules Favre se levant et criant, d'un bout de la table à l'autre, à son collègue Jules Ferry :

— Il fallait pourtant que je restasse ici, ne fût-ce que pour aller au quartier général prussien jouer le rôle d'Eustache de Saint-Pierre!

Et Jules Ferry répliquait :

— Tous, ici, nous l'aurions joué comme vous!

Cette réminiscence était hors de saison, attendu que, si la vie d'Eustache de Saint-Pierre et de ses compagnons devait payer la rançon de la ville de Calais, il n'y avait aucune apparence que celle de Jules Favre ou de Jules Ferry fût menacée par Guillaume ou Bismarck. Ces deux hommes pratiques, comme la plupart des Allemands, aimaient infiniment mieux nous couper la bourse que de leur couper le cou.

A partir de ce moment, le bon La Fontaine fut de la partie. Tous étaient d'avis qu'il ne restait de ressource que dans une prompte capitulation, mais c'était à qui repasserait à d'autres la mission d'attacher ce terrible grelot. On songea à en charger les maires dont on avait systématiquement rejeté les conseils, mais qu'on trouvait tout indiqués pour endosser l'affront d'une reddition à merci.

Et encore, ces sacrifiés eussent-ils accepté le sacrifice, rien ne prouvait que les Prussiens n'auraient pas, en même temps qu'un traité de capitulation, exigé un traité de paix, ce qui eût forcé la délégation de province à mettre bas les armes.

Comme toujours, moins dans l'espoir de sauver Paris, qui était insauvable, que de se relever quelque peu aux yeux de la population, le gouvernement se décida pour un « suprême effort » que dirigerait le général Trochu. En prévision de sa mort qu'il escomptait toujours, ayant déjà prononcé plusieurs discours sur sa propre tombe, il avait fait nommer le général Leflô gouverneur par intérim, sinécure évidente, attendu que, toutes les troupes une fois dehors, Paris n'était plus qu'un désert.

Jules Favre avait ciselé pour les Parisiens une proclamation où il laissait entrevoir trop clairement le projet de se rendre après la comédie d'une dernière bataille. Jules Simon lui en substitua une autre moins explicite.

Le rationnement à trois cents grammes de pain par jour et par tête paraissait atroce tout en devenant nécessaire. Il n'y avait plus à consommer d'autres chevaux que ceux de la cavalerie, dont on avait besoin pour l'effort en question. De sorte que, placé entre le cri de son honneur et celui de son ventre, Paris se demandait s'il ne valait pas mieux qu'une défaite définitive nous ramenât les hommes dont on pourrait ainsi manger les bêtes.

L'attaque, qui avait commencé par Montretout, ne tarda pas à aboutir à une retraite précipitée de nos troupes. Trochu, réfugié au Mont-Valérien et s'y sentant à l'abri d'un mouvement populaire, envoyait à ses collègues dépêches sur dépêches, les invitant à faire afficher le triste résultat de la bataille, ce à quoi ceux-ci ne tenaient pas le moins du monde. Tout ce qu'on accorda au général Trochu fut de lui laisser sa défaite pour compte et de lui chercher un remplaçant.

Cette fonction, dont à ce moment personne ne voulait, fut offerte au vieux Leflô, ex-proscrit de Décembre, qui, à l'instar de la plupart des émigrés, s'il n'avait rien oublié en exil, n'y avait non plus rien appris.

Il offrit de mourir, ce qui nous eût mis inutilement un cadavre de plus sur les bras, mais il affirma partager à l'égard du percement des lignes prussiennes la même opinion que le gouverneur dont il faisait l'intérim.

Comme accentuation à la retraite de Montretout, on reçut à l'Hôtel-de-Ville une dépêche irritée de Gambetta récriminant avec la dernière violence contre l'inaction de Paris, dont il accusait les chefs d'apathie, presque de lâcheté, et insistant pour l'organisation d'un grand mouvement militaire qui lui donnât à lui-même la faculté d'agir vigoureusement sur les derrières de l'ennemi.

Et comme il se doutait que ses objurgations tomberaient dans des oreilles de sourds, il menaçait de faire connaître, par la publication des dépêches échangées entre Jules Favre et lui, la vérité qu'on cachait à la France.

Cette menace, doublée d'un véritable acte d'accusation, mit en révolution le conseil. Tout le monde y maudit Gambetta qui fut atteint et convaincu d'avoir voulu faire rejaillir sur Trochu la responsabilité des récents revers du général Chanzy qui venait de laisser entre les mains des Prussiens dix mille hommes de son armée.

Sous quelques côtés qu'on examinât la situation, elle était effroyable :

Attendre pour négocier l'écrasement complet des troupes disponibles qui tenaient encore dans Paris, c'était autoriser l'ennemi à arborer toutes les prétentions ;

Entamer des négociations alors que, même après l'affreux échec de Montretout, Paris renfermait encore deux cent cinquante mille hommes en état de marcher, c'était côtoyer la trahison.

Cependant il était encore plus sage de tenir cette armée en réserve pour le cas où, le roi de Prusse ayant rejeté nos conditions, il y aurait de nouveaux combats à livrer.

Le seul point qui réunît l'unanimité, c'était l'urgence de la révocation de Trochu dont la faiblesse intellectuelle et militaire était désormais démontrée. Jules Simon était d'avis que le gouvernement lui-même devait disparaître tout entier après avoir remis ses pouvoirs entre les mains des maires de Paris, dont l'influence sur la population était encore assez considérable pour obtenir d'elle qu'elle répondît, par quelques jours de misère et de jeûne, à la diatribe lancée contre elle par Gambetta.

Dorian, dont le bon sens ne se démentit pas un instant pendant cette lugubre période où tous perdaient la tête, fit observer que le remplacement du général Trochu ne serait qu'une mesure platonique si on n'avait pas d'abord sous la main le soldat capable de prendre sa succession.

Qu'on lui en montre un confiant dans les résultats d'un dernier effort, s'engageant à le tenter après avoir exposé au conseil son plan de bataille, il sera le premier à l'investir du commandement. La destitution du général Trochu avant qu'on lui eût choisi un successeur ne serait au contraire qu'une mesure négative susceptible d'effrayer la population plutôt que de la satisfaire.

Mais les hommes de l'Hôtel-de-Ville obéissaient surtout à la crainte de mouvements populaires annoncés de divers côtés. Trochu était devenu antipathique à la ville entière. La meilleure politique et même la seule était de le sacrifier.

On lui enlèverait le commandement en chef tout en lui laissant le titre de gouverneur. Concession d'autant moins dangereuse qu'il n'avait plus rien ni personne à gouverner.

Puis cette question se posa : L'honneur est-il satisfait ou ne l'est-il pas ? Et s'il ne l'est pas, que faut-il tenter pour le satisfaire ?

Les uns furent pour l'affirmative, d'autres pour la négative ; mais la résolution qui réunit tous les suffrages fut l'invitation à adresser au général Trochu d'avoir à démissionner.

Il l'avait souvent offert et on ne doutait pas qu'il ne fût prêt à une retraite qui s'imposait plus que jamais. Aussi la surprise du gouvernement fut-elle grande quand Jules Favre, envoyé en parlementaire auprès de lui, revint annoncer que le général refusait de se démettre, jugeant que ses trois titres de gouverneur de Paris, de président de la Défense nationale et de commandant en chef des troupes assiégées ne constituaient, comme dans la Sainte-Trinité, qu'un seul et même pouvoir dont aucune attribution ne pouvait être détachée.

Personne ne fut dupe du jésuitisme de ce raisonnement. En réalité, comme tout bon catholique élevé à l'école de la duplicité, il avait proposé sa démission quand il se croyait sûr qu'on ne l'accepterait pas ; et, le jour où on le sommait de la signer, il la retirait sans aucune vergogne.

Toutefois la nouvelle de sa mise en disponibilité avait circulé dans le public et y avait été si bien accueillie qu'il lui était difficile de se faire illusion sur la durée de ses pouvoirs. Il se présenta dans une irritation extrême à la séance du 27 janvier et se plaignit d'avoir été tenu en dehors des délibérations entreprises par ses collègues en vue de l'évincer. Et, avec la fausse bonhomie dont il était coutumier, il affirma que, s'il avait été mis au courant du désir qu'ils manifestaient à cette heure de le remplacer, il aurait depuis longtemps quitté et la présidence du conseil et le commandement en chef de l'armée.

Seulement, par un malheur qu'il déplorait au delà de tout, il était maintenant trop tard pour lui découvrir un remplaçant. Toutefois, discuté comme il l'était partout, aussi bien à l'Hôtel-de-Ville qu'aux mairies, il était résolu à déposer tous ses titres et fonctions, tout en comprenant la situation gênée qui sera faite au nouveau général en chef, lequel sera nécessairement plus jeune divisionnaire que lui, le plus ancien en grade de tous les généraux présents à Paris.

Puis, avec toutes sortes de réticences cléricales, il affectait de craindre que les autres ne refusassent d'obéir au commandant en chef qu'on lui substituerait.

En présence d'éventualités à ce point périlleuses que le moindre éclat était de nature à provoquer une explosion, le conseil pria le général Trochu de rester, et par dévouement pour la chose publique il se résigna — oh ! bien malgré lui — à se laisser forcer la main.

Et pour se réconcilier sur le dos de quelqu'un on s'en prit à Gambetta dont les dépêches affectaient un ton de menace confinant à la grossièreté. Les uns voulaient que Chanzy, quoique battu en province, risquât un mouvement sur Paris, malgré la défense que le même Gambetta lui en avait faite. Mais il eût fallu lui faire porter cet ordre par un ballon dont l'atterrissement était toujours aléatoire, et l'émeute qui grondait d'un côté, l'ennemi qui de l'autre tirait à boulets rouges ne permettaient plus d'atermoiements. On en était à gagner une heure.

En effet, pendant qu'on en perdait un certain nombre à se demander si, tout en laissant à Trochu le titre de gouverneur de Paris, on ne ferait pas bien de confier au général Vinoy celui de commandant en chef, la population, arrivée aux dernières limites de la patience, s'était décidée à se porter sur l'Hôtel-de-Ville. Mais elle s'était d'abord arrêtée devant la prison de Mazas qu'elle avait envahie et d'où elle avait fait sortir les prisonniers du 31 octobre, arrêtés en violation impardonnable d'une parole donnée.

Flourens, qui en faisait partie, se voyait enfin libre et se préparait immédiatement à de nouvelles luttes. Vinoy, qui au 18 Mars n'évita le sort des généraux Lecomte et Clément Thomas qu'en filant de toute la vitesse de son cheval, ne parlait à ce moment que de cours martiales et d'exécutions sommaires. Il paraissait impatient de débuter dans l'art de fusiller les prisonniers.

Les bruits de capitulation imminente amenèrent cette émeute du 22 janvier qui coûta la vie à une vingtaine des manifestants accourus sur la place de l'Hôtel-de-Ville et aussi par la suite à Gustave Chaudey qui avait fait tirer sur eux. Il y avait eu de la part du peuple des clameurs à l'adresse des capitulards, mais il n'y avait pas eu d'agression.

Je ne connais de cette journée que ce que des témoins m'en ont raconté. Je n'ai conséquemment pas le droit de fixer ici le rôle qu'y a joué Gustave Chaudey qui se défendit d'avoir ordonné le feu. Je l'avais vu quelquefois en compagnie de Cernuschi et rien en lui n'indiquait un énergumène de l'ordre. Cependant la Commune ne l'accusa plus tard d'avoir dirigé sur la foule les fusils des mobiles que parce que le gouvernement, qui l'avait choisi comme adjoint au maire de Paris, l'en félicita publiquement.

Il ne peut subsister à cet égard aucun doute. D'ailleurs, après le 18 Mars, les journaux révolutionnaires parisiens publièrent un bon retrouvé à l'Hôtel-de-Ville même et portant une allocation de mille francs que lui octroyait la Défense nationale pour sa belle conduite dans la journée du 22 janvier.

En quoi consista cette conduite et quelle fut exactement sa part de responsabilité dans la catastrophe qui ensanglanta la place de l'Hôtel-de-Ville, je n'ai eu à ce sujet que des renseignements contradictoires. Mais on comprend dans une certaine mesure que la découverte dans les cartons du gouvernement de la Défense de ce reçu de mille francs ait exalté les camarades des révolutionnaires tombés sous les balles et que cette indemnité ait représenté pour eux le prix du sang.

Ce mouvement fut le dernier effort de la protestation parisienne contre les faiblesses gouvernementales. Jules Favre proposa la fermeture des clubs, car cet avocat, qui était surtout de la race des procureurs généraux, trouvait toujours quelque chose à fermer.

Le préfet de police Cresson réclama de son côté la suppression de plusieurs journaux et comme supplément l'arrestation de leurs rédacteurs.

L'excellent Vinoy prétendit s'attribuer le droit de faire fusiller les passants, « sommairement », disait-il, et sans avoir d'explications à fournir au sujet de ces assassinats qu'il appelait des exécutions.

Si l'atroce Vinoy s'en était seulement permis une seule, il eût été immédiatement écharpé par la population et il le savait bien, mais il tenait à assurer le conseil de son concours dévoué le jour où on en aurait besoin pour de futurs massacres et quand, bien entendu, il n'y aurait plus aucun danger à les perpétrer.

A ce moment, la crise de la faim et de la défaite était à son maximum d'intensité et chacun, soit dans le gouvernement civil, soit dans le commandement militaire, ne songeait plus qu'à se défiler. Après avoir pendant cinq mois repoussé tout contrôle de leurs actes et tout partage de leurs pouvoirs dictatoriaux, les membres du gouvernement parlaient de faire élire par la population des délégués spéciaux chargés de négocier et derrière lesquels ils se seraient abrités piteusement.

Trochu prêchait cette solution dont il espérait se couvrir. Magnin s'y opposa comme à un subterfuge déloyal et plus déshonorant qu'une capitulation pure et simple, proposée à l'ennemi par le gouvernement lui-même.

En présence de sa démission que Magnin avait déjà rédigée, le conseil décida que Jules Favre, le négociateur juré, se rendrait au quartier général prussien pour y céder tous les pouces de territoire et toutes les pierres de nos forteresses que Bismarck exigerait de nous.

Il partit dans la journée même, emportant des instructions qu'il lui était extrêmement difficile de suivre à la lettre, puisque personne ne connaissait les conditions qu'imposerait le vainqueur. Je retrouve dans les notes prises par le gendre de Garnier-Pagès, Dréo, adjoint au secrétariat du gouvernement, le résumé de la séance où fut résolue la démarche que tenterait Jules Favre, et par laquelle allait se clore ce siège lugubre, glorieux peut-être, mais où le plus grave péril résidait dans le développement des prétentions de l'assiégeant en proportion du temps, des hommes et de l'argent que nous lui faisions perdre.

Si Trochu, croyant au succès final de la résistance, avait été parfaitement décidé à la pousser jusqu'à ses extrêmes limites, j'aurais compris qu'il se dérobât à tous les pourparlers. Mais, dès le début, il proclamait la défense à peu près impossible, et en effet ne tenta rien pour la rendre réelle. Faire tuer des hommes dans des démonstrations qu'il savait ne devoir aboutir à aucun résultat sérieux était criminel au point de vue humanitaire et on ne peut plus dangereux au point de vue du prix dont nous allions payer notre défaite.

Mais chez lui, comme chez tous les dévots, l'hypocrisie était le nerf de la politique et de la guerre. Je laisse la parole à M. Dréo :

Dans la séance du matin, le 23 janvier, M. J. Favre, qui doit se rendre dans la journée au quartier général prussien, demande au conseil des instructions sur la conduite qu'il aura à tenir.

Il expose les conditions qu'il a le projet de poser dans ces négociations préliminaires : des élections, les armes de Paris remises à l'ennemi, mais restant notre propriété ; la garnison se retirant avec ses armes.

M. le général Trochu considère cette dernière condition comme impossible à obtenir. Si la garnison sortait de Paris, avec ou sans armes, comment l'ennemi l'empêcherait-il de recommencer la guerre ? On ne peut exiger le serment de tous les soldats ; et la Prusse ne voudra pas augmenter encore le nombre des internés en Allemagne.

M. Pelletan croit que probablement on laissera l'armée dans Paris après lui avoir enlevé ses armes.

Dans la discussion que le procès-verbal rapporte avec détails, MM. Garnier-Pagès, Picard, Arago, Simon développent l'opinion que M. J. Favre partage, de laisser se produire les prétentions de l'ennemi, de ne rien proposer de notre côté, d'écouter seulement afin de consulter ensuite le conseil.

M. Garnier-Pagès ne voudrait pas que M. J. Favre considérât la démarche qu'il va faire comme une tentative suprême, ni qu'il se laissât dominer par des questions d'humanité, dont son adversaire, très froid et très habile, saurait tirer parti. Lorsque la Prusse demandera au gouvernement de traiter pour la France, le négociateur alléguera le manque de droit et la nécessité des élections.

M. Picard croit les Prussiens très embarrassés en présence de la résistance du pays, qui en fait pour eux un nouveau Mexique. Avec une grande fermeté d'attitude, M. Favre, auquel il est impossible de fixer d'avance des bases précises, montrera qu'une paix durable est impossible sans la constitution d'une Assemblée élue. L'essentiel est d'empêcher l'ennemi d'entrer dans Paris.

M. Simon regarde la réunion d'une Assemblée comme indispensable, même pour la fondation de la République; il préfère d'ailleurs, dans l'intérêt des idées libérales et démocratiques, la monarchie elle-même à la dictature ou à une République autoritaire.

Il craint que les conditions pour Paris ne soient très dures. Il ne faut pas marchander les sacrifices d'argent; mais une Assemblée seule pourrait consentir à une cession territoriale. Quant à l'armée et à la garde nationale, on sera probablement soumis aux nécessités de la guerre; peut-être faudra-t-il voir les officiers de la garde nationale emmenés prisonniers.

Le général Clément Thomas répond qu'il y en a 28,000.

M. Simon ajoute qu'il faut faire sonner bien haut la volonté unanime à Paris de se battre encore, dût-on pour cela renverser le gouvernement existant.

M. Favre veut obtenir les élections; mais espérer les faire faire sans que Paris capitule lui paraît une chimère; demander cela dans la situation actuelle serait tellement en dehors de la vérité des faits, qu'on ne serait pas pris au sérieux par l'ennemi.

M. Arago déplore de nouveau qu'on se laisse entraîner par humanité à faire une démarche que l'histoire jugera sévèrement. Il ne faudrait pas, du moins, que, par cette démarche fatale, tout le gouvernement fût engagé; il ne veut pas, cependant, séparer, en donnant sa démission, sa responsabilité de celle de ses collègues; il accepte la solidarité, mais il veut exprimer librement son opinion.

M. le général Trochu montre à MM. Arago et Magnin, d'un côté ce qui, suivant eux, est une faute politique, de l'autre un crime à commettre, car après-demain on manquera de farine et la population mourra de faim. Si on ne veut pas entamer de négociations, il faut au moins faire connaître la vérité à la population et la consulter.

M. Magnin promet de nourrir Paris jusqu'au 27; il ne faut donc pas s'exagérer le danger. Quoi qu'il arrive, il ne se séparera pas de la majorité de ses collègues; mais il ne voudrait pas voir engager le reste de la France. Il demande que le mandat de M. J. Favre soit étroitement limité.

M. le général Trochu ne croit pas utile de discuter à l'avance les conditions de l'ennemi; on ne les connaît pas encore. Il résume la discussion au point de vue des pouvoirs de M. J. Favre :

1° On constatera, la démarche faite, la situation des subsistances devant la population;

2° M. Favre se présentera à Versailles, en adversaire qui n'est pas encore accablé, et qui vient fermement défendre les intérêts de son pays;

3° Il observera les plus grandes précautions de langage et d'attitude en face d'un homme d'État des plus dangereusement habile;

4° Il dira que le gouvernement veut mettre un terme à des efforts sanglants, auxquels la population est cependant tellement résolue, qu'un doute sur les intentions du gouvernement suffira pour amener une émeute. Il ajoutera qu'il est venu demander quelles sont les intentions du quartier général au sujet de Paris, sans avoir l'intention de traiter ni du reste de la France ni de la paix.

5° M. Favre abordera les conditions du ravitaillement de Paris et celles d'un armistice pour Paris seulement.

Jules Favre rapporta les réponses de Bismarck, qui consentait à ne pas entrer momentanément dans Paris, à la condition qu'il occuperait les forts, d'où il serait en fait plus maître de la ville que s'il l'occupait réellement. A la moindre opposition à ses volontés, il n'avait qu'à donner un ordre pour que le plus effroyable bombardement nous remît plus que jamais à sa discrétion.

Il nous tenait donc comme dans un étau et, n'ayant plus besoin de nous faire peur, s'était montré très aimable envers notre négociateur. Le difficile était d'apprendre à la population la vérité qu'elle ignorait encore, bien qu'elle la soupçonnât.

Et, après avoir demandé à maintes reprises la suppression des journaux, Vinoy, dont le rôle fut pendant le siège aussi misérable que pendant la Commune, et Trochu, qui n'avait pas cessé de se signaler par sa haine contre la presse, acceptèrent avec ardeur une réunion des journalistes et des maires qu'on prierait de préparer le plus adroitement possible Paris au sort désastreux qui l'attendait.

Ce qui permettait d'espérer qu'aucun mouvement populaire ne suivrait la révélation de la situation réelle, c'est que Bismarck avait autorisé la garde nationale à garder ses fusils, sachant qu'il serait facile de l'empêcher de s'en servir, au cas où elle en manifesterait la velléité.

Le 26 janvier, à minuit, le feu cessa et un armistice de trois semaines avec ravitaillement fut conclu dans le but de permettre de procéder aux élections générales. Mais, comme Trochu les voulait à tout prix réactionnaires et monarchiques, il se hâta de demander à nouveau la suppression de la liberté de la presse, sous prétexte que les journaux pourraient publier des articles dont la violence contre l'ennemi amènerait des représailles de sa part.

Cette façon de soumettre à la censure allemande le droit des écrivains français fut nettement blâmée et presque flétrie par ses collègues. Trochu n'insista pas. Mais cette défiance envers les journalistes revêtait un caractère d'autant plus odieux qu'elle semblait inspirée à Trochu par Bismarck lui-même qui avait eu le cynisme de proposer à Jules Favre l'arrestation préventive de tous les publicistes, qui auraient été envoyés et détenus comme otages au quartier général prussien, pendant toute la durée de l'armistice.

Jules Favre eut heureusement le bon goût de lui répondre que c'était terminer par une bien cruelle plaisanterie des négociations aussi douloureuses.

La plus difficile épreuve à faire subir au peuple de Paris, c'était l'abandon des forts par les marins qui les occupaient. Une agitation, dont le but était de les faire rentrer dans Paris au nombre de cinq ou six mille pour les mêler à la garde nationale encore armée, ne produisit que peu d'effet, bien qu'on l'eût accompagnée de sonneries de tocsin. La plus vive inquiétude pour les capitulards de l'Hôtel-de-Ville, c'était leur ignorance des dispositions de Gambetta qui, au moment même où Jules Favre discutait à Versailles, avait envoyé un télégramme invitant la garnison de Paris à une sortie en masse, grâce à laquelle on réussirait, peut-être, à percer les lignes prussiennes, beaucoup moins épaisses, selon lui, qu'on ne le prétendait.

Un coup de tête de sa part et tout était remis en question. Jules Simon reçut en conséquence la mission d'aller le rejoindre à Bordeaux, où devait se réunir l'Assemblée nationale, et de lui intimer l'ordre, que Gambetta transmit plus tard à Mac-Mahon, de se soumettre ou de se démettre.

Et, pour donner plus de poids à cette injonction, le délégué du gouvernement de Paris avait en portefeuille, non seulement la révocation du dictateur de province, mais un mandat d'arrestation en forme, signé et paraphé, contre lui.

Il est inutile de faire remarquer à quel point il eût été difficile de le mettre à exécution. Il y a même tout lieu de croire qu'à l'instar de Chalier à Lyon, c'eût été l'arrestation de Jules Simon que la population bordelaise eût substituée à celle de Gambetta ; mais le gouvernement expirant, dont le fantôme errait encore dans les salles de l'Hôtel-de-Ville, espérait peut-être faire ainsi illusion aux autres et à lui-même sur son semblant de force et de puissance.

Il n'y avait rien de surprenant à ce qu'on envoyât quelqu'un à Bordeaux pour convaincre Gambetta de la nécessité de se rendre ; mais pour l'arrêter, c'était de la démence.

D'autant que le lieutenant que s'était choisi Jules Simon, et qui devait au besoin se saisir du dictateur récalcitrant, était M. Lavertujon, ancien rédacteur de la *Gironde*, alors un des secrétaires du gouvernement et actuellement au Sénat où, en qualité de membre de la Haute Cour, il a voté la déportation perpétuelle contre le général Boulanger et moi.

Or, ce modéré manquait essentiellement du prestige et de l'énergie qui eussent été indispensables pour dompter les résistances d'un homme entouré de généraux qu'il avait choisis, et obéi par des préfets qu'il avait nommés.

Gambetta voulait créer, au point de vue électoral, certaines incompatibilités rendant inéligibles les anciens fonctionnaires et les candidats officiels de l'Empire, car il craignait, non sans raison, que les campagnes ne votassent pour des bonapartistes avérés. C'était certainement là du pur jacobinisme et une atteinte au suffrage universel, qui n'est souverain qu'à la condition d'élire qui il veut; mais il s'agissait de défendre la jeune et chancelante République contre un courant clérical qui la menaçait et en réalité l'a perdue.

Ces exclusions arbitraires eussent donc été très bien vues de la démocratie, et si Gambetta n'avait pas mérité d'autres reproches sa mémoire aurait été moins discutée.

Le gouvernement de Paris, sous couleur de principes, accordait à tous, sans remonter dans leur passé, le droit d'éligibilité. Ce rappel à la Déclaration des droits de l'homme nous valut l'Assemblée la plus odieusement réactionnaire et cléricale qui ait jamais soufflé sur la France et sur la conscience humaine. Par sa lâcheté envers la Prusse, elle provoqua la Commune et par sa résolution nettement annoncée de substituer, dans le plus bref délai, la monarchie à la République, elle sépara le pays en deux camps qui, après vingt-cinq ans, ne se sont pas réconciliés et ne se réconcilieront probablement jamais.

Une grave difficulté s'éleva entre les négociateurs au moment où la convention paraissait acceptée des deux parts : Bismarck se prononça nettement pour l'exclusion de Garibaldi de l'armistice. Le héros avait offert à Gambetta sa précieuse épée, refusée par le gouvernement de Paris. Il avait été, en réalité, le plus terrible ennemi des Prussiens qui dans aucune rencontre n'étaient arrivés à le battre.

Bismarck, qui se connaissait en hommes, ne pardonnait pas à celui-là de l'avoir si souvent tenu en échec et, sous prétexte qu'il ne faisait partie d'aucune armée régulière, le chancelier allemand se proposait de le traiter comme une sorte de franc-tireur et de partisan qu'il mettait, *ipso facto*, en dehors du droit de la guerre.

C'était inique autant qu'infâme, attendu qu'ayant été commissionné par Gambetta il rentrait dans la catégorie de tous les chefs de corps reconnus comme belligérants.

Il était inadmissible qu'on poussât envers lui l'ingratitude jusqu'à l'abandon total. On s'aperçut alors que Jules Favre avait, par oubli ou par ignorance, autorisé la continuation des hostilités dans l'Est, ayant négligé de comprendre Bourbaki dans les clauses de l'armistice. Toute l'armée allemande était ainsi en mesure de se porter contre lui et de ne faire qu'une bouchée de ses troupes.

La question se trouva tranchée quand on apprit officiellement que les troupes de Bourbaki s'étaient, au nombre de quatre-vingt mille hommes, réfugiées en Suisse. Quant à Garibaldi, l'idée de l'exclure de l'armistice était le comble du saugrenu. Tout-puissant qu'il était, le chancelier aurait rencontré de sérieux obstacles à l'exécution du vainqueur de Catalafimi qu'il eût été obligé de faire fusiller comme étranger et chef de bande.

L'affaire s'arrangea donc et le général Manteuffel,

que Siraudin, Cogniard et moi avions avec une si douce ironie regardé parader en 1866 sur la grande place de Francfort, reçut l'ordre de traiter avec lui.

Une difficulté électorale surgit tout à coup : plusieurs officiers supérieurs faits prisonniers soit à Sedan, soit à Metz, s'étaient portés candidats à l'Assemblée nationale. Mais, s'ils étaient élus, iraient-ils siéger à Bordeaux comme prisonniers sur parole? D'autre part, ne fût-ce que pour hâter leur délivrance, beaucoup de départements pourraient les élire, même sans leur demander de profession de foi, ce qui constituait un gros danger pour l'avenir de la République tombée ainsi aux mains de la soldatesque.

Et, surcroît d'embarras, les prisons de la Seine contenaient également des détenus politiques non encore jugés, conséquemment réputés innocents et dont le droit était de se présenter aux suffrages des électeurs qui, en les envoyant à la Chambre, eussent adressé un blâme direct au gouvernement qui les avait fait arrêter.

Le premier point fut résolu entre Bismarck et Jules Favre dans le sens le plus large, les militaires élus devant cesser d'être prisonniers de guerre, puisqu'ils n'allaient à Bordeaux que pour signer la paix.

Le second amena dans le conseil des discussions plus mouvementées. Le général Soumain, bien autrement intelligent et perspicace que Vinoy, ce massacreur furibond qui, au 18 Mars, devait abandonner si honteusement ses collègues Lecomte et Clément Thomas tombés aux mains du peuple, le général Soumain avait pris sur lui de faire mettre en liberté Delescluze et plusieurs autres prévenus contre lesquels il estimait qu'il n'y avait pas lieu à suivre.

Bien que Soumain, avocat général près le conseil

de guerre, eût seul qualité pour apprécier le degré de culpabilité d'un homme en état de détention préventive, l'odieux Vinoy soutenait que ses pouvoirs de général commandant l'état de siège lui permettaient de disposer à son gré du sort des détenus. Et, comme toujours quand il s'agissait de mesures autoritaires et rigoureuses, il fut appuyé par Jules Favre.

Mais, qu'ils optassent pour le libéralisme ou pour l'autocratie, les directeurs de cette défense qui avait été si peu nationale étaient coulés dans l'opinion. Dès que les élections générales furent mises sur le tapis, ce fut dans tous les groupes parisiens, avancés ou rétrogrades, un seul et même désidératum : l'exclusion de toute candidature d'aucun des membres de l'Hôtel-de-Ville.

Le comité Dufaure lui-même, pourtant aussi centre gauche que possible, avait voté cet ostracisme, voulant que les députés fussent des juges et eux des accusés.

Les dictateurs de l'Hôtel-de-Ville discutèrent sur leur inéligibilité, mais au fond tous étaient résolus à se proclamer éligibles. Plusieurs même émettaient la prétention, élus ou non, de conserver le pouvoir, ce qui équivalait à la suppression de la consultation pour laquelle le pays était convoqué.

Trochu fit du sentiment et déclina tout siège à Paris, sacrifice d'autant plus facile que le blackboulage qui l'eût accueilli ne faisait doute pour personne. Jules Favre, qui continuait à jouer les *Bourgeois de Calais*, émettait l'avis que, les élections fussent-elles socialistes ou rétrogrades, ses collègues et lui devaient rester à leur poste gouvernemental.

En réalité, comme des enfants fâchés d'avoir prêté

leurs jouets à des camarades, ils n'avaient pas plutôt abandonné une bribe de leur pouvoir qu'ils s'empressaient de la reprendre, ce qui faisait dire à Delescluze :

— Ces gens-là ne lâcheront jamais leurs portefeuilles. Il faudra les leur scier sous le bras.

CHAPITRE XIII

Démission. — Proclamations. — Elections. — Tirard. — L'échec de Blanqui. — Devienne et Marguerite Bellanger. — Garibaldi et la papauté. — A Bordeaux. — Le « roi des capitulards ». — Assemblées houleuses. — Une maladie.

En ce qui me concerne, bien que je ne fusse prisonnier que de ma conscience, la capitulation me rendait ma liberté. Depuis plus de trois mois que j'avais quitté le gouvernement, je m'étais volontairement abstenu de toute agitation, me tenant plutôt à l'écart, afin d'ôter à mes anciens collègues de l'Hôtel-de-Ville tout prétexte de m'accuser un jour d'avoir compliqué, vis-à-vis de l'ennemi comme de la population parisienne, leur situation déjà si précaire.

On verra plus tard comment ils me surent gré de ma réserve, alors qu'il m'eût été si facile de tourner contre eux non pas seulement les habitants de la ville assiégée, mais l'armée qui la défendait.

Mon abstention, je le déclare d'ailleurs ici, serait attribuée à tort aux sentiments de camaraderie que je pouvais nourrir à l'égard de mes anciens compagnons de dictature et, reconnaissons-le, d'usurpation. Ils m'avaient presque constamment écarté et tenu en dehors de leurs plans secrets, me dissimulant jusqu'au voyage de Jules Favre à Ferrières. Mais tant de responsabilités étaient déjà engagées que je n'osais en créer de nouvelles, et quand je quittai ce milieu qui n'était pas le mien, j'eus encore la générosité de me retirer sans en avertir la population, qui du reste, quand elle apprit ma retraite, en comprit tout de suite les motifs.

Après la Commune, lorsque je fus jeté comme un paquet dans une cellule de la prison de Versailles et conséquemment écrasé sous les cris de mort et les monceaux d'ordures, le seul qui me défendit, je tiens à le proclamer parce que rien n'est plus vrai, fut Jules Simon qui, ministre de Thiers, s'efforça de lui faire sentir quelle honte il y aurait pour lui à faire fusiller un écrivain pour des articles de journal.

Et il eut, dans cette circonstance, à lutter contre plusieurs de nos anciens collègues, contre Jules Favre, contre Emmanuel Arago lui-même, sans compter le ministre de la guerre Cissey qui, non content d'avoir fait assassiner le député Millière par son subordonné Garcin, s'impatientait de ce que je n'étais pas encore allé le rejoindre dans la tombe. Peut-être avait-il deviné que, quelques années plus tard, je démasquerais ses amours et ses intrigues avec l'espionne internationale qui se faisait appeler la baronne de Kaula.

Démissionnaire libéré, je ne songeai plus qu'à reprendre mon métier de journaliste, et en vue des élections, je fondai le *Mot d'Ordre*, dont Louis Blanc m'avait trouvé le titre. Je ne fus pas long à trouver l'emploi de ma plume restée inoccupée pendant près d'un semestre. Sitôt l'armistice signé, la réaction commença. Delescluze, relâché par l'autorité militaire, était à peine sorti du fort de Vincennes qu'il fut repris par l'autorité civile, qui n'avait sur lui aucun droit, puisque nous étions sous le régime de l'état de siège.

Ce n'étaient même plus les orléanistes, ennemis de l'Empire, qui s'installaient aux meilleures places, c'étaient les bonapartistes eux-mêmes. On aura peine à croire que, cinq mois après le 4 septembre, M. Rouland, ancien ministre de Bonaparte, était encore gouverneur de la Banque de France, où M. Magnin ne fut placé que beaucoup plus tard, et que l'ancien procureur impérial Royer continuait à diriger la Cour des Comptes.

Les francs-fileurs aussi, ceux qui avaient passé le siège à Londres, à Genève ou à Bruxelles, rentraient à Paris presque en vainqueurs, non, comme les émigrés de Coblentz, dans les fourgons, mais à travers les fourgons de l'étranger. Ils paraissaient se gaudir de notre maigreur et n'étaient pas loin de nous incriminer de lèse-majesté pour notre longue résistance à cet excellent roi de Prusse dont la longanimité leur rouvrait les portes de la patrie.

Ils mettaient une telle impudence à étaler leurs bedons et les belles couleurs de leurs joues que nous écrivions dans le *Mot d'Ordre*, à propos de l'auteur de *Mademoiselle Girault ma femme* :

« M. Adolphe Belot, qui avait quitté Paris quelques jours avant l'investissement, nous jetant cette parole devenue célèbre : « Je pars, je ne veux pas rester dans « une ville résolue à ne pas se défendre », a opéré hier sa rentrée dans la capitale.

« On n'a peut-être pas oublié que M. Adolphe Belot a servi de témoin à M. Ernest Baroche dans le duel que celui-ci eut avec notre rédacteur en chef. M. Baroche s'est battu de nouveau, cette fois contre les

Prussiens, mais M. Belot n'a pas jugé à propos de lui servir de témoin ».

Le décret de Gambetta excluant des listes électorales les membres des familles ayant régné sur la France et les anciens fonctionnaires et candidats officiels de l'Empire avait été annulé par le gouvernement de l'Hôtel-de-Ville. Gambetta le maintint et, dans leur rage de réaction, ses collègues de la veille, devenus ses plus violents ennemis, achevèrent de se déconsidérer aux yeux de Paris, puis de toute la France, en mettant sans pudeur Bismarck dans leur jeu.

Gambetta fit afficher, à la date du 3 février, la proclamation suivante :

Citoyens,

Je reçois le télégramme suivant :

« Versailles, 6 h. 46 soir.

« *A Monsieur Léon Gambetta, Bordeaux.*

« Au nom de la liberté des élections stipulée par la convention d'armistice, je proteste contre les dispositions émanées en votre nom (*sic*), pour priver du droit d'être élus à l'Assemblée des catégories nombreuses de citoyens français.

« Des élections faites sous un régime d'oppression arbitraire ne pourront pas conférer les droits que la convention d'armistice reconnaît aux députés librement élus.

« Bismarck. »

Citoyens,

Nous disions, il y a quinze jours, que la Prusse comptait, pour satisfaire son ambition, sur une Assemblée où, grâce à la brièveté des délais et aux difficultés matérielles de toute sorte, auraient pu entrer les complices et les complaisants de la dynastie déchue, les alliés de M. de Bismarck.

Le décret d'exclusion rendu le 31 janvier déjoue ces espérances.

L'insolente prétention qu'affiche le ministre prussien d'intervenir dans la constitution d'une Assemblée française est la justification la plus éclatante des mesures prises par le gouvernement de la République.

L'enseignement ne sera pas perdu pour ceux qui ont le sentiment de l'honneur national.

Le Ministre de l'Intérieur et de la Guerre,
LÉON GAMBETTA.

Avoir ainsi fait appel à Bismarck était, de la part de ceux qui avaient reçu du peuple mission de le combattre à outrance, vouloir se flétrir à jamais. La dépêche du chancelier à Gambetta et la réponse de Gambetta au chancelier compromirent définitivement toutes les candidatures des membres du gouvernement. Je pressentais si nettement leur défaite électorale qu'avant le dépouillement des votes j'écrivais ceci dans le *Mot d'Ordre* :

Si les dictateurs de Paris ont annulé les décrets de Bordeaux, le résultat du scrutin ne peut manquer d'annuler les leurs. Nous nous demandons même, avec une certaine compassion, dans quelle situation vont se trouver, jusqu'à la convocation de l'Assemblée, des hommes obligés de continuer à être quelque chose, quand le peuple, réuni dans ses comices et usant de sa souveraineté, vient de déclarer qu'ils n'étaient plus rien.

Quelle autorité peuvent-ils invoquer maintenant pour retenir à Sainte-Pélagie, à Mazas ou ailleurs les prévenus politiques du 31 octobre et du 22 janvier ? J'irai plus loin :

si, comme tout porte à le supposer, M. Delescluze est élu représentant du peuple, il devient, le jour de la proclamation du vote de Paris, le gouvernant de ceux qui l'avaient gouverné jusqu'ici ; et rien ne l'empêcherait de dire aux détenteurs non élus d'un pouvoir en capilotade :

« Bien qu'une ordonnance de non-lieu ait été rendue en ma faveur par les conseils de guerre, vous m'avez gardé en prison, sous prétexte que j'étais un homme dangereux. Aujourd'hui, la même ville qui vient de me choisir pour son représentant vous a rejetés à l'unanimité. Vous me devez obéissance et soumission. C'est pourquoi je vous arrête tous et je vous dirige sur mon ancienne prison de la Santé, comme étant des hommes infiniment plus dangereux que moi, attendu que jusqu'ici vous avez tout fait pour ramener les d'Orléans. »

Nous n'avons pas besoin de faire observer que ce que nous exprimons ici, en ce qui touche M. Delescluze, est infiniment plus catégorique quand on l'applique à Gambetta. Il est évident que si les décrets privant de l'éligibilité les anciens candidats officiels et les princes des familles régnantes avaient paru illégaux aux électeurs, ils n'auraient pas choisi, pour porter la parole en leur nom à l'Assemblée nationale, celui qui les a rédigés.

Et, en effet, sauf Jules Favre qui arrivait dans les derniers, pas un membre du gouvernement de la Défense nationale ne fut élu à Paris, si ce n'est moi qui n'en faisais plus partie depuis longtemps, et qui, sur quarante-six députés, arrivais le sixième, immédiatement après Garibaldi.

En revanche, on ne sait pourquoi la province, à peu près complètement ignorante des péripéties du siège de Paris, fit entrer à l'Assemblée presque tous ceux qui l'avaient si mal soutenu. Trochu, qui n'aurait pas eu cinq cents voix dans la capitale, fut nommé dans trois départements, mais plutôt comme catholique que comme stratégiste, notamment dans le Finistère, ce qui me faisait écrire ceci :

« Presque tous les membres du gouvernement, dont un seul a passé à Paris, viennent d'être élus en province. Au premier abord, ces deux résultats ne se comprennent pas beaucoup. Si le général Trochu, par exemple, a rendu au pays des services tels qu'il soit en droit de le représenter à l'Assemblée nationale, il est difficile que nous ne nous en soyons pas aperçus, puisque c'est uniquement comme gouverneur de Paris qu'il a pu les rendre.

« Le général Trochu avait pour mission de débloquer la capitale. Il n'a rien débloqué du tout, et les électeurs parisiens, trompés dans leurs plus chères espérances, ont naturellement écarté son nom de toutes les urnes. Nous apprenons aujourd'hui que le général Trochu est élu dans trois départements. Pourquoi? Je suis convaincu que ses plus acharnés partisans seraient bien embarrassés pour me répondre.

« Tu étais chargé de sauver Paris, tu ne l'as même
« pas défendu : tu es mon homme! »

« Voilà ce que viennent d'exprimer en substance le département du Finistère et plusieurs autres départements. »

Le suffrage universel était d'ailleurs tellement troublé dans un pays où régnait presque partout l'état de siège, qu'il en était arrivé à délivrer des mandats législatifs aux généraux qui avaient le plus tristement rempli leur mandat militaire. C'était le régime du sabre qui continuait. Plus un chef d'armée avait été mis en déroute, plus il était député. Ça aurait cru que les électeurs leur avaient su gré de s'être rendus si vite. Je disais à ce sujet dans le *Mot d'Ordre* du 14 février 1871 :

« Je ne suis pas fâché pour ma part de voir arriver à la Chambre autant de généraux. Ils nous expliqueront sans doute quels moyens spéciaux ils ont employés pour avoir été ainsi constamment battus. Il doit y avoir un secret là dessous. Peut-être nous le révéleront-ils. Ça ne nous rendra pas l'Alsace et la Lorraine, mais nous saurons au moins comment nous les avons perdues . »

Et j'ajoutais dans cet article, intitulé les *Meâ Culpâ*, ces réflexions philosophiques dont l'ancien agent bonapartiste Quesnay de Beaurepaire s'est servi devant les vieux gazons de la Haute Cour sénatoriale de 1889, comme du seul argument qu'il eût contre moi :

Ils finiront probablement par nous confier que s'ils ont perdu tant de batailles, c'est qu'ils ne savaient pas faire la guerre, et ce sera une excellente occasion de nous écrier, nous autres ennemis des boucheries humaines :

— Eh bien, si vous ne savez pas la faire, ne la faisons plus.

Car, tout en allant à Bordeaux régler nos comptes avec la Prusse, peut-être y aurait-il quelque utilité à les régler avec nous-mêmes. Quelque douloureux que puisse être cet aveu, il faut absolument le reconnaître : jamais nation n'a, plus que la nation française, mérité ce qui lui arrive. Le moment est peut-être venu pour nous de rentrer dans ce fameux for intérieur, le seul que nous n'ayons pas livré à l'ennemi, et de nous demander s'il est possible d'être aussi punis sans avoir été profondément coupables.

Les Allemands sont incontestablement atroces. M. de Bismarck médite d'ouvrir avec nos dépouilles le magasin des cent mille pendules. Von Moltke, von Werder et tous les von d'outre-Rhin nous font payer les heures d'armistice dont nous avons besoin, comme un limonadier fait payer des heures de billard. Ils ont dévalisé nos fermes, crevé nos toitures, ils ont tout violé, tout fusillé, tout volé : eh bien, c'est à peine si ces assassins et ces chapardeurs ont commis la moitié des crimes dont les armées françaises se sont rendues coupables avant de donner leur démission à Sedan.

Les Allemands, en France, ont fusillé des maires de villages qui ne pouvaient payer les contributions de guerre auxquelles ils avaient été taxés; les Français, au Mexique, ont pendu des patriotes qui refusaient de prendre au sérieux l'autorité d'un nommé Bazaine, qui s'est illustré depuis sous les remparts de Metz. Les Allemands ont emporté les meubles du château de Saint-Cloud; les Français sont allés jusqu'en Chine voler les émaux et les brûle-parfums du Palais d'Eté.

Les Allemands ont mis le feu aux meules de blé pour couper court à tout ravitaillement; les Français, dans les campagnes d'Afrique, coupaient les oreilles aux femmes arabes, pour s'éviter la peine de détacher les anneaux qui pendaient après.

Nos vainqueurs ne sont pas plus cruels envers nous que nous n'avons été féroces envers nos vaincus, et nous ne déblatérerons jamais autant contre les Prussiens de 1871 que ceux de 1813 n'ont déblatéré contre nous.

Tant que nous enfumerons des Africains et que nous filouterons des objets chinois, nous n'aurons qu'à courber la tête le jour où les Saxons viendront décrocher de nos murs nos souvenirs de famille. Les gémisseurs politiques se sont beaucoup plaints que les grandes puissances étaient restées froides pendant nos désastres. Cette froideur est encore, à mon avis, plus que nous ne pouvions espérer. Elles étaient parfaitement en droit de sauter de joie, en s'écriant à chacune de nos défaites :

— Si jamais nous sommes pillés, ce ne sera toujours pas par ceux-là !

Nous avons fait des guerres de sauvages et on nous répond par des sauvageries. C'est à nous de bouleverser l'ancien système et de remplacer le militarisme par le patriotisme. Je ne puis donc féliciter le peuple d'avoir envoyé tant de généraux à la Chambre qu'à une condition, c'est qu'il enverra désormais des citoyens aux armées.

Cette dissertation pacifique et humanitaire fut le grand cheval de bataille du procureur de sacristie Quesnay dans le réquisitoire qu'il avait rédigé contre Boulanger et contre moi, en collaboration avec Joseph Reinach. Voilà tout ce que ces deux saltimbanques avaient trouvé pour justifier la déportation qu'ils réclamaient pour nous.

Et les sénateurs les plus indignés de ma sortie contre les soudards de toute nation et de tout poil devaient, comme l'ex-internationaliste Tolain, aller, à quelques années de là, soi-disant étudier la question sociale à la table de l'empereur allemand, qui leur versait nos vins dont il rêvait de faire lui-même la vendange !

La liste électorale du *Mot d'Ordre* passa presque tout entière, à ce point que je fis élire des candidats qui n'étaient portés sur aucune autre, comme, par exemple, Tirard, maire de je ne sais plus quel arrondissement, qui devint député grâce à moi et qui plus tard fut président du conseil.

Ce Tirard, ancien fabricant d'horlogerie, né à Genève, avait, aux diverses réunions des maires, au cours du siège, fait montre d'un républicanisme et d'un patriotisme également exaltés. Au moment de la formation de la liste que mon journal devait soutenir, je me rappelai l'attitude de ce maire intransigeant et j'en fis — sur sa demande suppliante — un de nos candidats.

Son succès, qu'il était bien obligé de m'attribuer, puisque aucune autre liste ne portait son nom, le remplit d'une joie délirante, et ce fut les larmes aux yeux qu'il vint à mon cabinet me remercier en me vouant, la main sur son cœur, une éternelle reconnaissance.

Ce vœu ne tint malheureusement pas longtemps et ce fut sous son ministère que je fus le plus souvent traîné devant les diverses cours d'assises de mon pays, avec et y compris la Haute-Cour sénatoriale, où il me traduisit en même temps que Boulanger et qui me condamna à la déportation perpétuelle. Telle fut la gratitude de cet horloger à mon égard. J'ai subi à tant de reprises des aventures de ce genre que depuis longtemps elles ne me surprennent plus. Le récit n'en est pas moins toujours amusant.

Le dépouillement du scrutin dans Paris dura plus de huit jours, de telle sorte qu'on n'en connaissait pas encore le résultat définitif quand s'ouvrit l'Assemblée de Bordeaux. Il donna lieu dans les deux camps, le réactionnaire et le républicain, à des manipulations d'une loyauté suspecte. Ainsi, presque sûrement, on ajouta à Jules Favre des bulletins qui ne lui revenaient pas et grâce auxquels il dut d'être proclamé élu.

Tous les membres du gouvernement étant restés sur le carreau sans repêchage possible, on essaya, à l'Hôtel-de-Ville, de sauver quelque peu l'honneur du corps en faisant passer à la force du poignet le seul qui approchât de la majorité requise. Mais, d'un jour à l'autre, la situation électorale de l'ex-vice-président de l'ex-Défense nationale s'était si subitement améliorée qu'il en resta dans l'esprit de beaucoup d'électeurs des soupçons de gabegie et de tripatouillage.

Aussi Raoul Rigault, qui n'y allait généralement pas par quatre chemins, prit-il la résolution de combattre par leurs propres moyens la mauvaise foi des scrutateurs gouvernementaux. Il s'empara à Belleville, avec une cinquantaine d'amis, des salles de scrutin où ils s'installèrent après s'être donné le mot qui consistait en ceci :

— Chaque fois qu'au dépouillement le nom de Jules Favre serait appelé, ils y substitueraient celui de Blanqui, retirant ainsi à l'un les voix qu'ils ajoutaient à l'autre, ce qui constituait en faveur de ce dernier la différence de la perte au gain.

On fut donc un peu étonné de constater la petite quantité de suffrages obtenus par Jules Favre dans certains quartiers où Blanqui en récoltait d'exceptionnellement nombreux. Rigault, dont l'hébertisme ne reculait devant rien quand il s'agissait de faire triompher ses vues, venait nous faire part le soir, au journal, du succès de ses manœuvres dont il riait à se tordre et qui ne le bourrelaient d'aucun remords.

Cependant Jules Favre fut nommé à très peu de voix de majorité, et à très peu de voix de minorité Blanqui ne le fut pas. Son échec était un malheur. Lui à la Chambre, c'était peut-être, dans l'esprit des révolutionnaires de son entourage, un sensible apaisement. Mais leur porte-parole n'ayant pas été investi du droit d'exposer ses idées à la tribune, il ne leur resta qu'à descendre de nouveau dans la rue. Ce qu'ils firent au 18 Mars.

Edmond Adam, qui avait quitté la Préfecture de police après le 31 octobre, pour ne pas manquer à la parole donnée aux manifestants, et dont j'avais posé et défendu la candidature dans le *Mot d'Ordre*, fut nommé, et s'il me dut en partie son élection, je lui dus plus tard bien autre chose.

Les orléanistes et les légitimistes entraient en masse à la Chambre, mais les bonapartistes y étaient rares. C'était à peine si l'urne électorale avait revomi trois ou quatre de ces candidats que la cassette particulière avait mis dans leurs meubles, et dont les papiers trouvés aux Tuileries ont chiffré le dévouement. Je m'en applaudissais en ces termes :

« La franchise étant une vertu essentiellement républicaine, nous nous serions vu obligés à des formules de langage qui eussent incontestablement passionné les débats. Il eût été assez délicat de répondre à un discours du maréchal Bazaine en commençant par ces mots :

« L'honorable traître qui descend de cette tribune...

« Ou d'interrompre M. Devienne par ceux-ci :

« Est-ce comme député ou comme proxénète que « vous avez demandé la parole ? »

Le Devienne que je qualifiais ainsi avait joué en effet, dans une intrigue amoureuse entamée entre l'empereur et une fille des boulevards et des courses, un rôle très caractérisé d'entremetteur.

Ce dignitaire, premier président de la cour impériale, avait accepté la mission de s'aboucher avec Marguerite Bellanger qui venait d'accoucher d'un enfant dont on attribuait, dans le monde des théâtres, la fabrication au compositeur Olivier Métra.

Mais la recherche de la paternité étant interdite, l'habile horizontale profitait de cette disposition de la loi pour laisser ou faire courir le bruit que son fils était né des œuvres du souverain lui-même, qu'elle espérait ainsi tenir par l'amour paternel, à défaut d'un autre.

Napoléon III, averti par sa police des caquets de l'accouchée et redoutant des scènes de la part de sa légitime, eut recours aux bons offices du président Devienne, lequel était, comme tous les présidents de cour, prêt aux plus abjectes besognes. Par promesses et surtout par menaces, le vieillard en « jupon noir » obtint de la demoiselle en jupons roses qu'elle avouât dans une confession écrite avoir trompé son impérial amant ; c'était même pour cette cocotte une occasion de dire pour la première fois de sa vie la vérité toute nue.

Je découvris les deux déclarations suivantes dans les perquisitions opérées aux Tuileries. Elles étaient enfermées dans une enveloppe soigneusement cachetée, ornée du chiffre N couronné et portant de la main de l'empereur cette suscription spéciale : « Lettres à garder ». Les voici toutes deux :

« *A Monsieur Devienne.*

« Monsieur,

« Vous m'avez demandé compte de mes relations avec l'empereur, et, quoi qu'il m'en coûte, je vais vous dire toute la vérité. Il est terrible d'avouer que je l'ai trompé, moi qui lui dois tout : mais il a tant fait pour moi que je veux tout vous dire : je ne suis pas accouchée à sept mois, mais bien à neuf. Dites-lui bien que je lui en demande pardon.

« J'ai, monsieur, votre parole d'honneur que vous garderez cette lettre.

« Recevez, monsieur, l'assurance de ma considération distinguée.

« M. Bellanger. »

Et à la suite de cette « considération », la seule à laquelle il ait jamais eu droit, l'écaillé Devienne recevait, pour être transmis à son auguste maître, le poulet ci-dessous :

« Cher seigneur,

« Je ne vous ai pas écrit depuis mon départ, craignant de vous contrarier, mais après la visite de

M. Devienne je crois devoir le faire, d'abord pour vous prier de ne pas me mépriser, car sans votre estime je ne sais ce que je deviendrais, ensuite pour vous demander pardon. J'ai été coupable, c'est vrai, mais je vous assure que j'étais dans le doute. Dites-moi, cher seigneur, s'il est un moyen de racheter ma faute et je ne reculerai devant rien.

« Si toute une vie de dévouement peut me rendre votre estime, la mienne vous appartient et il n'est pas un sacrifice que vous me demandiez que je ne sois prête à accomplir. S'il faut pour votre repos que je m'exile, que je passe à l'étranger, dites un seul mot et je pars. Mon cœur est si pénétré de reconnaissance pour tout le bien que vous m'avez fait que souffrir pour vous serait encore du bonheur.

« Aussi, la seule chose dont je ne veux pas que vous doutiez, c'est de la sincérité et de la profondeur de mon amour pour vous. Aussi, je vous en supplie, répondez-moi quelques lignes pour me dire que vous me pardonnez. Mon adresse est : « Madame Bellan-
« ger, rue de Launay, commune de Vilbernier, près
« Saumur. »

« En attendant votre réponse, cher seigneur, recevez les adieux de votre toute dévouée mais bien malheureuse

« MARGUERITE. »

Et, pendant qu'elle jetait ainsi son âme sur le papier, ladite Marguerite sifflait le champagne dans toutes sortes de cabinets particuliers avec des types à qui elle dévoilait tous les mystères de l'alcôve impériale. C'était ainsi qu'elle entendait « mériter l'estime » de son « cher seigneur ».

A ces missives en était annexée une autre de M. Devienne à M. Conti :

Paris, 19 février 1868.

« Monsieur le conseiller d'Etat,

« Je vous serai très reconnaissant si vous voulez bien remettre la lettre ci-jointe à Sa Majesté.

« Veuillez agréer, avec mes excuses, l'expression de mes sentiments de haute considération.

« *Le premier président,*

« DEVIENNE. »

A la suite des fouilles pratiquées dans ces turpitudes impériales et présidentielles, nous rendîmes ce décret qui fut inséré au *Journal officiel :*

« Le gouvernement de la Défense nationale,

« Considérant que de documents d'une nature probante il résulte que M. Devienne, premier président de la Cour de cassation, aurait gravement compromis la dignité du magistrat dans une négociation d'un caractère scandaleux ;

« Considérant que M. Devienne, mandé pour donner des explications, ne s'est pas rendu à l'invitation qui lui a été adressée ;

« Considérant que, placé à la tête du premier corps de la République, M. Devienne est absent de Paris à l'heure du péril national.

« Décrète :

« M. le premier président Devienne est déféré disciplinairement à la Cour de cassation, qui statuera conformément aux lois.

« Fait à Paris, le 25 septembre 1870.

« Pour le Garde des sceaux, ministre de la Justice,

Par délégation :

« Le membre du gouvernement de la Défense nationale,

« EMMANUEL ARAGO ».

Devienne qui, à de si rares qualités, avait ajouté celle de franc-fileur, répondit de Bruxelles par la promesse de se disculper complètement quand « le jour de la justice arriverait ». Mais, le jour de la justice n'étant pas encore arrivé, la justification ne nous est pas arrivée non plus. La seule qu'il aurait eu d'ailleurs le droit de fournir, c'est que ce qu'il avait fait dans cette circonstance, tous les magistrats étaient et sont encore tout prêts à le faire.

Cette histoire exhilarante se conclut par le mot d'Hippolyte Briollet, un humoriste plein d'esprit et d'imprévu qui, faisant allusion aux difficultés des arrivages des vivres, écrivait au commencement du siège :

« Si les poissons ne peuvent plus pénétrer dans Paris, que voulez-vous que les maquereaux deviennent ? »

Cette aventure de ruelle... de lit explique la phrase du *Mot d'Ordre* à propos de ce président de chambre à coucher :

« Est-ce comme député ou comme proxénète que vous avez demandé la parole ? »

Mais si le danger d'un retour offensif de l'impérialisme avait été écarté par le suffrage universel, celui qu'offrait l'orléanisme, représenté par les vingt départements qui nous servaient sur un plat d'argent Thiers, l'homme de la rue Transnonain et des lois de Septembre contre la presse, se dressait imminent à la place de l'autre. Je le signalais en ces termes :

« ...La France, qui ne possède plus grand'chose, possède trois catégories d'orléanistes :

« 1° Les partisans de la famille d'Orléans ;

« 2° Les pseudo-républicains qui vous entraînent dans les coins pour vous faire cette confidence :

« — Je partage toutes vos idées. Tout ce qui n'est pas de la République n'a pas le sens commun. Seulement, je crois que nous ne sommes pas encore mûrs pour la garder. Mettons d'abord une famille quelconque sur le trône, la famille d'Orléans, par exemple, et, dès que nous serons mûrs, nous la chasserons pour proclamer à sa place une République durable ;

« 3° Les prévoyants qui se vantent volontiers de ne pas tenir à la forme du gouvernement et qui accepteraient le premier venu, pourvu qu'il fît notre bonheur.

« Vous voyez d'ici comme il est facile d'aller trouver un souverain qui n'a guère autour de lui que trois cent mille soldats armés jusqu'aux gencives et de lui tenir ce langage d'ailleurs plein de conciliation :

« — Il y a environ cinq années, nous vous avons offert la couronne. A cette époque, nous n'étions pas mûrs pour la proclamation de la République. Mais les étés ont été très chauds et nous avons considérablement mûri depuis. Voulez-vous bien prendre la peine de quitter votre trône et prier les trois cent mille hommes qui vous gardent de laisser entrer le gouvernement provisoire?

« Quant à ceux qui « ne tiennent pas à la forme « du gouvernement », nous les connaissons tous. Ils n'y tiennent pas quand c'est la République ; et quand c'est la royauté, ils s'y cramponnent. »

La réaction, se sentant maîtresse du terrain, n'attendit pas longtemps pour s'affirmer. Elle commença par huer et insulter avec une grossièreté toute cléricale Garibaldi qui, venu à la Chambre uniquement pour donner sa démission de député et de général de l'armée des Vosges, avait demandé la parole. Il s'était, avec ses deux fils, exposé vingt fois à la mort sous les murs de Dijon. Il avait battu et poursuivi, l'épée dans les reins, les Prussiens devant lesquels avaient fui les Bourbaki et tant d'autres. Mais les dévots n'entrent pas dans ces détails. La libre pensée : voilà l'ennemi.

Garibaldi sapait de toutes ses forces la papauté. Les services rendus à la France ne comptaient plus pour les piliers de sacristie qui gardaient pour Bazaine le sobriquet d' « héroïque ».

Je n'assistais pas à la séance où le héros italien fut ainsi outragé bassement par les hobereaux de la droite. Car la goujaterie a toujours été l'apanage des monarchistes, qui posent surtout pour la distinction.

Les vingt élections que Thiers portait dans ses petits bras le désignaient tout naturellement comme chef du pouvoir exécutif. Avec lui s'y installèrent tous les vieux partis dont s'est composée si longtemps « la République sans républicains. »

Garibaldi avait déjà quitté l'Assemblée quand j'y arrivai au lendemain de la honteuse algarade qui déshonore et déshonorera éternellement les insulteurs de sacristie. Je regrettai amèrement de ne pas avoir pu embrasser le grand émancipateur que je ne connaissais pas physiquement et que je vis pour la première fois dix ans plus tard, lors de l'inauguration, à Milan, du monument de Mentana. Paralysé des bras et des jambes, il était à ce moment couché tout de son long dans une voiture roulante et mourut peu de mois plus tard.

Le voyage de Paris à Bordeaux, avec un passeport prussien que des officiers en casquette ou à casque examinaient presque à toutes les gares, fut pour moi insupportable. D'autant qu'à la lecture de mon nom tous se pressaient à la portière du wagon pour me dévisager.

Enervé par cette inspection continuelle, je finis par tirer le rideau bleu de la fenêtre de mon compartiment et je fermai les yeux que je ne rouvris plus jusqu'à l'arrivée.

J'allai m'asseoir au hasard entre MM. Laserve et de Mahy, députés de la Réunion, qui, comme je l'ai raconté plus haut, me parlèrent de mon père et de son séjour de trois ans dans l'île en qualité de gouverneur par intérim. Gambetta, qui avait transporté à Bordeaux le siège de la délégation dont il était l'âme et le chef, y jouissait du prestige d'un homme qui, bien ou mal, avait essayé de défendre les pouces de territoire que, malgré ses serments, Jules Favre avait si allègrement livrés.

Le *Mot d'Ordre* et moi avions énergiquement appuyé la candidature à Paris de l'organisateur de la Défense en province, et nous opposions ses efforts pour nous sauver à l'inertie de Trochu, qui semblait faire tout ce qu'il fallait pour nous perdre.

Dans tous les numéros de mon journal, je rendais hommage au dévouement déployé par Gambetta, oubliant ainsi tous nos dissentiments passés, et le discours où il avait traité Eudes d'agent de la Prusse, et sa froideur à mon endroit, lorsque, au Corps législatif, je prononçais le mot « République ».

Je tiens à mettre ici en relief mon attitude parce qu'on m'a reproché plus tard de l'avoir attaqué violemment et même d'avoir fait montre à son égard d'une véritable ingratitude. Je n'ai jamais rien dû à Gambetta qui n'a de sa vie rien fait pour moi, et à qui de la mienne je n'ai rien demandé. C'est lui qui fût plutôt mon obligé, car si je n'avais pas pris dans le *Mot d'ordre* sa défense contre les insinuations ou les accusations formelles de ses collègues de l'Hôtel-de-Ville, il n'eût certainement pas obtenu à Paris, aux élections de 1871, le nombre considérable de voix qui le fit arriver le quatrième sur la liste où j'étais seulement le sixième et où avec un peu moins de désintéressement, il m'eût été facile de prendre sa place.

Mon journal était de beaucoup le plus lu comme le plus influent de tous et je pouvais à mon gré attirer sur un nom ou détourner de lui la faveur populaire.

Je me prononçai nettement et irrémédiablement contre Gambetta quand je le vis s'enfoncer sans retour dans ce despotisme hautain où l'entretenaient des tas de juifs, d'intrigants, de conservateurs ou même de filous, dont la plupart ont fini par sombrer dans la plus basse réaction, comme M. Waldeck-Rousseau ou Spuller, par exemple, et d'autres, les plus nombreux, qui ont échoué chez le juge d'instruction ou en cour d'assises.

Ce fils de petit débitant d'épicerie n'avait pu supporter ni regarder en face la haute fortune où son talent d'orateur et sa conduite pendant la guerre l'avaient porté. Il jouait au shah de Perse et à l'autocrate asiatique au point que, quand il se décida à prendre la présidence du conseil, la parade qui s'est appelée le « grand ministère » dura à peine deux mois.

A la plus petite velléité d'opposition manifestée par la Chambre, il répondait en la menaçant de la traiter comme une Assemblée « factieuse ». Bonaparte, au 2 Décembre 1851, n'en avait pas dit plus, bien qu'il en eût fait davantage.

Quand on pense qu'il avait choisi comme secrétaire Joseph Reinach en personne et que parmi ses fréquentations les plus intimes on comptait les députés Rouvier, Etienne, Antonin Proust, du Panama, et Jacques de Reinach, le suicidé de Nivilliers, le corrupteur juré près la Chambre et le Sénat, associé et chef de file d'Arton !...

J'ai combattu Gambetta non par plaisir ou par goût pour la polémique contre un homme tout-puissant, mais quand ma conscience et le sentiment de mon devoir me l'ont impérieusement ordonné. Comment d'ailleurs aurais-je, sans me déshonorer pour toujours, abandonné mes compagnons de misère, de déportation et d'infortune au point de me jeter dans le camp d'un politicien qui montait dans les voitures de Galliffet ?

Mais, au moment de l'ouverture de l'Assemblée de Bordeaux, il était encore le Gambetta de la lutte à outrance et nous ne lui marchandions pas les éloges.

Dès mon entrée dans le palais législatif de Bordeaux, je compris à la nomination du bureau de la Chambre — dont, sauf Grévy, tous les membres étaient orléanistes — que je ne resterais pas plus dans cette maison-là que je n'étais resté dans l'autre. C'était bien réellement l'ennemi vainqueur qui avait dirigé les élections dans le sens monarchique. Les soldats prussiens, on aura quelque peine à le croire, avaient distribué eux-mêmes, dans les départements occupés, des listes de candidats appartenant tous à la réaction, naturellement.

Les républicains d'Argenteuil adressaient au *Mot d'Ordre* cette protestation :

« Le 8 février, les habitants d'Argenteuil étaient réunis sur la place de la mairie afin de procéder aux élections à l'Assemblée nationale.

« *Les listes réactionnaires étaient distribuées par des soldats prussiens.* Défense expresse était faite d'offrir aux électeurs des listes du *Comité central républicain.*

« Un citoyen arrive porteur de deux listes prohibées et se met aussitôt à en faire la distribution. A peine avait-il commencé qu'une dizaine d'Allemands le frappent, le garrottent et le jettent en prison.

« Ces faits révoltants montrent de quelle façon M. de Bismarck entend la liberté du suffrage universel. »

Et c'était par centaines que nous recevions des communications de ce genre. Or, ces bulletins de vote n'avaient pas poussé, comme des feuilles à un arbre, dans les mains des soldats ennemis. Il était bien clair qu'ils leur avaient été, de complicité avec la Prusse, remis par les candidats monarchiques, qui, comme en 1815, arrivaient à la Chambre sous la haute protection des baïonnettes étrangères.

Pendant la répression de la Commune, nous avons vu ainsi les cléricaux du gouvernement de Versailles s'entendre avec les Prussiens de l'armée d'occupation pour traquer et capturer des Parisiens qui fuyaient les massacres. C'est surtout quand il s'agit d'égorger les socialistes ou simplement de les battre aux élections qu'il n'y a plus de frontières.

Nous étions jusqu'au cou non seulement dans l'orléanisme, mais dans les d'Orléans eux-mêmes qui étaient venus à Bordeaux surveiller leurs troupes. J'adressai, en descendant de wagon, cette lettre à mes collaborateurs :

« Mes chers amis,

« Parti hier de Paris, à midi, j'arrive à Bordeaux à quatre heures. Vingt-huit heures de chemin de fer, dont quatorze au milieu des insolences prussiennes.

« Les officiers ennemis ont trouvé un moyen nouveau de voler : au plus léger manquement au service, ils imposent à nos malheureux employés du chemin de fer des amendes qu'ils mettent dans leurs poches. Ils ne se font même aucun scrupule de les frapper.

« Aujourd'hui, séance insignifiante. On a remis, jusqu'à l'arrivée des députés de Paris, la nomination du président de l'Assemblée. Jules Favre a parlé, avant-hier, pendant vingt-cinq minutes, sans prononcer une seule fois le mot République. Il avait l'air d'un avocat qui sent sa cause perdue et qui demande l'indulgence du tribunal.

« Je suis entré un instant à l'Assemblée en descendant de wagon. Elle est criblée de Daru et autres Talhouët. Le président d'âge, M. Benoît-d'Azy, a douze cents ans et n'en paraît pas plus de cinq cent vingt-cinq. Il ressemble à Mme Adélaïde. L'orléanisme coule à pleins bords, mais les députés de

Paris, et d'ailleurs, sont décidés à le faire rentrer dans son lit.

« Le prince de Joinville et le duc d'Aumale sont ici. Un décret de bannissement, non encore rapporté, leur interdit le sol français. Mais personne ne songe à les faire arrêter, pas plus M. Benoît-d'Azy que M. Jules Favre.

« Je rencontre à l'instant Gambetta, qui ne s'est jamais mieux porté. Il n'a pas encore mis les pieds à la Chambre d'où je viens de voir sortir Victor Hugo, à qui le peuple fait une véritable ovation. Victor Hugo, très émotionné, répond à la foule qui l'acclame de toutes parts.

« Henri Rochefort. »

L'ultimatum allemand commençait à circuler : cinq milliards et deux provinces. On n'y crut pas tout d'abord; mais, à voir la réaction parlementaire prendre des airs désolés et des attitudes de « mort dans l'âme », je compris vite qu'elle était décidée à accepter sans débats toutes les conditions imposées. On n'exhibe pas cette figure contrite quand on n'a pas pris le parti de la résignation.

La nomination de Thiers comme chef du pouvoir exécutif indiquait suffisamment, d'ailleurs, que l'Assemblée nationale était bien décidée à se laisser exécuter. Sous ce titre : le *Roi des capitulards*, j'en annonçais ainsi de Bordeaux la nouvelle aux Parisiens :

« Il y avait une fois un petit homme qui portait ordinairement un paletot gris. Il avait été ministre sous une monarchie qu'un coup de vent avait envoyée sur les côtes d'Angleterre. Autour de Paris, ce petit homme avait autrefois construit des forts, mais dans la rue Transnonain il avait fait fusiller des faibles. Agent bonapartiste en 1849, redevenu orléaniste en 1851, on l'avait arrêté au Deux-Décembre, pour lui laisser croire qu'il était dangereux, et fourré à Mazas, qu'il avait fait construire.

« A partir de cette heure ténébreuse, il flotta longtemps entre l'oubli et l'impopularité. Tous les six ans, il se présentait aux élections contre un marchand de chocolat nommé Dewinck. Dans le principe, le chocolatier l'emporta sur lui de plusieurs épaisseurs de tablettes. Plus tard, ce fut, au contraire, l'homme au paletot gris qui réduisit au silence la machine à vapeur politique du débitant de cacao.

« Mais que de marches, démarches et contremarches pour obtenir sur son farineux concurrent une simple majorité de cinq cents voix ! De tous les députés de Paris, il était seul à disputer ainsi sa maigre élection.

« Le 4 Septembre arrive — il faut dire que les Prussiens étaient arrivés avant — et cet homme, nommé à grand peine député des quartiers bourgeois, devient tout à coup le Benjamin du gouvernement de la Défense nationale. On l'envoie causer avec la reine d'Angleterre, avec l'empereur de Russie, l'empereur d'Autriche et peut-être l'empereur Napoléon.

« Plus il échoue dans les différentes missions qu'on lui confie, plus on le supplie d'en accepter d'autres.

« — Mon Dieu ! lui expliquent les gouvernants logés en garni à l'Hôtel-de-Ville, le tsar vous a envoyé promener, c'était à prévoir. Le reine d'Angleterre vous a ri au nez, mais tout le monde sait que les femmes aiment à rire. Quant à l'empereur d'Autriche, il pouvait vous flanquer par la fenêtre, il ne l'a pas fait, c'est déjà un résultat.

« On lui confie alors le soin d'aller proposer à M. de Bismarck un armistice qui non seulement est repoussé après nous avoir fait perdre huit jours pour la défense, mais qui amène la journée du 31 octobre.

« Après une succession de fours caractérisés, M. Thiers ne pouvait rien inventer de plus patriotique que d'aller renforcer à Tours la réaction déchaînée contre Gambetta, dont l'énergie et les efforts inquiétaient les capitulards.

« Après avoir hâté, dans la mesure de sa petite taille, la capitulation de Paris, il précipita par ses intrigues celle des provinces et contribua de toute son âme à l'aplatissement et au désarmement total de notre malheureux pays.

« Si j'ai menti, qu'on me fusille. Mais, oui ou non, est-ce là l'histoire de M. Thiers, courant inutilement les cours étrangères, compromettant les chances de la lutte, énervant la défense, désorganisant la République?

« Eh bien, voilà précisément l'homme que vingt départements ont choisi pour leur représentant et que la Chambre, dont, hélas! nous nous voyons obligés de faire partie, a cueilli dans l'orchestre du théâtre de Bordeaux pour le mettre à la tête de nos destinées.

« Pourquoi celui-là et non un autre? Que le président Grévy me jette ses questeurs à la tête si je le sais! Ce n'est pas pour le remercier du succès de ses entreprises, puisqu'elles ont toutes échoué; ce n'est pas dans l'espoir qu'il verra clair dans la situation, puisqu'il y a constamment vu trouble.

« C'est donc, ô France pulvérisée ! parce qu'on le sait le porte-drapeau de la paix à tout prix ; c'est donc parce que, le jour prochain où Guillaume de Prusse, ce personnage fantastique, moitié roi, moitié marchand de pendules, lui demandera l'Alsace, Metz et Pondichéry, on est sûr que Thiers Ier lui répondra :

« — Permettez-moi, sire, d'ajouter, à titre d'épingles, quelques milliers d'hectares dans le Morvan et autant dans la Saintonge.

« Si rares que soient devenus en France les hommes dignes de ce nom, il en reste cependant encore plusieurs que les ultimatums prussiens feraient sauter au plafond du palais de Versailles et qui se rongeraient les poings jusqu'à l'os, plutôt que de signer le démembrement de la patrie. C'est précisément ceux-là qu'il s'agissait d'écarter à tout prix. C'est pourquoi l'Assemblée s'est jetée avec avidité sur M. Thiers. A travers les lunettes dont s'affuble ce petit vieillard, pour mieux cacher ses noirs projets, elle a deviné qu'il donnera tout ce qu'on exigera de lui, y compris nos bottines et nos gilets de flanelle, pour arriver à ce repos, auquel il aspire, et à cette paix, qu'il invoque à tous ses repas.

« Nous avons à cette heure un Parlement comme celui de Cromwell. On l'intitulait alors le Parlement Croupion. Le nôtre, il faut le dire, est au-dessous du croupion. »

Les protestations contre le démembrement de la France arrivaient en masse, mais le démembrement n'en était pas moins résolu. La Chambre nomma une commission réactionnaire et capitularde pour entamer les « négociations », formule emphatique dont le vrai sens était : pour signer notre honte, et la représentation nationale interrompit ses « travaux », ce qui lui fut on ne peut plus facile, attendu que les Prussiens travaillaient pour nous.

A l'énoncé de leurs atroces propositions, une colère, présage de révolution prochaine, se mit à gronder dans tous les cœurs. Tandis qu'on faisait à Bordeaux de la réaction à outrance, l'opposition républicaine à outrance également s'organisait à Paris et la journée du 18 Mars se dressait clairement sur l'horizon.

Afin de pousser l'ironie jusqu'à ses plus extrêmes frontières, ce fut précisément Jules Favre qu'on chargea, comme négociateur en chef, d'aller porter à Bismarck les clefs de Strasbourg et de Metz. Trochu avait promis, aussitôt la paix signée, de renoncer à la vie publique, et en effet, notre déshonneur consommé, il démissionna et prit sa retraite.

Favre qui avait juré, lui aussi, comme la vieille garde, de ne jamais se rendre, se rendit et n'en mourut pas, puisqu'il accepta sans sourciller la tâche d'aller traiter de la reddition. C'était presque de l'impudeur.

L'Assemblée avait confié au négociateur cette mission facile :

— Si on vous demande l'Alsace et la Lorraine, vous les donnerez. Si on vous demande la Bretagne et le Gévaudan, vous les donnerez aussi. Enfin vous donnerez tout ce qu'on vous demandera.

Les trente-huit millions d'habitants dont se compose la population française étaient tous capables de mener à bien cette besogne élémentaire. Il ne se trouvait dans notre pays qu'un seul homme à qui il fût interdit de nouer avec la Prusse l'ombre d'une conversation sur la base d'un démembrement quel qu'il pût être. Cet homme était évidemment celui qui, sans y être provoqué, avait publié cette phrase dans le *Journal officiel de la République française* :

« Nous ne céderons ni un pouce de notre territoire ni une pierre de nos forteresses. »

Jules Favre, qui était avocat d'assises, ce qui lui permettait de présenter au jury comme le modèle des époux un accusé qui venait d'assassiner sa femme, s'était sans doute cru devant un tribunal et se figurait que personne ne prendrait au pied de la lettre ses fières déclarations.

Seulement, les peuples sont peu initiés aux hyperboles usitées dans la magistrature, et la nation s'était pendant cinq mois répété sur tous les claviers :

« Jules Favre a annoncé solennellement qu'on ne cédera pas l'Alsace et la Lorraine ; donc on ne les cédera pas. »

Or on allait les céder, et voici où l'incroyable se mêlait à cette douloureuse réalité : l'Assemblée avait précisément choisi pour opérer cette double cession le personnage qui avait fait proclamer aux quatre points cardinaux qu'il n'y consentirait jamais !

Que la majorité cléricale et antipatriote de la Chambre eût songé à charger Jules Favre de cette opération chirurgicale, l'idée était déjà suffisamment étrange et même rabelaisienne ; mais que Favre eût accepté d'aller en personne démentir toutes ses promesses et désavouer toutes ses déclarations, c'était de sa part passer au rang du plus généreux des martyrs ou du moins fier des individus.

Après avoir héroïquement affirmé le Rhin mitoyen,

il allait misérablement plaider à Versailles les Vosges mitoyennes.

On n'est décidément jamais mieux déshonoré que par soi-même.

Thiers, avec sa rouerie de vieux politicien, communiqua à l'Assemblée les préliminaires de paix quelques heures seulement avant l'expiration de l'armistice. C'était lui mettre son Bismarck sur la gorge. Si elle hésitait le moins du monde à les accepter tels quels, tout était rompu. Le bombardement recommençait, et, les Prussiens occupant les forts, Paris était incontinent réduit en cendres.

Toute discussion des intérêts de la France était conséquemment supprimée et les représentants de la démocratie radicale qui avaient encore souci de notre honneur étaient condamnés au silence. Cette habileté du roi des capitulards se doublait donc d'une infamie.

Bismarck, qui nous jouait visiblement par-dessous jambe, avait presque promis d'empêcher l'entrée des troupes allemandes dans Paris. Mais il se fût reproché de ne pas procurer aux soldats du siège ce suprême triomphe et une entente avec le gouvernement de Thiers régla le cérémonial de l'humiliation à subir.

En tête de mon journal, je fis inscrire cette note qui trouva un écho dans toute la presse parisienne :

« *Tant que les troupes allemandes souilleront Paris de leur présence, le* Mot d'Ordre *ne paraîtra pas.* »

Toutes les feuilles politiques, même les *Débats*, même le *Figaro*, nous imitèrent. De sorte que l'ennemi pénétra dans une ville morte, dont toutes les portes, les boutiques et les fenêtres étaient fermées. La convention était celle-ci :

« L'entrée des troupes allemandes aura lieu mercredi 1ᵉʳ mars, à dix heures du matin. Elles occuperont, au nombre de trente mille hommes, l'espace compris entre la Seine et la rue du Faubourg-Saint-Honoré. L'évacuation aura lieu immédiatement après la ratification des préliminaires par l'Assemblée nationale.

« L'armée allemande pourvoira elle-même à sa subsistance et ne fera aucune réquisition. Les soldats seront *autant que possible* logés dans les bâtiments de l'Etat. Nul ne pourra se présenter en armes ni en uniforme sur le terrain occupé par les troupes allemandes. »

Cet « autant que possible » était gros de dangers. Si quelques régiments ennemis se voyaient dans la nécessité de loger chez l'habitant, il pouvait s'y produire des drames terribles.

Nous nous étions malheureusement mis nous-mêmes à la merci du vainqueur. En annonçant trois semaines à l'avance qu'une plus longue résistance était de l'aliénation mentale, le gouvernement avait vendu plus que la peau de l'ours avant qu'il fût tué, il avait vendu notre peau avant que nous fussions morts.

Décourager à ce point la France, c'était dans les mêmes proportions encourager la Prusse. Au lieu de deux provinces, il lui eût été facile de nous en réclamer six, Thiers s'étant, avant toute négociation, engagé à les lui céder.

Les Prussiens, un peu inquiets des dispositions de Paris à leur égard, y entrèrent avec toutes sortes de précautions. Ils avaient, notamment, braqué à l'Arc de Triomphe — que nous aurions pu appeler l'Arc de Défaite — plusieurs batteries d'artillerie à l'entrée de chaque avenue aboutissant au centre de la ville. Tout fut calme cependant ; le seul incident un peu mouvementé ayant été l'arrestation et la fustigation par les Parisiens de trois garces qui s'étaient avancées dans les Champs-Elysées au-devant des ennemis auxquels elles distribuèrent avec affectation de nombreux baisers.

La foule se jeta sur elles, les mit à peu près nues et, après une fessée brutale, les couvrit de crachats, d'injures, de huées et même de violents coups de poings. Cette bravade venait-elle de femmes allemandes établies chez nous et qui étaient allées souhaiter la bienvenue à leurs compatriotes? Je ne l'ai jamais su, car elles s'enfuirent tout échevelées et finirent par trouver un refuge dans les maisons avoisinantes, d'où elles s'échappèrent à la nuit.

Les Prussiens n'occupèrent le quartier des Champs-Elysées que jusqu'au lendemain quatre heures du matin. Ils avaient, dans la soirée, vainement essayé de se faire servir quoi que ce fût dans les cafés, qui restaient entrebâillés et dont on leur fermait brusquement la porte au nez dès qu'ils essayaient d'y pénétrer.

Seuls, deux établissements, l'un situé au rond-point des Champs-Elysées, l'autre à l'angle de la rue Rude, ayant versé des rafraîchissements à quelques soldats ennemis, furent envahis et saccagés par la foule qui brisa jusqu'aux tables.

A Bordeaux, la dernière séance parlementaire à laquelle j'assistai fut aussi la seule émotionnante. Pendant la discussion des préliminaires de paix, M. Bamberger, député d'Alsace, ayant repoussé le traité qui, dit-il, ne pouvait être signé que par Napoléon III dont le nom sera à jamais cloué au pilori de l'histoire, M. Conti, député de la Corse et ancien secrétaire particulier de l'effondré de Sedan, eut l'audace d'essayer une protestation.

Ce fut un hurlement général. On lui cria :

— A bas de la tribune, l'assassin ! Au bagne ! Jetons-le à l'eau !

et autres aménités de ce calibre. Exaspéré, quant à moi, je m'élançai en même temps que le colonel Langlois à l'assaut de la tribune pour en jeter le protestataire dans les escaliers et on eut toutes les peines du monde à nous obliger à suspendre cette exécution.

Le calme ne se rétablit que quand M. Target demanda la parole pour proposer la déchéance définitive de Napoléon III, laquelle n'avait en réalité jamais été officiellement reconnue ni votée. Le texte de la proposition était celui-ci :

« L'Assemblée,

« Dans les circonstances douloureuses que traverse la patrie, et en face de protestations et de réserves inattendues, confirme la déchéance de Napoléon III et de sa dynastie, déjà prononcée par le suffrage universel, et le déclare responsable de la ruine, de l'invasion et du démembrement de la France. »

Au fond, le scrutin presque unanime par lequel se termina l'incident n'avait qu'une portée illusoire. Napoléon Ier aussi, à Fontainebleau, avait renoncé au trône pour lui et sa dynastie, ce qui n'empêcha pas Louis Bonaparte, qui n'était même pas de la famille, de s'improviser empereur trente-huit ans plus tard.

Si demain le prince Victor risquait et réussissait

un coup de force, personne certainement ne songerait à invoquer contre son avènement au pouvoir le vote de l'Assemblée de Bordeaux, que tout le monde a oublié du reste, même ceux qui l'ont émis.

Les majoritards, ayant dégagé leur conscience en rejetant sur l'ex-empereur toutes les responsabilités de nos désastres, n'hésitèrent plus à signer les préliminaires qui réunirent cinq cent cinquante-six voix contre cent sept.

L'argument principal, mis en avant par les membres de la majorité pour conclure la paix, était que nous n'avions pas d'argent pour continuer la guerre. N'osant pas avouer qu'ils avaient assez des obus et de la viande de cheval, ils se rattrapaient sur le manque de fonds. Et, justement, ils s'engageaient à verser à l'ennemi cinq milliards. S'ils les donnaient, c'est que nous les possédions ou savions dans quelles poches les trouver. Il n'y avait donc aucune impossibilité à les employer contre l'ennemi au lieu de lui en faire hommage.

Mais enrôler au besoin des Italiens, des Suisses et des Espagnols pour remplacer ceux des Français qui se déclareraient trop fatigués, lever avec trois ou quatre de ces cinq milliards une armée de deux cent mille hommes, constituait pour ces amis de l'ordre et de la régularité un procédé insolite qui aurait dérangé l'économie de leur existence et l'ordonnance de leur toilette.

Compter cinq milliards au vainqueur, c'était correct. Les dépenser de l'autre côté de la frontière en embauchages et en achats d'armes, c'eût été pour eux une opération tout à fait anormale. Et ils donnaient allègrement, pour ne pas conserver l'Alsace, les sommes qui auraient peut-être suffi à la sauver.

Pour moi qui avais reçu un tout autre mandat que

celui de collaborer à une paix pareille, il ne me restait qu'à déserter cette Chambre qui désertait l'honneur. Après entente préalable avec Ranc, Malon et Tridon, nous adressâmes au président de l'Assemblée, le déjà vieux Grévy, futur beau-père de Wilson, cette lettre dont la lecture mit en fureur la droite qui rêvait déjà d'usurper le pouvoir constituant :

« Citoyen président,

« Les électeurs nous avaient donné le mandat de représenter la République française.

« Or, par le vote du 1ᵉʳ mars, l'Assemblée nationale a consacré le démembrement de la France, la ruine de la patrie, elle a ainsi frappé ses délibérations de nullité.

« Le vote de quatre généraux et l'abstention de trois autres démentent formellement les assertions de M. Thiers. Nous ne pouvons demeurer un jour de plus dans cette Assemblée.

« Nous vous donnons donc avis, citoyen président, que nous n'avons plus qu'à nous retirer.

« Henri Rochefort, Malon (de l'Internationale), Ranc, Tridon (de la Côte-d'Or). »

Un capitulard de la droite nous cria : « Bon voyage ! » Le drôle avait raison, car nous fûmes tous quatre condamnés, quelques mois plus tard, à un voyage aux antipodes que mes trois cosignataires purent éviter et pour lequel je fus seul embarqué.

Félix Pyat, par une lettre spéciale, déclarait également secouer la poussière de ses souliers sur le seuil de cette Chambre maudite, et je me préparais à quitter Bordeaux quand, par la plus triste des chances, je m'y trouvai retenu malgré moi.

Les privations, les responsabilités, les émotions et les horreurs du siège m'avaient, en langage de concierge, « tourné les sangs ». Le soir même du jour où je venais de démissionner, je tombai malade; un délire atroce m'empoigna, allant jusqu'à la fièvre chaude. Je me levai la nuit que je passai presque tout entière à retourner machinalement mon matelas.

Ma gorge s'était gonflée subitement au point que la respiration m'en était coupée et que je me livrais à de vaines contractions pour avaler ma salive. Le lendemain se déclara un épouvantable érésypèle qui m'envahit toute la face et une partie du cou. Le médecin qu'on alla chercher me couvrit tout le visage de vésicatoires longitudinaux qui m'entouraient la tête et le thorax, faisant de moi une momie entourée de bandelettes.

L'envahissement de l'inflammation sous-cutanée menaçait de devenir mortel, et, ma foi, je crus sincèrement que tout était fini pour moi. Le célèbre anthropologiste Broca, de passage à Bordeaux, me fut envoyé par Edmond Adam et parut peu rassuré. Justement, au point culminant de ma maladie, je reçus la visite d'Alexis Bouvier, le romancier, qui avait collaboré à mon journal *la Marseillaise* et qui, après consultation avec les personnes de mon entourage, me jugea perdu.

Il repartit le soir même et annonça à tous mes amis du boulevard que, si je n'étais pas encore tout à fait un cadavre, il ne s'en fallait guère. De là à annoncer ma mort, il n'y avait qu'un pas, lequel fut vite franchi par le reportage qui, de peur d'être en retard, aime à devancer les nouvelles.

Le lendemain de l'arrivée d'Alexis Bouvier à Paris, on criait dans les rues :

— Demandez la mort de Rochefort. Ses dernières paroles !

J'ai eu entre les mains un de ces placards où on me prêtait, au moment d'expirer, des phrases empreintes d'ailleurs du plus pur patriotisme, que mon seul tort était de ne pas avoir prononcées.

Mon décès ne fit doute pour personne, et cette conviction prématurée n'aurait eu qu'un médiocre inconvénient si le malheur n'avait voulu que l'*Agence Havas* s'en fît l'écho.

Dès le début de la guerre, mes deux sœurs avaient emmené à Jersey deux de mes enfants. L'annonce de ma mort vint les y trouver, et les détails en étaient tellement précis et documentés qu'il fallait bien s'incliner devant le fait accompli. Cependant mes sœurs attendirent, pour faire part aux enfants de leur malheur, une confirmation qui ne se fit pas attendre.

L'état de la mer, qui avait été très mauvaise, avait retardé l'arrivée des journaux dans l'île, et tout ce qui parvint à ma famille fut ce câblegramme également émané de l'*Agence Havas* :

— Le gouvernement, par crainte de quelque mouvement populaire, s'oppose à la translation du corps de Rochefort de Bordeaux à Paris.

C'était catégorique, et mes sœurs tout en larmes se décidèrent à annoncer à mes petits qu'ils n'avaient plus de père. On leur commanda des vêtements de deuil. Plusieurs journaux eurent même l'obligeance de me consacrer des articles nécrologiques dont plusieurs se terminaient par une proposition de souscription publique en faveur de mes enfants, car je ne laissais aucune fortune, ce qui était la seule assertion véridique contenue dans mon éloge funèbre.

En apprenant les rumeurs qui couraient sur mon prochain ensevelissement, je me fis apporter sur mon lit une feuille télégraphique et j'envoyai cette dépêche à mes sœurs :

— Je suis assez malade, mais pas mort ; envoyez-moi les enfants.

Puis, l'air de la mer m'ayant été ordonné comme un fortifiant dont j'avais le plus grand besoin, on me porta dans une voiture jusqu'au train d'Arcachon. Adossée à une forêt de pins, cette station d'hiver semblait créée tout exprès pour me ragaillardir. J'y rencontrai, par le plus heureux hasard, le docteur Fournier qui, en quelques jours, me tira complètement d'affaire.

On devine ma joie au reçu d'une dépêche m'avertissant de l'arrivée de mes enfants. J'allai les attendre à la gare d'Arcachon et tout d'abord je me refusai à les reconnaître, eux et ma sœur, dans les trois personnes tout de noir vêtues qui se jetèrent dans mes bras.

— De qui donc êtes-vous en deuil ? demandai-je à ma fille.

— Mais de toi, me répondit-elle.

Et, pendant trois semaines, je la promenai avec moi par les rues d'Arcachon dans son costume d'orpheline.

CHAPITRE XIV

Le 18 Mars. — Les crimes de Vinoy. — La mort de Clément Thomas et du général Lecomte. — Raoul Rigault et le jeu. — Versailles et Berlin. — Ceux qui commencèrent la guerre civile. — L'hôtel de M. Thiers. — Flourens et Duval. — Les responsabilités. — Hommes de la Commune.

C'est pendant ma maladie et ma convalescence qu'éclata la révolution du 18 Mars à laquelle je n'assistais donc pas et dont les péripéties me furent contées plus tard, dans les prisons où je moisissais avec ceux qui y avaient participé.

Ce qui pour moi ressortait le plus clairement de ces multiples récits, c'est que la nécessité d'une « saignée » avait été établie entre Thiers et Ernest Picard qui échangèrent à ce propos des dépêches retrouvées plus tard au ministère des affaires étrangères par mon camarade Olivier Pain pendant la Commune.

Cette correspondance fut mise de côté par mon futur compagnon d'évasion et elle eût éclairé d'un jour étrange les dessous et les origines du mouvement qui aboutit à la proclamation de la Commune. Malheureusement, après l'arrestation de son mari, alors que la découverte d'un papier le moins du monde suspect suffisait à vous faire coller au mur, Mme Pain se hâta de jeter au feu ces preuves de la duplicité de nos gouvernants et nous fûmes ainsi mis hors d'état de révéler au public le fin mot du complot ministériel ayant pour but l'enlèvement des canons appartenant à la garde nationale que celle-ci avait parqués sur les hauteurs de Montmartre.

Mais, avant de risquer le coup, il était urgent de fermer la bouche des républicains capables de le faire échouer. Le général Vinoy supprima d'un trait de plume six journaux dont les récriminations auraient gêné ses plans. Le *Mot d'Ordre* était naturellement une des victimes de ces fureurs soldatesques. J'étais à ce moment si souffrant que je ne me rendais aucun compte de ce qui se passait au delà de ma chambre de malade.

Quand je rouvris les yeux dans mon lit qui avait failli me servir de cercueil, j'appris l'étranglement que j'avais subi sans m'en apercevoir. N'ayant plus le *Mot d'Ordre* pour protester, j'envoyai cette lettre à un rédacteur du *Rappel* :

Mon cher ami,

Je me réveille de l'affreux cauchemar qui m'a rendu aux trois quarts fou pendant douze jours, pour apprendre que le *Mot d'Ordre* est suspendu.

C'est la première victoire du général Vinoy ; sachons la subir comme nous avons été obligés de subir les défaites et la capitulation de ce vieux sénateur.

Il faut, du reste, nous attendre à de nombreux déboires, puisque M. Ernest Picard, qui est déjà, comme ministre de l'Intérieur, directeur suprême de la presse, est en même temps marchand de journaux ; et, naturellement, chaque fois qu'il éprouvera le besoin de faire hausser le sien, il supprimera les nôtres. C'est à la fois très simple et très honorable.

Seulement je n'aurais pas cru les membres du gouvernement assez effrontés pour oser m'accuser de prêcher le pillage, moi qui, à mon entrée à l'Hôtel-de-Ville, ai immédiatement proposé de réduire des trois quarts tous les traitements des ministres.

Je n'ai plus maintenant à me presser pour ma convalescence, mais je n'en tâcherai pas moins d'être sur pied le plus tôt possible.

Mille amitiés,

Henri Rochefort.

Bordeaux, lundi 12 mars.

Alors on se crut tout permis et un matin on lança sur l'artillerie de la garde nationale des escadrons qui revinrent bredouilles.

Le déporté qui, en Nouvelle-Calédonie, me narra toute la scène de la condamnation à mort, par une cour martiale improvisée, des généraux Lecomte et Clément Thomas y mit une extrême bonne foi et n'oublia rien du drame. Clément Thomas n'avait plus aucun commandement et n'aurait jamais été arrêté s'il n'avait été surpris prenant des notes qui n'avaient peut-être aucune importance stratégique.

Interrogé par les défenseurs des buttes Montmartre, il affecta immédiatement une attitude si arrogante et répondit en termes si grossiers qu'on le réunit au général Lecomte, dont on était en train d'instruire le procès. Celui-ci, devant la résistance des Montmartrois à se laisser enlever leurs canons, commit la faute de reprendre les vieilles formules des militaires vis-à-vis du peuple et de crier comme les soldats en Juin 1848 et en Décembre 1851 :

— Sabrez-moi cette canaille !

Le mot était d'autant plus bêtement odieux que cette « canaille » venait de soutenir un siège de cinq mois où elle avait fait à la défense de Paris des sacrifices dont ce même Lecomte eût été probablement incapable.

Quant au général dictateur Vinoy, qui commandait l'expédition, il fut au-dessous de la honte. Dès qu'il vit les régiments, doucement désarmés par les femmes, fraterniser avec la population et qu'il entendit contre lui quelques cris hostiles, m'expliquait mon co-déporté, il tourna casaque et fit prendre à son cheval un galop de chasse qui devait être bientôt un galop de fuite.

Il ne fut poursuivi que par les huées, mais sa couardise coûta la vie au général Lecomte, son lieutenant. Ce Vinoy, à qui Thiers, tout en affectant la haine des bonapartistes, n'avait pas hésité à donner la haute main sur les républicains de Paris, avait été un des plus sanglants serviteurs du coup d'Etat.

On lit ceci dans le livre de Ténot, intitulé : *la Province en décembre 1851* (chapitre VII, page 180) :

Le colonel Vinoy, venant d'Avignon, déboucha sur Forcalquier le 12. De là, cet officier se dirigea rapidement à la poursuite d'Aillaud (de Vohn), pour détruire le dernier rassemblement armé.

Le 14 au matin, le colonel Vinoy arriva à la tête d'un millier d'hommes de toutes armes. Aillaud s'était jeté dans la montagne de Luce avec ses derniers compagnons.

Trois républicains, deux étrangers au bourg et un de Saint-Etienne, furent faits prisonniers et *fusillés sur-le-champ*. Ce dernier se nommait Gaubert, dit Béguin.

Deux autres avaient été massacrés de même, de *sang-froid*, entre Fontienne et Saint-Etienne.

Une colonne mobile fouilla la montagne. *Trois républicains furent encore fusillés*, etc., etc.

Mais, comme tous les soudards qui aiment à fusiller les autres, il avait très peur de s'exposer aux coups de fusil et, après avoir rejoint le gouvernement au ministère des affaires étrangères, il fila d'une traite sur Versailles.

C'était à Vinoy qu'on en voulait spécialement, et tout fait supposer que, sans les paroles de défi que Clément Thomas envoya comme à plaisir au nez des juges de la cour martiale, les deux prisonniers eussent été sauvés, tout au moins de la mort. Au plus les eût-on gardés pour les échanger plus tard.

Le gouvernement feignait de croire que les canons placés par la garde nationale sur les crêtes de Montmartre et des buttes Chaumont constituaient une menace pour Paris, tandis qu'ils n'étaient pour la ville qu'une défense et une sorte de garantie contre la réaction absolument déchaînée, puisqu'on avait remis la dictature militaire entre les mains d'un ancien égorgeur du Deux-Décembre.

Ce que Thiers n'a jamais voulu avouer, c'est que le général Lecomte, très dur avec ses hommes, a été surtout victime de la haine de ses soldats qui, une fois protégés contre lui par les masses populaires, furent les premiers à demander sa mort. J'ai été à l'infirmerie du fort Boyard avec un soldat condamné à la déportation et qui m'a fait ce demi-aveu :

« Je vous prie de croire que je lui ai fait payer mes nuits de salle de police. »

Poussés dans un jardin de la rue des Rosiers, après

une comparution et un procès excessivement sommaires, devant le Comité central qui, s'il ne sut pas les défendre, ne les avait pas en réalité condamnés à mort, Clément Thomas et Lecomte furent menés au mur du fond, non attachés, comme les gens de Versailles l'ont prétendu pour dramatiser encore la catastrophe, mais libres de leurs mouvements.

Mon informateur de la presqu'île Ducos, qui était évidemment on ne peut plus sincère, n'ayant aucune raison de me rien dissimuler, m'assura que Clément Thomas avait été superbe sous les balles, ne demandant ni grâce, ni merci et insultant jusqu'à son dernier souffle les hommes du peloton d'exécution.

Il ne tomba pas à la première décharge et leur criait :

« Tuez-moi, vous ne m'empêcherez pas de vous appeler lâches et assassins ! »

Le général Lecomte fut tout autre, me conta-t-il. Il se mit à courir tout autour du jardin, essayant de grimper sur le mur et tâchant d'attendrir les exécuteurs par ses lamentations; il répétait :

« J'ai cinq enfants ! Que vont-ils devenir ? Ne me tuez pas !

Cette résistance compréhensible, mais peu militaire, prolongea son supplice, car le malheureux fut tué pour ainsi dire en détail, les balles ne l'atteignant qu'une à une. Et mon interlocuteur termina son récit par cette conclusion philosophiquement atroce :

« Ah ! je vous prie de croire qu'à ce moment-là il n'avait plus envie de dire : « Sabrez-moi cette canaille ! »

En fait, Clément Thomas paya pour lui-même,

pour son arrogance envers les gardes nationaux du siège qu'il éconduisait impertinemment ou systématiquement, et le général Lecomte paya pour Vinoy, le seul coupable, mais qui s'était enfui au premier danger, abandonnant son remplaçant à l'exaspération populaire.

Un arrangement était encore possible entre le gouvernement de Versailles et celui de Paris. Il eût suffi de décréter les élections municipales pour apaiser le conflit ; mais l'apaisement, Thiers n'en voulait pas, et sans désemparer il rédigeait la circulaire suivante, qui paralysait toute conciliation :

19 mars 1871, 8 h. 25, matin.

Le président du conseil du gouvernement, chef du pouvoir exécutif, aux préfets, aux sous-préfets, généraux commandant les divisions militaires, préfets maritimes, premiers présidents des cours d'appel, procureurs généraux, *receveurs généraux*, ARCHEVÊQUES ET ÉVÊQUES :

Le gouvernement tout entier est réuni à Versailles ; l'Assemblée s'y réunit également.

L'armée, au nombre de 40,000 hommes, s'y est concentrée en bon ordre, sous le commandement du général Vinoy. Toutes les autorités, tous les chefs de l'armée y sont arrivés.

Les autorités civiles et militaires n'exécuteront d'autres ordres que ceux du gouvernement légal résidant à Versailles, sous peine d'être considérées en état de forfaiture.

Les membres de l'Assemblée nationale sont invités à accélérer leur retour, pour être tous présents à la séance du 20 mars.

A. THIERS.

Associer les évêques et les archevêques à l'œuvre gouvernementale, c'était, en face de la révolution démocratique et libre-penseuse, afficher ouvertement la réaction cléricale. Je le sais parce que nombre d'entre ses membres me l'ont répété maintes fois : le Comité central, qui avait présidé à la révolution du 18 Mars, ne demandait qu'à traiter, mais les bravades monarchiques du gouvernement versaillais arrêtèrent dès le début toute transaction. Thiers voulait à tout prix sa « saignée ». Je dois ajouter qu'il l'eut plus belle et plus complète encore qu'il ne l'avait sans doute rêvée.

Vinoy ayant détalé à la première alerte, ses arrêtés de suppression de journaux avaient disparu avec lui. Le *Mot d'Ordre* reprit donc sa publication dès que je me sentis assez de santé pour le diriger. J'étais encore extrêmement faible quand je quittai Arcachon pour regagner Paris, au point que je me vis obligé de faire halte pendant un jour à Orléans.

Mon retour avait été signalé aux autorités versaillaises qui résolurent de m'arrêter en chemin, par mesure de précaution, je suppose, car il eût été impossible de relever aucun délit contre un homme qui s'était alité un mois auparavant et connaissait à peine par ouï-dire les événements dont on lui eût demandé compte.

Mais les médecins m'avaient fait raser la tête, ce qui, en émondant mon toupet, aujourd'hui blanc, noir à cette époque, me rendait à peu près méconnaissable. Je passai donc entre les pattes des mouchards imbéciles, chargés de me barrer le passage, mais à quel point ma vie eût été changée si j'avais été mis dans l'impossibilité de réintégrer Paris !

Je n'aurais connu de la Commune que ce que les feuilles thiéristes imprimées à Versailles m'en auraient raconté. J'aurais échappé aux conseils de guerre et consécutivement à la déportation et à l'exil qui la suivit pour durer jusqu'en 1880. Mais, toute réflexion faite, j'aime mieux avoir accompli cet affreux tour du monde dont une moitié — celle que Mac-Mahon appelait le *demi-monde* — fut si lugubre, mais dont l'autre — après l'évasion — fut si pleine de gaieté.

Afin de permettre à l'opinion d'entendre deux cloches et conséquemment deux sons, j'insérai dans le *Mot d'Ordre* ressuscité les comptes rendus des séances de l'Assemblée de Versailles et de la Commune. Cette dernière, à la circulaire de Thiers aux fonctionnaires et aux évêques, répondit par cette déclaration :

La Commune,

Étant actuellement le seul pouvoir,

Décrète :

Article premier. — Les employés des divers services tiendront désormais pour nuls et non avenus les ordres ou communications émanant du gouvernement de Versailles ou de ses adhérents;

Article 2. — Tout fonctionnaire ou employé qui ne se conformerait pas à ce décret sera immédiatement révoqué.

Hôtel-de-Ville, 29 mars 1871.

Pour la Commune et par délégation,

Le Président : Lefrançais.

Assesseurs : Ranc, Ed. Vaillant.

Les décrets remettant les échéances; prorogeant les congés donnés par les propriétaires; suspendant la vente des gages du Mont-de-Piété se succédaient fébrilement. Raoul Rigault, délégué civil à l'ex-Préfecture de police, — fonction assez singulière, puisqu'on ne peut être attaché à une administration qui a cessé d'exister, — alla jusqu'à prendre sur lui d'interdire, sur la voie publique, les jeux de hasard qui l'encombraient et renforçait sa défense par ces considérants :

Attendu qu'il est immoral et contre toute justice que des hommes puissent, sur un coup de dé et sans peine, supprimer le bien-être qu'apporte la solde dans l'intérieur des familles ;

Que le jeu conduit à tous les vices, même au crime ;

Arrête :

Les jeux de hasard sont formellement interdits.

Cette série de mesures démocratiques, succédant aux menaces des Versaillais et aux rigueurs édictées par le brutal Vinoy contre la population parisienne, attacha d'abord celle-ci à la Commune. On riait de la fureur des cléricaux de Seine-et-Oise que j'avais appelés « les Seine-et-Oisillons ». On se promenait en toute sécurité sur les boulevards, sans réglementation et sans policiers. Il y eut quelques jours de satisfaction presque générale.

Ce qui contribuait, par contre, à déconsidérer Thiers, c'était son indéniable quoique inavouable association avec les Prussiens pour la répression du mouvement socialiste qui avait fait tomber Paris entre les mains des révolutionnaires. Si l'armée française n'avait pas réussi, après deux mois de siège, à pénétrer dans la capitale, il n'y a pas à douter que l'Assemblée de Versailles n'eût demandé à Bismarck d'y faire entrer l'armée prussienne.

Cette dernière se fût probablement d'ailleurs montrée moins féroce que l'autre. Thiers préparait déjà sa majorité à cette Sainte-Alliance qui rassurait à la fois les trembleurs de la Chambre sur leurs existences menacées et la Prusse sur le payement de ses milliards. Je signalais ainsi, dans le *Mot d'Ordre* du 2 avril 1871, cette entente cordiale entre Versailles et Berlin :

Nous connaissons des journaux tellement réactionnaires qu'ils voudraient replacer à la fois sur le trône Napoléon III, le comte de Paris et le comte de Chambord. Eh bien, ces journaux, qui préféreraient à la République trois têtes dans une même couronne, viennent de publier avec une simultanéité remarquable la note suivante :

« M. de Bismarck a déclaré à M. Thiers qu'il lui donnerait toute facilité pour le payement de l'indemnité de guerre, ainsi que pour la répression de l'émeute qui a éclaté à Paris. »

Cet avis au public, rapproché de l'agglomération de troupes dirigées sur Versailles des pays les plus lointains, donne à penser aux âmes sensibles que le gouvernement de Seine-et-Oise nourrirait le projet nocturne de faire marcher contre la capitale les troupes et les gardes nationales des départements.

La « toute facilité » laissée par M. de Bismarck indiquerait, en outre, que non seulement l'armée prussienne ouvrirait volontiers ses rangs pour laisser passer le défilé, mais qu'au besoin elle appuierait le mouvement de quelques batteries Krupp et de plusieurs régiments de la garde royale.

Ainsi, Liberté sainte ! voilà où peuvent conduire les fureurs réactionnaires. Il nous sera donc donné de voir M. Thiers en colonel de cuirassiers blancs demandant à M. de Moltke des renseignements sur la façon la plus rapide d'affamer et de réduire Paris. L'Assemblée et ceux qui la mènent devenant Prussiens après s'être montrés si peu

Français, ce sera l'*ut* dièze de l'opéra tragi-comique que les députés de la province jouent à Versailles. M. Thiers confiant son aile droite au prince Frédéric-Charles et son aile gauche à notre Fritz pour écraser « en toute facilité » les Parisiens ! Jamais Louis XVIII n'a rien rêvé de plus triomphal.

On se décida à en finir avec ces méchants révoltés. Ducrot le revenant de la Marne, Vinoy le fuyard de Montmartre et de Failly, oui, de Failly lui-même, le favori de Napoléon III, se réunirent en conseil et décidèrent de commencer l'attaque de la ville insurgée.

Le 3 avril, Courbevoie, remplie de gardes nationaux, fut surprise par les troupes de Charette, des sergents de ville déguisés, des gardes municipaux et quelques marins bretons. On n'avait pas osé mobiliser les troupes de ligne sur l'esprit d'obéissance desquelles on était moins que rassuré.

Détail extraordinaire et qu'il est cependant impossible de nier. Les soldats de Charette marchaient à l'ombre du drapeau blanc et tous portaient sur la poitrine un cœur de Jésus en drap blanc où étaient inscrits ces mots cabalistiques :

Arrête ! Le cœur de Jésus est là !

Les gardes nationaux furent abordés avec une décharge foudroyante à laquelle ils ripostèrent sans reculer. Après avoir failli se faire tourner par « l'ennemi », comme on appelait déjà l'armée gouvernementale, ils opérèrent un mouvement qui leur permit de sortir par une des portes latérales de la caserne. Ce premier engagement fut le signal des combats qui devaient se continuer sans interruption pendant six semaines et finir dans une hécatombe.

La lutte avait duré une heure sans résultat appréciable d'aucun côté.

Mais presque aussitôt le Mont-Valérien se mit de la partie et inonda de boulets les environs de Neuilly où les toitures de deux maisons s'effondrèrent. Ainsi se réalisait la prédiction des républicains qui, sous Louis-Philippe, avaient annoncé que les forts détachés, demandés et construits par le ministre Thiers, étaient destinés au bombardement de la capitale] beaucoup plus qu'à sa défense.

C'est à la suite de cette pluie d'obus que la sortie du 4 avril fut décidée. Elle avait été précédée de l'affichage de cette dépêche restée célèbre à cause de sa première phrase :

Paris, 2 avril 1871, 5 h. 30 du matin.

Place à commission exécutive,

Bergeret lui-même est à Neuilly. D'après rapport, le feu de l'ennemi a cessé. Esprit des troupes excellent. Soldats de ligne arrivent tous et déclarent que, sauf les officiers, personne ne veut se battre. Colonel de gendarmerie qui attaquait, tué.

Le colonel d'état-major,

HENRI.

Cette offensive, odieuse par sa violence, alors que la veille encore on semblait vouloir négocier, exaspéra toute la population restée à Paris. La démonstration gouvernementale était d'ailleurs on ne peut plus imprudente, attendu que, sans l'inhabileté stratégique de Flourens et surtout l'incroyable incurie de l'ex-officier de marine Lullier qui, chargé de s'emparer du Mont-Valérien, se contenta d'une promesse d'évacuation de la part du chef de bataillon qui le commandait, l'Assemblée de Versailles était prisonnière, ce qui l'eût bien obligée à traiter avec ceux qu'elle appelait les « communeux ».

Car, on ne sait pourquoi, « communards » était un qualificatif honorable dont les fédérés s'affublèrent eux-mêmes, et « communeux » un terme de mépris usité seulement par la réaction.

Afin d'établir catégoriquement devant l'histoire, qui d'ailleurs n'en a tenu aucun compte, d'où étaient partis les premiers coups, la Commune fit afficher dans Paris cette proclamation suggestive :

A la garde nationale de Paris.

Les conspirateurs royalistes ont ATTAQUÉ, malgré la modération de notre attitude. Ils ont ATTAQUÉ.

Ne pouvant plus compter sur l'armée française, ils ont ATTAQUÉ avec les zouaves pontificaux et la police impériale.

Non contents de couper les correspondances avec la province et de faire de vains efforts pour nous réduire par la famine, ces furieux ont voulu imiter jusqu'au bout les Prussiens et bombarder la capitale.

Ce matin, les Chouans de Charette, les Vendéens de Cathelineau, les Bretons de Trochu, flanqués des gendarmes de Valentin, ont couvert de mitraille et d'obus le village inoffensif de Neuilly et engagé la guerre civile avec nos gardes nationaux.

Il y a eu des morts et des blessés. Elus par la population de Paris, notre devoir est de défendre la grande cité contre ces coupables agresseurs. Avec votre aide, nous la défendrons.

Paris, 2 avril 1871.

La commission exécutive :

BERGERET, EUDES, DUVAL, LEFRANÇAIS,
FÉLIX PYAT, G. TRIDON, E. VAILLANT.

Le complot royaliste était de toute certitude, puisqu'il éclata en 1873 et eût reçu sa pleine et entière exécution sans la dérobade du comte de Chambord, qui refusa d'adopter le drapeau tricolore. La Commune représentait donc la République et l'Assemblée de Versailles la monarchie. Abandonner la première eût été pour moi le déshonneur et le reniement de tout mon passé, puisque j'eusse été mis ainsi dans la nécessité d'opter pour la seconde.

Le récit commenté des événements d'alors a été fabriqué plus tard par les répresseurs de la Semaine sanglante qui y ont ajouté leurs mensonges et leurs calomnies, comme après 1815 les émigrés essayèrent de déshonorer la Révolution. La vérité est, comme il est facile de s'en rendre compte par la fermeté et le calme du gouvernement de la Commune opposés aux férocités de celui de Versailles, que la France était alors entre la consécration solennelle des institutions républicaines et la restauration du trône.

Le bon droit et le patriotisme étaient si manifestement dans le camp des communards que Toulouse, Lyon, Marseille, effrayés comme nous des enjambements de la réaction, se révoltèrent à leur tour contre Versailles et que si Thiers, effrayé, ne s'était pas publiquement engagé à maintenir la République, toutes les grandes villes se détachaient de lui l'une après l'autre.

Le devoir des députés de Paris eût été, au premier coup de canon tiré sur la cité qui les avait élus, de venir en personne la défendre contre les infâmes ruraux qui tentaient de la détruire. Ils se cantonnèrent dans une abstention et un silence qui n'eurent d'autre résultat que d'indigner leurs électeurs et d'encourager les droitiers.

Toute la tactique gouvernementale de Thiers tenait

du reste dans ces lignes de son livre la *Révolution française* :

« Les partis sont indomptables par la seule puissance de la raison. En attendant les efforts du temps, *il n'y a qu'un grand-despotisme qui puisse dompter les partis irrités.* »

Ce grand despotisme n'avait de chance de se constituer que sur les cadavres d'une population égorgée. C'est pourquoi, dès le début de la Révolution du 18 Mars et même avant qu'elle éclatât, l'homme de la rue Transnonain, devenu chef du pouvoir exécutif, avait résolu le sac de Paris comme pendant au sac de Brescia, où

Haynau, dans des canons mit des têtes d'enfant.

Sans la marche incohérente de Flourens qui, ayant appris que, malgré la pseudo-promesse faite à Lullier par le commandant du fort, le Mont-Valérien n'était pas évacué, avait naïvement passé sous ses canons, Versailles tombait indubitablement au pouvoir des fédérés.

Un député resté à Versailles, comme la plupart des députés, me conta la terreur folle qui s'était emparée de l'Assemblée rurale à la première nouvelle de la sortie du 4 avril. Tous les monarchistes qui la composaient avaient fait leurs paquets et des trains chauffaient pour les emporter dans quelque contrée encore indéterminée, mais à coup sûr lointaine.

Quant aux soldats d'infanterie et même aux gendarmes, ils attendaient l'armée de Paris, non pour combattre, mais pour fraterniser. Jamais victoire ne parut plus sûre et jamais défaite ne fut amenée par une ignorance militaire plus profonde et par des fautes plus grossières.

Confier le sort d'une bataille décisive à un être loyal

et brave, je le reconnais, mais aussi décousu et incertain que Lullier, c'était se jeter dans l'inconnu. Donner le commandement de nombreux bataillons à Flourens, c'était les remettre entre les mains d'un inconscient.

Du moment où le Mont-Valérien était resté aux Versaillais, le bon sens le plus enfantin imposait à Flourens de modifier sa route et de marcher sur Versailles par Choisy-le-Roi. Il aurait pris ainsi l'Assemblée à revers, et Thiers ayant ce jour-là envoyé toutes ses troupes opérer dans la direction contraire, la ville se rendait sans un coup de fusil.

Les grands coupables dans ce massacre où le brave Duval et Flourens laissèrent la vie furent donc les organisateurs de la sortie qui en attribuèrent les deux missions capitales à Lullier et à Flourens, c'est-à-dire aux deux hommes les moins capables de les remplir.

L'effectif des bataillons parisiens se composait pourtant d'au moins cent vingt mille hommes appuyés sur près de deux cents canons et mitrailleuses.

Enfin nous étions battus, et les gardes nationaux retour de cette expédition si mal conçue et si déplorablement exécutée me racontèrent que la manœuvre usuelle des gendarmes versaillais avait été de s'avancer la crosse en l'air au-devant des fédérés en criant : « Vive la République ! » et, quand les gardes nationaux venaient à eux la main tendue, de les fusiller à bout portant.

La Commune fit, à ce sujet, placarder l'avis suivant :

Citoyens,

Les monarchistes qui siègent à Versailles ne nous font pas une guerre d'hommes civilisés ; ils nous font une guerre de sauvages.

Les Vendéens de Charette, les agents de Pietri *fusillent les prisonniers, égorgent les blessés, tirent sur les ambulances.*

Vingt fois les misérables qui déshonorent l'uniforme de la ligne ont levé la crosse en l'air, puis, traîtreusement, ont fait feu sur nos braves et confiants concitoyens.

Ces trahisons et ces atrocités ne donneront pas la victoire aux éternels ennemis de nos droits.

Nous avons pour garants l'énergie, le courage et le dévouement de la garde nationale....

Ni au 18 mars ni au 3 avril on ne pouvait soutenir que Paris avait commencé. Il se contentait de protester contre des tueries de femmes et d'enfants, sans même annoncer de représailles contre les tueurs. La réplique aux obus cléricaux fut tout bonnement la mise en accusation, hélas! essentiellement platonique, du gouvernement qui avait émigré à Versailles, comme jadis les nobles et les prêtres à Coblentz :

Paris, 2 avril 1871.

La Commune de Paris,

Considérant que les hommes du gouvernement de Versailles ont ordonné et commencé la guerre civile, attaqué Paris, tué et blessé des gardes nationaux, des soldats de la ligne, des femmes et des enfants ;

Considérant que ce crime a été commis avec préméditation et guet-apens contre tout droit et sans provocation,

Décrète :

Art. 1er. — MM. Thiers, Favre, Picard, Dufaure, Simon et Pothuau sont mis en accusation.

Art. 2. — Leurs biens seront saisis et mis sous séquestre

jusqu'à ce qu'ils aient comparu devant la justice du peuple.

Les délégués de la Justice et de la Sûreté générale sont chargés de l'exécution du présent décret.

La Commune de Paris.

J'ai tenu à reproduire ce décret de confiscation parce que, n'osant avouer que j'étais traîné devant le conseil de guerre pour des articles dont la publication m'était garantie par la liberté de la presse, on me poursuivit jusqu'à la mort — exclusivement — non comme journaliste, mais comme auteur de la démolition de la maison de Thiers.

Cet appel à la destruction consistait dans un entrefilet où je reprochais au bombardeur le cynisme qu'il mettait à déclarer à la tribune que jamais un obus n'avait été lancé sur Paris, qui en recevait par centaines, si bien que, dans les Champs-Elysées mêmes, à cinquante mètres de l'Arc de Triomphe, il en éclata un tout près de moi. J'avais tout simplement écrit dans le *Mot d'Ordre* :

Les défenseurs de la propriété

Bien nourris, bien logés, bien chauffés dans ce beau palais de Versailles, jadis habité par le grand roi qui présida aux dragonnades, les hommes du gouvernement de Seine-et-Oise continuent à envoyer des boulets sur les passants de tout sexe et à démanteler les maisons qui ne leur appartiennent pas.

Tuer des femmes et des enfants, c'est peut-être dans l'ordre ; mais éventrer des immeubles, c'est grave pour des réactionnaires dont l'unique préoccupation est de protéger la propriété.

M. Thiers possède, place Saint-Georges, un merveilleux hôtel plein d'œuvres d'art de toutes sortes. M. Picard a, sur ce pavé de Paris qu'il a déserté, trois maisons d'un formidable rapport, et M. Jules Favre occupe, rue d'Amsterdam, une habitation somptueuse qui lui appartient. Que diraient donc ces propriétaires hommes d'État si à leurs effondrements le peuple de Paris répondait par des coups de pioche, et si à chaque maison de Courbevoie touchée par un obus on abattait un pan de mur du palais de la place Saint-Georges ou de l'hôtel de la rue d'Amsterdam ?

Je connais ces grands politiqueurs qui viennent étaler leur désintéressement sur le tapis vert de la tribune. Les biens de ce monde les touchent infiniment plus que ne le feraient supposer leurs têtes dans les nuages. J'ignore comment ces rêveurs-là s'arrangent, mais après deux mois de ministère ils ont tous cent mille livres de rente. Je suis donc convaincu qu'à la première nouvelle que le marteau de sa porte a été seulement endommagé, M. Thiers ordonnerait de cesser le feu.

Dût-on nous appeler Tamerlan, nous avouons que ces représailles ne nous répugneraient pas outre mesure, si elles ne présentaient un inconvénient capital. En apprenant que la justice populaire démolit l'hôtel de M. Thiers, qui a coûté deux millions, l'Assemblée siégeant à Versailles lui en voterait immédiatement un autre qui en coûterait trois. Et comme ce sont les contribuables qui paieraient la facture, nous nous voyons forcé de déconseiller ce mode d'expiation.

Henri Rochefort.

L'arrêté qui plaçait sous séquestre les propriétés de Thiers et de plusieurs de ses ministres indiquait suffisamment qu'elles étaient condamnées à la démolition. Mon article se bornait donc à envisager la question, qu'il résolvait par la négative puisque je disais expressément : « Nous nous voyons forcé de déconseiller ce mode d'expiation ».

Je n'en fus pas moins, après mon arrestation, déféré au tribunal militaire pour « commandement de bandes armées en vue du pillage et de la destruction des propriétés privées ».

Assimiler un premier-Paris au commandement d'une bande, c'était de la bonne foi catholique et bretonne. Mais pour les égorgeurs tout est motif à égorgement.

Après l'échec du 4 avril, Paris resta trois jours sans nouvelles de Flourens, assassiné dans son lit même, à Rueil où il s'était réfugié. L'assassin était un capitaine de gendarmerie qui, le surprenant sans défense aucune, lui fendit la tête d'un coup de sabre avec une bravoure toute militaire.

Duval, fait prisonnier par Vinoy, avait été fusillé sans désemparer, car si la Commune épargnait la vie des soldats capturés sur l'ennemi, le gouvernement de Thiers, fidèle aux principes du modérantisme, ne faisait pas de quartier aux vaincus qui déposaient les armes.

Vinoy, qui avait pris ses jambes à son cou et à celui de son cheval dans la matinée du 18 mars, ne respirait que le sang... des autres, comme la plupart de ceux qui n'aiment pas beaucoup à verser le leur.

— Quel est le commandant de cette troupe? demanda-t-il.

— Moi, dit Duval.

— Très bien! Fusillez-moi cet homme-là, fit Vinoy.

— Soit!

Et Duval alla de lui-même se placer devant le peloton d'exécution.

Quand la fin de ces deux braves fut connue dans

Paris, elle y excita encore plus de colère qu'elle n'y jeta de consternation. On maudit les bandits versaillais, mais on y accusa vivement aussi les instigateurs de cette sortie si mal menée et payée si cher. On verra que je ne ménageais à la Commune ni les reproches ni même les railleries à propos de cette fatale expédition du 4 avril où Vinoy et Galliffet se gorgèrent du sang des prisonniers. J'extrais d'un de mes articles, intitulé *Les Responsabilités*, ces lignes catégoriques :

Nous voudrions pouvoir mentir, mais nous ne mentirons pas. Nos gardes nationaux, en proie à des chefs aussi pleins de courage que d'inexpérience, ont été débusqués de toutes ou presque toutes leurs positions et ont vu échouer à peu près toutes leurs attaques. Le général Duval, le général Henri ont été faits prisonniers avec une partie des bataillons qu'ils commandaient et fusillés sans merci. Notre cher et mille fois cher ami Flourens, qui n'avait jamais annoncé, comme le reître Ducrot, qu'il reviendrait mort ou victorieux, n'est pas revenu victorieux, mais a été emporté mort. Depuis trois jours, les patriotes les meilleurs et les plus utiles tombent sous les balles des anciens sergents de ville de Pietri, devenus les cent-gardes de Thiers, et si l'héroïsme de nos combattants affirme la République, on ne peut nier qu'il la décapite. Voilà la vérité.

Eh bien! nous devons le dire et nous le disons : Tous ces désastres ont leur origine dans l'incroyable légèreté qui a présidé aux opérations militaires. La garde nationale, bien fortifiée dans Paris, attendait l'arme au pied une attaque qui ne venait pas : où était la nécessité de la faire marcher sur Versailles? D'où sort ce plan bizarre qui consiste en ceci : faire passer trente mille hommes sous le feu plongeant du Mont-Valérien? Qu'espéraient les stratèges auteurs de ces sanglants méfaits? Croyaient-ils que les gendarmes allaient fraterniser et que les artilleurs allaient tirer à blanc? Au moins était-il élémentaire de s'assurer des dispositions des marins et des sergents de ville avant de céder à l'enthousiasme de ceux qui voulaient marcher en avant.

Ajoutons que si, par aventure, nos amis avaient pris Versailles, l'Assemblée se serait repliée sur Fontainebleau, puis sur Orléans, puis au besoin sur Pondichéry, ce qui changerait en une simple chasse à courre la lutte actuellement pendante entre les deux pouvoirs. Avec des opérations de cette force, on arriverait vite à réhabiliter Trochu.

Maintenant que le mal est fait et que les cadavres de nos concitoyens rentrent dans Paris par charretées, une grave question se pose : celle de la responsabilité. Cette tactique non pas seulement funeste, mais folle, qui l'a ordonnée ? De quel cerveau en délire s'est-elle échappée toute fumante ? Voilà ce qu'ont le droit de demander les mères, les sœurs et les femmes qui s'entassent aux barrières de Paris pour voir revenir mutilés leurs fils, leurs maris et leurs frères. Il existe un Carnot quelconque qui a ordonné cette fatale sortie de trois jours. Pourquoi ne le nomme-t-on pas ? Pourquoi ne s'est-il pas déjà expliqué devant la nation ?

En me prononçant pour la Commune, je me doutais évidemment qu'elle commettrait tout au moins des fautes de stratégie. Mais, franchement, m'était-il, dans ma conscience, permis d'aller rejoindre, à Versailles, les scélérats qui tuaient au hasard sans répit ni interrogatoire tous les Parisiens, contre lesquels ils avaient inventé cette accusation étonnante : le crime d'être resté à Paris ?

Qu'on veuille bien déguster ce simple fait-divers rapporté par le *Rappel* d'alors et dont il est facile de contrôler l'exactitude, les cadavres des assassinés reposant dans le cimetière de Chatou :

Avant-hier, trois citoyens appartenant au 173e bataillon de la garde nationale, — un capitaine, un sergent et un simple garde, — ne trouvant rien à manger à leur campement de Rueil, avaient traversé la Seine à la hauteur de l'île du Chiard et étaient allés chez un restaurateur de Chatou.

A peine assis, ils avaient vu entrer un fort peloton de dragons et de chasseurs d'Afrique, et avaient été saisis, désarmés et emmenés dans la rue, — celle qui longe l'église.

Un général — on nous dit le nom, qui est celui d'un général bonapartiste — était venu, avait ordonné à ces trois citoyens de se mettre à genoux ; le capitaine résistant, deux soldats l'avaient agenouillé de force.

Alors les trois gardes nationaux avaient été fusillés.

La personne qui nous raconte ce fait horrible ajoute que le général aurait fait battre la grosse caisse pour attrouper les habitants, auxquels il aurait dit, en leur montrant les cadavres, qu'il traiterait de la même façon tous ceux qui prendraient les armes pour la Commune.

Nous répétons que nous n'y croyons pas. S'il était vrai que les Versaillais eussent fusillé des prisonniers, et des prisonniers qu'ils n'auraient même pas pris combattant, nous demandons à M. Thiers ce qu'il aurait à dire aux meurtriers de Clément Thomas.

Le *Rappel* refusait de croire à ce triple assassinat, malheureusement on ne peut plus exact et dont les victimes crient encore vengeance contre le général de Galliffet. Etait-il possible que devant de telles horreurs le gouvernement de Paris conservât son sang-froid ?

La sortie du 4 avril avait été profondément regrettable, et je ne mâchais pas la bouchée, à cet égard, à ceux qui l'avaient ordonnée ; mais peut-on oublier que c'étaient, pour la plupart, de simples ouvriers fraîchement évadés de l'atelier, et beaucoup plus habitués à obéir qu'à commander ?

Ils se battaient comme ils pouvaient et ce n'était pas leur faute s'ils se battaient maladroitement quoique bravement, le général insurgé Duval étant mort avec autant de courage que le général régulier Lecomte avait montré de faiblesse.

En tout cas, leur sincérité et leur probité, si souvent attaquées par ceux mêmes qui, plus tard, volèrent les montres sur les corps des fusillés, furent intactes et on peut dire que jamais pouvoir ne s'exerça dans de pareilles conditions d'économie. Les membres de la Commune s'étaient alloué quinze francs par jour pour toute indemnité et tous frais de représentation.

Ce que la réaction versaillaise a appelé leurs « orgies » consistait en repas qui ne dépassaient guère deux francs cinquante, et — on a souvent cité le fait — la femme de Jourde, délégué aux finances, lequel avait à son gré la main sur les millions de la Banque de France, continua, pendant la durée entière de la toute-puissance de son mari, à aller laver son linge au bateau.

TABLE DES MATIÈRES

DEUXIÈME PARTIE

(Suite.)

CHAPITRE III

Une condamnation. — Chez Victor Hugo. — Kermesse flamande. — Victor Hugo à Jersey et à Guernesey. — Les portraits de Victor Hugo. — Le fauteuil des ancêtres. Les fils du poète. — Un pari............... 3

CHAPITRE IV

Le pieux Delesvaux. — Parrain de Georges Hugo. — Baroche. — Un duel. — La botte du Flamand. — Bibi. — Le lit de l'empereur du Brésil. — Désespoir d'une amoureuse................. 23

CHAPITRE V

Mme Victor Hugo. — L'avarice du poète. — Une table hospitalière. — Hugo et Auguste Barbier. — « Le Rouge et le Noir ». — « Zut ». — Les mendiants. — Une partie de baccara. — L'acquisition d'un tableau........ 43

CHAPITRE VI.

Ruse de pamphlétaire. — « La Lanterne » de Mme Cavaignac. — Barbès. — Une visite au prisonnier du Mont-Saint-Michel. — Barbès et Victor Hugo. — « Rappel ». — Une élection. — Le couteau sur la candidature... 69

CHAPITRE VII

L'arrestation d'un candidat. — Hippolyte Carnot. — Une lettre de Clément Laurier. — Réunions publiques. — Colfavru. — Le mandat impératif. — Fausses nouvelles. — Les pronostics de Villemessant. — Élu ! — Les lettres de l'impératrice. — Eau bénite de Chambre... 95

CHAPITRE VIII

Premières séances. — Raspail. — Victor Noir. — Pierre Bonaparte. — Les duels. — L'assassinat. — Un placard. — Emile Ollivier. — La Haute Cour. — L'enterrement de Victor Noir. — Charge de cavalerie. — Une condamnation. — En prison............ 119

CHAPITRE-IX

Retenu pour d'autres condamnations ! — L'empereur et la guerre. — A Berlin ! — Vive la République ! — A Sainte-Pélagie. — Le policier Bibi. — Une « Cousine ». — Les procès de Tours et de Blois. — Flourens. — Une lettre de Victor Hugo. — Persécutions. — Fleurs de cellule.. 163

CHAPITRE X

Délivrance. — Vive papa ! — Trochu. — Le baron Jérôme David. — Un scenario. — Orthographe impériale. — Marseille. — La République. — La préfecture de la Dordogne. — Chez Mme Magnin. — Major de rempart. — Tous Grands-Croix ! — Jules Simon. — A Saint-Cloud. — Les cadres de Trochu. — Mes protégés. — Schœlcher............ 195

CHAPITRE XI

L'arrestation de Flourens. — La Légion d'honneur. — Irresponsabilité bizarre. — L'Hôtel-de-Ville envahi. — A Belleville. — Clément Thomas. — Le dictateur de Tours et les dictateurs de Paris. — Les Prussiens dans la banlieue. — Une lettre de Cham. — Le grec Flourens. — Le siège 232

CHAPITRE XII

Le plan de Jules Favre. — Inventeurs. — Clément Thomas — Le pain du siège. — Un marchand de gibier. — Favre et Trochu. — « Suprême effort ». — Démission ou révocation. — Etat de siège. — Le négociateur Jules Favre. — Un procès-verbal. — Bismarck et Garibaldi. 277

CHAPITRE XIII

Démission. — Proclamations. — Élections. — Tirard. — L'échec de Blanqui. — Devienne et Marguerite Bellanger. — Garibaldi et la papauté. — A Bordeaux. — Le « roi des capitulards ». — Assemblées houleuses. — Une maladie 317

CHAPITRE XIV

Le 18 mars. — Les crimes de Vinoy. — La mort de Clément Thomas et du général Lecomte. — Raoul Rigault et le jeu. — Versailles et Berlin. — Ceux qui commencèrent la guerre civile. — L'hôtel de M. Thiers. — Flourens et Duval. — Les responsabilités. — Les hommes de la Commune. . . . .

Paris. — Imp. PAUL DUPONT, 4, rue du Bouloi (Cl.)

www.ingramcontent.com/pod-product-compliance
Lightning Source LLC
Chambersburg PA
CBHW060554170426
43201CB00009B/774